Sonja Blum · Klaus Schubert

Politikfeldanalyse

Elemente der Politik

Herausgeber:

Hans-Georg Ehrhart
(Institut für Friedensforschung und Sicherheitspolitik
an der Universität Hamburg, IFSH)

Bernhard Frevel
(Fachhochschule für öffentliche Verwaltung NRW, Münster)

Klaus Schubert
(Institut für Politikwissenschaft, Westfälische Wilhelms-Universität Münster)

Suzanne S. Schüttemeyer
(Institut für Politikwissenschaft, Martin-Luther-Universität Halle-Wittenberg)

Die ELEMENTE DER POLITIK sind eine politikwissenschaftliche Lehrbuchreihe. Ausgewiesene Expertinnen und Experten informieren über wichtige Themen und Grundbegriffe der Politikwissenschaft und stellen sie auf knappem Raum fundiert und verständlich dar. Die einzelnen Titel der ELEMENTE dienen somit Studierenden und Lehrenden der Politikwissenschaft und benachbarter Fächer als Einführung und erste Orientierung zum Gebrauch in Seminaren und Vorlesungen, bieten aber auch politisch Interessierten einen soliden Überblick zum Thema.

Sonja Blum
Klaus Schubert

Politikfeld-
analyse

VS VERLAG FÜR SOZIALWISSENSCHAFTEN

Bibliografische Information der Deutschen Nationalbibliothek
Die Deutsche Nationalbibliothek verzeichnet diese Publikation in der Deutschen
Nationalbibliografie; detaillierte bibliografische Daten sind im Internet über
<http://dnb.d-nb.de> abrufbar.

1. Auflage 2009

Alle Rechte vorbehalten
© VS Verlag für Sozialwissenschaften | GWV Fachverlage GmbH, Wiesbaden 2009

Lektorat: Frank Schindler

VS Verlag für Sozialwissenschaften ist Teil der Fachverlagsgruppe
Springer Science+Business Media.
www.vs-verlag.de

Das Werk einschließlich aller seiner Teile ist urheberrechtlich geschützt. Jede Verwertung außerhalb der engen Grenzen des Urheberrechtsgesetzes ist ohne Zustimmung des Verlags unzulässig und strafbar. Das gilt insbesondere für Vervielfältigungen, Übersetzungen, Mikroverfilmungen und die Einspeicherung und Verarbeitung in elektronischen Systemen.

Die Wiedergabe von Gebrauchsnamen, Handelsnamen, Warenbezeichnungen usw. in diesem Werk berechtigt auch ohne besondere Kennzeichnung nicht zu der Annahme, dass solche Namen im Sinne der Warenzeichen- und Markenschutz-Gesetzgebung als frei zu betrachten wären und daher von jedermann benutzt werden dürften.

Umschlaggestaltung: KünkelLopka Medienentwicklung, Heidelberg
Druck und buchbinderische Verarbeitung: Krips b.v., Meppel
Gedruckt auf säurefreiem und chlorfrei gebleichtem Papier
Printed in the Netherlands

ISBN 978-3-531-16389-5

Inhalt

1	**Einleitung**	**7**
2	**Politikwissenschaft und Politikfeldanalyse**	**13**
2.1	Ursprünge und theoretische Verankerung	16
2.2	Entwicklungslinien in den USA und in Deutschland	21
3	**Theorien und Methoden**	**32**
3.1	Theorien der Politikfeldanalyse	34
3.1.1	Vergleichende Staatstätigkeitsforschung	39
3.1.2	Akteurzentrierter Institutionalismus	42
3.1.3	Mikro-Policy-Analyse	44
3.2	Von der Theorie zur Methode	46
3.3	Methodische Zugänge	47
4	**Akteure, Institutionen und Instrumente**	**52**
4.1	Akteure und Netzwerke	52
4.1.1	Akteure	52
4.1.2	Netzwerke	59
4.2	Strukturen und Institutionen	66
4.3	Steuerungsinstrumente	82
4.4	Fallbeispiel: Akteure, Institutionen und Instrumente der Umweltpolitik	91
5	**Prozesse – Der Policy-Cycle**	**101**
5.1	Problemwahrnehmung und Agenda Setting	105
5.2	Politikformulierung und Entscheidungsfindung	113
5.3	Politikimplementierung	122
5.4	Evaluierung	126
5.5	Analytische Stärken und Schwächen des Phasenmodells	130

| 5.6 | Fallbeispiel: Der Politiksetzungsprozess zum Rauchverbot in Gaststätten | 134 |

6 Ursachen und Erklärungen für politische Veränderungen — 141

6.1	Policy-Stile	142
6.2	Politisches Lernen	151
6.2.1	Lesson-Drawing	156
6.2.2	Social Learning	160
6.2.3	Policy-Transfers	165

7 Ausblick — 171

Literaturverzeichnis — 177

Verzeichnis der Infokästen — 190

Verzeichnis der Schaubilder — 191

1 Einleitung

Wenn man heute eine Zeitung liest oder die Nachrichten hört bzw. im Fernsehen verfolgt, wird man oftmals mit einer verwirrenden Menge von Detailinformationen aus einzelnen Politikfeldern konfrontiert. Einige Beispiele:

⇨ Die Forderung, man müsse den Risikostrukturausgleich so begrenzen, dass bestimmte Krankenkassen – insbesondere in Süddeutschland – bei der Finanzierung des Gesundheitsfonds nicht überproportional belastet werden.

⇨ Das Argument, dass beim Benzinpreis aus prinzipiellen Erwägungen an der Ökosteuer festgehalten werden muss, weil damit die Lohnnebenkosten gesenkt werden und die Mittel über die Rentenversicherung sowieso wieder an die Verbraucher zurückfließen.

⇨ Die Diskussion, ob die Entfernungs- bzw. Pendlerpauschale entweder aus Gründen der Gleichbehandlung und als Werbungskosten wieder eingeführt werden muss, oder ob sie vielmehr aus Umweltschutzgründen oder zum Subventionsabbau richtigerweise abgeschafft wurde.

Nicht immer kann man diesen Sachargumenten (sofort) folgen. Aber in vielen Fällen wird auch unmittelbar klar, dass sich da nicht nur „Politiker mal wieder streiten", sondern, dass es sich um inhaltliche, konkrete Sachinformationen, Sachfragen und Forderungen handelt, die für den Leser, den Zuhörer oder Zuschauer im Detail interessant sein können und insbesondere hinsichtlich möglicher Folgewirkungen persönlich vielleicht sogar wichtig sind. Sei es, dass er oder sie selbst gerade auf der Suche nach einer günstigen Krankenkasse ist oder sich Gedanken über die Anpassung des eigenen Einkommens an die gestiegenen Lebenshaltungskosten macht. Oft verliert sich aber der Streit der Parteien oder Politiker auch in Details, die für den Außenstehenden unübersichtlich bleiben. Oftmals – insbesondere, wenn man sich für den Gegenstand interessiert – erscheint der „Parteienstreit" auch oberflächlich und der Bedeutung der Inhalte nicht angemessen. Vielleicht liegt in dieser immer wieder feststellbaren Diskrepanz sogar ein Teil der aktuell beklagten Politiker- und Parteienverdrossenheit begründet. Dennoch gilt: „Politik wird von Menschen gemacht. Menschen mit Interessen und Zielen, Menschen in Ämtern und Positionen." (Schubert/Bandelow 2009: 1). Es ist und bleibt daher immer elementar wichtig, danach zu fragen,

- ⇨ was gerade auf der politischen Agenda steht,
- ⇨ warum dieses Thema gerade diskutiert wird und,
- ⇨ ob das, was sachlich vorgebracht wird, auch Ziel führend ist,
- ⇨ wem das nutzt,
- ⇨ wie nachhaltig das ist, was da politisch entschieden wird
- ⇨ und vieles andere mehr.

Die Politikfeldanalyse versteht sich als politikwissenschaftliche Teildisziplin, die genau das will: Fragen an diejenigen stellen, die konkret Politik machen, dieses „Policy-making" analysieren und das so gesammelte Wissen „über Politik" wieder „für die Politik" zur Verfügung stellen.

In dieser kurzen Skizze wird bereits eine Unterscheidung deutlich, die für die Politikfeldanalyse grundlegend ist: Den Aspekt der politischen Auseinandersetzung, des Konflikts, aber auch der Verhandlung und Konsensbildung bezeichnet man im Englischen als *politics*. Der inhaltliche Aspekt von Politik dagegen, „die Sache", der konkrete materielle Gegenstand, um den es bei politischen Auseinandersetzungen und Entscheidungen geht, wird im Englischen mit dem Begriff *policy* umschrieben. Im nächsten Kapitel wird diese Unterscheidung noch einmal aufgenommen. Hier soll zunächst nur festgehalten werden, dass sich der Begriff Politikfeldanalyse in der deutschsprachigen Politikwissenschaft als Übersetzung für eine ganze Reihe von angelsächsischen Fachbegriffen etabliert hat. Diese werden weitgehend synonym verwendet, wenngleich sie nicht willkürlich austauschbar sind: policy analysis, policy studies, policy sciences, public policy, comparative public policy und New Science of Politics. In diesem Buch sollen die Begriffe Politikfeldanalyse, Policy-Analyse und Policy-Forschung gleichbedeutend verwendet werden.

Der vorliegende Band aus der Reihe „Elemente der Politik" dient als erste Einführung in die Begriffe, Modelle, theoretischen Ansätze und Anwendungsbereiche der Politikfeldanalyse. Die Autoren sind sich der Schwierigkeit eines solchen Vorhabens durchaus bewusst, denn in der noch vergleichsweise jungen Disziplin haben sich mittlerweile vielfältige und komplexe Forschungsstränge entwickelt. Außerdem, wie Hans-Gerd Jaschke in seinem Einführungsband der Elemente-Reihe so treffend formulierte: „Sich kurz zu fassen, gehört im übrigen nicht zu den Vorlieben und Stärken der meisten Sozialwissenschaftler" (Jaschke 2006: 14). Den Versuch wollen wir dennoch unternehmen, denn es existieren mittlerweile zwar einige sehr gute sowohl deutsch- als auch englischsprachige Lehrbücher für den Bereich der Politikfeldanalyse (z.B. Howlett/Ramesh 2003; Schneider/Janning 2006; Schubert/Bandelow 2009). Und auch zur Vertiefung einzelner Themen sind gerade in jüngster Zeit ausgezeichnete Herausgeberwerke auf den Markt gekommen (z.B. Sabatier 2007; Janning/Toens 2008).

Einen übersichtlichen und dennoch umfassenden Einführungsband suchten kaum politikfeldanalytisch vorgebildete, aber interessierte Studierende und politikwissenschaftlich Interessierte jedoch bislang vergeblich. Diesen Anspruch hat das vorliegende Buch, das sich auch gut als Basis-Literatur für Vorlesungen und Seminare eignet. Wir haben uns außerdem dafür entschieden, die Disziplin der Policy-Analyse zwar dem verfügbaren Platz entsprechend kurz, aber dennoch in möglichst großer Breite vorzustellen. Zwar muss daher mancherorts vereinfacht und die vielfältigen Diskussionsstränge des Faches verkürzt wiedergegeben werden. Dennoch wird mit dem Buch eine umfassende Einführung in die Policy-Analyse gegeben. Das teilweise kommentierte Literaturverzeichnis gibt den Leserinnen und Lesern eine Auswahl an weiterführender und vertiefender Literatur an die Hand.

Im Folgenden soll kurz der Aufbau des Buches beschrieben werden. Im nächsten Kapitel werden die Ursprünge der Policy-Analyse dargestellt und die disziplinären Entwicklungslinien in den USA und in Deutschland verfolgt. Wir orientieren uns hierbei weniger an einer kohärent temporalen Wiedergabe der Ereignisse, als an einem überblicksartigen Grobschnitt der wichtigsten Entwicklungsstationen: David Eastons Systemmodell oder Lowis Arbeiten zu Policy-Arenen bilden Eckpunkte in diesem Sinne. Zugleich werden die Disziplin und ihre originären Fragestellungen von der traditionellen Politikwissenschaft abgegrenzt sowie Schnittmengen zwischen beiden Bereichen dargestellt. Zum Verständnis dieser Gemeinsamkeiten und Unterschiede erscheint es uns notwendig, in einem Teil des zweiten Kapitels auch auf die ideengeschichtlichen und theoretischen Grundlagen der Policy-Forschung einzugehen, die in den wenig erforschten Bereichen des Pragmatismus und Pluralismus zu verorten sind.

Das dritte Kapitel unternimmt den aufgrund der hohen Diversität schwierigen Versuch, der Policy-Forschung spezifische Theorien und Methoden zuzuordnen. Auch hier wird überblicksartig auf die wichtigsten theoretischen und methodischen Ansätze eingegangen. Der Fokus liegt verstärkt darauf, den Studierenden ein erstes politikfeldanalytisches Handwerkszeug mitzugeben, um eigene Fragestellungen für Referate, Studien- oder Abschlussarbeiten anzudenken und zu umreißen. Daher soll gezeigt werden, welche theoretischen Ansätze aus welchem Erkenntnisinteresse heraus zur Beantwortung von Fragestellungen gewählt werden können. Die ersten beiden inhaltlichen Kapitel schaffen somit die Grundlagen für den vertieften Einstieg in die Begriffe, Konzepte und theoretischen Ansätze der Policy-Forschung, der ab dem vierten Kapitel erfolgt.

Das vierte Kapitel beschäftigt sich mit Akteuren, Institutionen und Steuerungsinstrumenten aus der Sicht der Policy-Forschung. Der Blickpunkt liegt stets darauf zu zeigen, wie man als Politikfeldforscher diese Begriffe und Konzepte einzugrenzen und zu analysieren vermag: Welche Akteursformen gibt es? Durch welche Strukturen der politischen Interessenvermittlung sind die politischen Prozesse gekennzeichnet? Wie und wozu schließen sich Akteure in Netzwerken zusammen? Inwiefern haben Institutionen und Strukturen Einfluss auf die politischen Inhalte? Welcher Steuerungsinstrumente können sich Akteure zur Verfolgung ihrer Ziele bedienen? Diesen Fragen wird stets entlang der zentralen theoretischen Ansätze gefolgt, so dass auch hier dem einführenden Charakter des Buches entsprochen wird.

Das fünfte Kapitel widmet sich der Analyse politischer Prozesse und dem hierfür nach wie vor zentralen Modell, dem Policy-Cycle. Entsprechend einer üblichen Phaseneinteilung gliedert sich das Kapitel in die Themenbereiche Problemdefinition und Agenda Setting, Politikformulierung und politische Entscheidung, Implementierung, Evaluierung sowie Neuformulierung respektive Terminierung des politischen Prozesses. Diese Struktur erscheint nach wie vor äußerst sinnvoll, um dem Anspruch der Policy-Forschung zur Erklärung politischer Auseinandersetzungen und ihrer Ergebnisse zu folgen. Gleichwohl müssen abschließend auch die Stärken und Schwächen bzw. Grenzen des Phasenmodells abgewogen werden.

Mit dem sechsten Kapitel werden die Kritik an der fehlenden erklärenden Kraft des Policy-Cycle aufgenommen und alternative, stärker theoretisch angelegte Ansätze diskutiert. Mit den beiden Theorieansätzen der Policy-Stile sowie des Politischen Lernens werden zwei Erklärungsansätze für politische Veränderungen ausgewählt, die eine hohe Bedeutung für die Policy-Forschung entwickelt haben.

Im siebten und letzten Kapitel schließlich werfen wir einen Ausblick auf die weitere Entwicklung der Politikfeldanalyse, bei dem auch aktuellen Trends und Theorieansätzen Raum gegeben wird. Unterstützt wird der einführende Charakter durch zwei Fallbeispiele, die sich ergänzend und veranschaulichend an das vierte und fünfte Kapitel anschließen: Im ersten Fallbeispiel wird die Diskussion über Akteure, Institutionen und Instrumente anhand des Feldes Umweltpolitik veranschaulicht. Im zweiten Fallbeispiel wird am Beispiel des Rauchverbots in Gaststätten gezeigt, wie ein konkreter Politikprozess anhand des Policy-Cycle strukturiert und analysiert werden kann.

Abschließend soll noch darauf hingewiesen werden, dass in diesem Buch (beinahe) durchgängig das sogenannte „generische Maskulinum" genutzt, also (insb. im Plural) die männliche Form des Wortes verwendet und dabei immer auch die weibliche Form mit eingeschlossen wird. Zum Beispiel ist die Rede von „politischen Entscheidungsträgern" oder von „Politikfeldforschern", insbesondere dann, wenn gemischtgeschlechtliche Gruppen gemeint sind oder das Geschlecht der Personen nicht bekannt ist. Auch wenn wir uns der Problematik dieses Vorgehens bewusst sind, halten wir es angesichts des Leseflusses und angesichts des begrenzten Platzes für praktikabel, auf diese Sprach-Policy auszuweichen.

Ein besonderer Dank gilt Nils C. Bandelow, Bernhard Frevel und Hendrik Meyer für Rat, Tat und hilfreiche Diskussionen. Wir möchten uns außerdem bei den zahlreichen Studierenden aus „Politikfeldanalyse"-Seminaren und -Standardkursen an der Universität Münster bedanken, die mit ihren oft treffenden Kommentaren, ihren Diskussionsbeiträgen und ihrem Feedback zum Entstehen dieses Buches beigetragen haben.

Wir hoffen, dass diese Einführung in die Politikfeldanalyse ihren Zweck erfüllt, nämlich Studierende und Interessierte grundlegend in die Disziplin der Policy-Forschung einzuführen. Aber auch, dass darüber hinaus „Politikfeldanalyse" Lust auf mehr weckt – Lust darauf, sich intensiver mit den diskutierten Themen, theoretischen Ansätzen und Fragestellungen der Policy-Forschung zu beschäftigen.

2 Politikwissenschaft und Politikfeldanalyse

Der vom griechischen *polis*, dem Stadtstaat der Antike, abgeleitete Begriff „Politik", entzieht sich einer einheitlichen und endgültigen Definition. An den klassischen Wortursprung anknüpfend bezeichnet Politik das Handeln des Staates und das Handeln in staatlichen Angelegenheiten. Spezieller meint Politik in modernen Demokratien ein aktives Handeln, das auf die Beeinflussung staatlicher Macht, den Erwerb von Führungspositionen und die Ausübung von Regierungsverantwortung zielt (Schubert/Klein 2006: 230). Daneben sind vielfältige politisch-theoretische Definitionen des Politikbegriffs vorgenommen worden, die je bestimmte Einzelaspekte und Sachverhalte hervorheben. Sie reichen vom Bemühen um die „gute Ordnung" einer Gesellschaft, über die Unterscheidung von Freund und Feind bis hin zur gebräuchlichen Definition als Handeln, das auf die Herstellung und Durchsetzung allgemein verbindlicher Regelungen und Entscheidungen abzielt.

Über diese Schwierigkeit einer Bedeutungseingrenzung hinaus, tritt im Deutschen die Erschwernis hinzu, dass für die sehr komplexen und vieldimensionalen Erscheinungsformen nur ein einziger Begriff, nämlich „Politik" existiert. In der Politikwissenschaft ist es daher üblich, durch die Verwendung der englischen Termini *policy*, *politics* und *polity* zu einer schärferen Differenzierung zu gelangen. Unter *policy* fallen dabei die konkreten Inhalte der Politik, die materiell-inhaltlichen Fragen und Probleme, auf die mit politischen Programmen und Maßnahmen reagiert wird, aber auch die Resultate der politischen Aktivitäten in den jeweiligen Politikfeldern. Eine Auswahl möglicher Politikfelder (Sozialpolitik, Gesundheitspolitik, Verbraucherpolitik, aber auch z.B. Standortverbesserungsinitiativen von Landesregierungen) zeigt, dass diese sehr weit gefasst oder sehr speziell sein können. Auch lassen sich die einzelnen Politikfelder oft schwer voneinander abgrenzen, denn politische Maßnahmen sind meist verschiedenen Feldern zuzuordnen bzw. zeigen auf diesen Auswirkungen. So kann beispielsweise der Ausbau von Kinderbetreuungseinrichtungen als familien-, geschlechter- oder bildungspolitische Maßnahme betrachtet werden. Einerseits können die Grenzen von Politikfeldern in wissenschaftlichen

Untersuchungen definiert werden. „Bezeichnungen für Politikfelder und Abgrenzungen gegen andere Policies finden sich aber auch in der politischen Debatte oder in Gesetzestexten. Was ein Politikfeld ist, wie es abzugrenzen ist und was als seine zentrale Thematik anzusehen ist, bestimmen hier die politischen Akteure" (Nullmeier/Wiesner 2003: 286).

Die Kategorie *politics* umfasst politische Prozesse, wie sie sich durch das Aufeinanderprallen unterschiedlicher Meinungen, Interessen und Ziele, aber auch durch Absprachen, gegenseitige Abstimmungen, Kooperationen und Koalitionsbildungen ergeben. Die wichtigsten Bereiche, in denen diese, teils konflikthaften, teils auf Kooperation angelegten Prozesse des „Politik-machens" stattfinden, liegen in der partei- und interessenpolitischen Willensbildung, der politisch-staatlichen Entscheidungsfindung und der politisch-administrativen Implementierungsphase: Also vor allem in Bereichen, in denen allgemein verbindliche Entscheidungen herausgebildet, beschlossen und schließlich umgesetzt werden. Unter *polity* wird schließlich der Bereich der politischen Ordnungen und Verfassungen zusammenfasst und die sich daraus ergebenden Strukturen und Institutionen, also bspw. das Parteien- oder Regierungssystem, aber auch die politische Kultur eines Landes und die darin vorherrschenden Normen und Werte.

Im Fokus der Politikfeldanalyse nun stehen – wie der englische Begriff *policy analysis* bereits erkennen lässt – konkrete, materielle Politiken. Diese Ausrichtung unterscheidet die Politikfeldanalyse von der älteren Politikwissenschaft, die in erster Linie auf institutionelle und ideelle Bedingungen politischer Ordnungen (*polity*), später dann auch politische Konflikt- und Konsensprozesse (*politics*) fokussiert (Schmidt 1997: 567-568). Das konkrete Handeln von Regierungen hingegen wurde traditionell in der deutschen Politikwissenschaft vernachlässigt. Diese Lücke hat die Policy-Forschung gefüllt, die sich bereits sehr früh in den USA entwickelte und seit etwa Mitte der 1980er Jahre auch in Deutschland rasch aufgenommen wurde.

Das bedeutet nun aber keineswegs, dass Politikfeldanalysen sich auf die erste der drei Politikdimensionen beschränken könnten. Vielmehr bilden Strukturen und Institutionen (*polity*) erst den Rahmen, innerhalb dessen sich politische Prozesse (*politics*) vollziehen, die dann wiederum konkrete politische Inhalte (*policy*) zum Gegenstand haben und konkrete politische Resultate hervorbringen (können). In diesem Sinne muss also die Politikfeldanalyse immer alle drei Ebenen des

Politikbegriffs betrachten. Ihr Hauptaugenmerk jedoch liegt auf den Fragen: (1) *Was* politische Akteure tun, (2) *warum* sie es tun und (3) was sie letztlich damit *bewirken* (vgl. Dye 1972: 1).

Politikfeldanalyse verschreibt sich also erstens der Analyse konkreter Politik (1). Sie fragt nach den *Outputs* von Politik, also den tatsächlichen, faktischen Ergebnissen von politischen Entscheidungen. Dies mutet – im Sinne einer reinen „Bestandsaufnahme" – erst einmal recht überschaubar an. Tatsächlich ist es aber oft gar nicht so leicht, die Frage nach den Inhalten und Ergebnissen politischer Entscheidungen exakt zu beantworten. Dennoch muss in einem ersten Schritt der Versuch hierzu unternommen und Antwort auf die Fragen gegeben werden: *Wer* ist beteiligt, *wie* werden politische Lösungen gefunden und *was* sind die faktischen Ergebnisse? Spannender wird es dann mit dem zweiten Schritt und der Beantwortung der Fragen: *Wieso, weshalb* und *warum* ist es zu diesen Politiken gekommen? Hier fragt die Politikfeldanalyse nach den Ursachen von politischen Entscheidungen (2). Und schließlich interessiert sie sich für die Wirkungen dieser politischen Entscheidungen (3). Diese durch bestimmte politische Programme oder Maßnahmen freigesetzten Resultate werden häufig auch als *Outcomes* bezeichnet. Die Policy-Forschung fragt dann beispielsweise danach, ob die tatsächlich freigesetzten Wirkungen mit den vorab formulierten politischen Absichten übereinstimmen oder ob sie davon abweichen.

Der Begriff „politischer Akteur", also desjenigen, der politisch handelt, in den entsprechenden Prozessen und gegebenen politischen Situationen „dabei" ist, wird zur Beantwortung dieser Fragen zumeist weit gefasst. Im Fokus der Politikfeldanalyse steht zwar in erster Linie die öffentliche Politik, weshalb im Englischen auch der Begriff *public policy analysis* üblich ist. In diesem Sinne will die Politikfeldanalyse eben herausfinden: „What governments choose to do or not to do" (Dye 1972: 1). Dieses Zitat Dyes enthält jedoch eine gewisse Verkürzung, denn es kann eben nicht nur Regierungshandeln bzw. das politisch-administrative System ins Blickfeld politikwissenschaftlicher Untersuchungen rücken. Vielmehr muss gleichzeitig auch immer das weitere politische Umfeld mitgedacht werden. Denn erst hierdurch kann ein Verständnis entwickelt werden, *warum* politische Akteure (im engeren Sinne) tun, was sie tun; warum aber auch mitunter bestimmte Ziele und Intentionen nur Absichten bleiben, gar nicht erst formuliert werden, oder letztlich bestimmte öffentliche Aufgaben nicht vom staatlichen Sektor erbracht werden (Schneider/Janning 2006: 17). Über die genannten Fragestellungen und die Orientierung an „Inhalten" zeigt sich der empirische, an der politischen Wirklichkeit ausgerichtete Anspruch der Politikfeldanalyse. Doch sie will beides – wissenschaftlicher *und* politischer sein als traditionelle Politikwissenschaft (Alemann/Kißler 1991: 5). Ihre Aussagen über die politische Wirklichkeit möchte die Politikfeldanalyse theoriegeleitet gewinnen und Erkenntnisgewinne für die wissenschaftliche Theoriebildung erzielen. Gleichzeitig möchte sie empirische Erkenntnisgewinne erzielen, die von konkretem Nutzen für die politische Praxis sind. Die Policy-Forschung verortet Theorie und Praxis nicht als Dualismen, sondern sucht gerade, hier aufgebrochene Gegensätze zu überwinden und konkreten Nutzen für Wissenschaft *und* praktische Politik abzuwerfen. Letzteres zeigt sich an den vielfältig ausgeübten Beratungstätigkeiten der Policy-Forschung insbesondere in ihrem Heimatland, den USA. Angesichts ihrer praxisorientierten Ausrichtung ist die Policy-Forschung auch als „Betriebswirtschaftslehre" der Politikwissenschaften bezeichnet worden (Schubert 1991). Gerade dies ist häufig zum Kritikpunkt an der Policy-Forschung geworden, wie im Verlauf des Kapitels noch deutlich wird.

Im Folgenden werden die Ursprünge und die theoretische Verankerung der Policy-Forschung skizziert. Da die Politikfeldanalyse in den USA ihren Ursprung nahm, erst relativ spät (seit Mitte der 1980er Jahre) in Deutschland Fuß fasste und überdies hierzulande – wie auch allgemein in Europa – andere Entwicklungslinien und Schwerpunkte aufweist als in den Vereinigten Staaten, sollen anschließend die Entwicklungen in beiden Länder einzeln nachgezeichnet werden.

2.1 Ursprünge und theoretische Verankerung

Wenn Politikfeldanalyse wie eben erwähnt den Anspruch erhebt, sowohl wissenschaftlicher als auch politischer zu sein als traditionelle Politikwissenschaft, so ist dies zumindest dem Alltagsverständnis nach nicht frei von Widersprüchen. Gemeinhin werden dem Versuch, zugleich wissenschaftlich-theoretisch als auch politisch-praktisch orientiert zu sein, gewisse Schwierigkeiten beigemessen. Nun will aber die Policy-Forschung sowohl Wissenschaft sein, als auch Problemlösung, d.h. explizit normative Vorgaben für eine „bessere Politik" treffen und der politischen Praxis beratend zur Seite stehen. Ihr Leitbild ist also das einer „Wissenschaft von der Politik für die Politik". Dieser scheinbare Gegensatz ist nur vor dem ideengeschichtlichen Hintergrund der Politikfeldanalyse auflösbar. Daher sollen im Folgenden die in Deutschland wenig erforschten theoretischen Ursprünge der Policy-Forschung aufgezeigt werden (vgl. im Folgenden auch Schubert 2009).

Die ideengeschichtliche Verwurzelung der Policy-Forschung ist im Pragmatismus zu verorten, der um die Wende zum 20. Jahrhundert in den USA entwickelt wurde. Bis in die 1940er Jahre hatte diese philosophische Strömung insbesondere durch die „Chicago School of Pragmatism" hohe Bedeutung inne. Zu den Begründern des neuzeitlichen Pragmatismus zählen Vertreter verschiedenster Wissenschaftsdisziplinen: Insbesondere sind hier der Psychologe und Philosoph William James, der Wissenschaftstheoretiker Charles Sanders Peirce sowie der Pädagoge und Philosoph John Dewey zu nennen. Der Neo-Pragmatismus wird mit Wissenschaftlern wie Richard Rorty sowie Hilary und Ruth Anna Putnam verbunden, jüngst auch u.a. mit Cheryl Misak.

Zwischen der umgangssprachlichen und der philosophisch-politischen Bedeutung des Begriffs Pragmatismus gibt es doch erhebliche Unterschiede. Im Alltagsgebrauch wird unter Pragmatismus ein praktisches, unkompliziertes Handeln verstanden, das unmittelbare Lösungen anstrebt, aber frei von großen Ambitionen und hehren Idealen bleibt. „Pragmatisch" wird insofern auch oft mit „durchwursteln" gleichgesetzt. Pragmatismus als philosophische Strömung orientiert sich dagegen an den Folgen menschlichen Handelns. Im Zentrum dieses Weltbildes stehen also nicht nur oder zumindest nicht in erster Linie normative Fragen, sondern rücken – vorurteilsfrei – die praktischen, inhaltlichen Folgen menschlichen und dementsprechend auch politischen Handelns in den Mittelpunkt. In einem nächsten Schritt werden dann diese Wirkungen und Konsequenzen bewertet. Zu einer Bewertung kommt es aber durchaus, indem bspw. gefragt wird, ob eine bestimmte politische Maßnahme richtig und angemessen bzw. förderlich und gerecht ist.

> **Infokasten 2-1: Pragmatismus**
>
> Pragmatismus ist eine philosophische Strömung, die die lebenspraktische Bedeutung des Philosophierens (Nachdenkens, Reflektierens) in den Mittelpunkt stellt und danach fragt, welchen Nutzen unterschiedliche Handlungen, Ideen, Wertungen etc. bewirken. Aus Sicht des Pragmatismus ist die Trennung zwischen einer (niederen) körperlich-realen Welt und einer (höheren, dahinterliegenden) geistig-abstrakten Welt falsch. Vielmehr müssen die geistigen Fähigkeiten des Menschen als zusätzliche Möglichkeit der Erfassung und (nutzbringenden) Gestaltung der Welt verstanden werden, d.h. das intellektuelle Schaffen muss immer wieder in die tatsächliche Welt geführt werden und sich dort (als praktisch und nützlich) bewähren. Ausgangspunkt des Pragmatismus ist eine pluralistische Welt mit offener (nicht-determinierter) Zukunft für alle Individuen. Vielfalt und Offenheit lassen die Möglichkeit zur (politischen) Gestaltung und (nützlichen) Verbesserung der menschlichen Existenz zu, erfordern allerdings auch persönliche Verantwortungsbereitschaft und (immer wieder neue) Ordnungsleistungen (z.B. hinsichtlich des politischen Zusammenlebens von Menschen).
>
> Quelle: Schubert/Klein 2006

Einen weiteren ideengeschichtlichen Ursprung hat die Policy-Forschung im *Pluralismus*. Den Begriff führte der Brite Harold Laski (1917) in die politikwissenschaftliche Disziplin ein, nachdem er sich während eines USA-Aufenthalts mit dem Denken William James' auseinandergesetzt hatte. Der Pluralismus sieht die Wirklichkeit als unübersehbare Vielfalt von Dingen, Eigenschaften und Erfahrungen. Diese Komplexität und Offenheit wird jedoch positiv bewertet, denn sie bietet die Grundlage dafür, dass die Welt gestaltbar, veränderungs- und verbesserungsfähig ist. Damit rücken das Individuum und sein Handeln in der Welt in den Mittelpunkt. Gesellschaftliche und politische Arrangements haben sich vor dem Individuum zu bewähren und das Individuum wirkt an deren Gestaltung und Verbesserung mit. Wegen ihrer Fixierung auf staatliches Handeln bzw. die Frage, was Regierungen tun und warum sie es tun, ist der Policy-Forschung häufig eine starke *Top-Down*-Orientierung attestiert worden. Über ihr pluralistisches Weltbild nimmt die Policy-Analyse aber vielfach auch eine *Bottom-up*-Perspektive ein.

Infokasten 2-2: Bottom-up- und Top-down-Perspektive

Bottom-up bezeichnet eine Perspektive von Unten nach Oben. Politische Zusammenhänge werden aus einer teilnehmenden, mit individuellen oder kollektiven politischen Interessen verbundenen Akteursperspektive betrachtet. Auch eine von der politischen Basis ausgehende Wirkung (z.B. eine „Graswurzelbewegung") wird mit dem Adjektiv *bottom-up* gekennzeichnet.

Top-down bezeichnet eine Perspektive von Oben nach Unten. Politische Zusammenhänge werden aus einer hervorgehobenen bzw. übergeordneten (Macht-)Position (z.B. von Regierungen) oder einer Position distanzierter (z.B. wissenschaftlicher) Beobachtung betrachtet. Wenn politische Prozesse von höherer, zentraler Stelle aus geplant, veranlasst und koordiniert werden, werden diese mit *top-down* beschrieben.

Wie nun das Individuum in der Welt pragmatisch handelt, entwickelte George Herbert Mead (1983) in seinen Arbeiten zur *Intersubjektivität*. Hiernach liegt der Ursprung des Individuums in der Gesellschaft und sein individuelles Handeln ist somit stets an das Soziale gebunden. Soziales Handeln sieht Mead als grundsätzlich nützlicher und vorteilhafter gegenüber rein rationalistischem Handeln. Denn soziales Handeln muss sich erst in der Gesellschaft und in kollektiven Prozessen der Entscheidungsfindung durchsetzen. Hierdurch beruht soziales Handeln nicht nur auf breiterer Erfahrung als rein rationalistisches Handeln. Es steigen auch seine Chancen auf Realisierung. Als beispielhaft hierfür sieht Mead das moderne, wissenschaftliche Problemlösen an. Denn dieses beruht auf wissenschaftlichem Diskurs und Auseinandersetzung. Durch Einhaltung der wissenschaftlichen Gütekriterien ist es außerdem intersubjektiv, also transparent und für andere nachvollziehbar.

Konkret teilt Mead das instrumentelle Handeln von Individuen in einen Prozess von fünf Stufen ein. Interessanterweise weist dieses Prozessmodell Meads eine nicht zu übersehende Ähnlichkeit mit dem später für die Politikfeldanalyse entwickelten Policy-Cycle auf (vgl. Kapitel 5). Als besonders entscheidend muss in dem im folgenden Infokasten beschriebenen Prozessmodell die Stufe der „Rückkopplung" gelten. Denn hier werden die Wahrnehmungen und Überzeugungen des Individuums und sein entsprechendes Handeln mit der Realität abgeglichen. Gegebenenfalls wird daraufhin die Handlung an die konkreten Bedingungen der Situation angepasst und korrigiert. In Meads Prozessmodell bleibt also das Denken und Handeln offen und beweglich für Neuerungen und innovative Lösungen (vgl. Schubert 2009). Im Policy-Cycle entspricht dies der Phase der Evaluation, in der die Wirkungen politischer Programme mit den ursprünglichen Zielsetzungen abgeglichen werden und es daraufhin ebenfalls zu Korrekturen kommen kann.

Infokasten 2-3: Stufen instrumentellen Handelns nach Mead (1983: 14ff)

1. *Handlungsimpuls:*	Notwendigkeit des Handelns wird erkannt
2. *Aktive Wahrnehmung:*	Alternative Reaktionsmöglichkeiten werden entwickelt und eine davon ausgewählt
3. *Manipulation:*	Konkreter Kontakt mit der Realität
4. *Rückkopplung:*	Realitätskontakt wird mit der eigenen Wahrnehmung abgeglichen und Handlung ggf. korrigiert
5. *Vollendung:*	Handlung wird abgeschlossen

Abschließend ist festzuhalten, dass Pragmatismus wie auch Pluralismus der stark europäisch geprägten Wissenschaftstradition, die Theorie und Praxis üblicherweise in ein dualistisches Gegeneinander setzt, recht fremd ist. Denn Wissenschaft muss sich im pragmatistischen Sinne stets an der Wirklichkeit orientieren und im pluralistischen Sinne an deren Gestaltung und Verbesserung mitwirken. Dieser Umstand konnte nicht nur der stärker praxis- und beratungsorientierten Ausrichtung der Policy-Forschung in den USA den Weg bereiten (und kann so zum Teil auch die verspätete Etablierung der Disziplin in Deutschland erklären). Er bringt auch Folgen für das zugrunde gelegte Theorieverständnis mit sich. Theoretische Ansätze müssen in diesem Sinne immer eine Mittlerrolle zwischen Theorie und Empirie, bzw. zwischen einer abgeleiteten Wirklichkeit und einer real gemessenen Wirklichkeit, einnehmen. Studierenden der Politikwissenschaft mögen die mit der Austarierung von Theorie und Empirie verbundenen Probleme nicht ganz fremd sein. Mitunter werden in Vorbereitung von Studien- oder Examensarbeiten Befürchtungen laut: „Und wie passt diese politische Entwicklung jetzt zu meiner Theorie?" An dieser Stelle sollten die Worte William James' in Erinnerung gerufen werden: Theorien sind nichts anderes als *Instrumente*, die sich in der Wirklichkeit bewähren müssen (James 1908). Es sind also keineswegs die politischen Entwicklungen, die nicht zur Theorie passen. Vielmehr reichen oft die zur Verfügung stehenden Theorien nicht zum Erfassen, Erklären und zur Gestaltung der Wirklichkeit – liefern also möglicherweise nicht das angemessen brauchbare Instrumentarium. Das Ziel der Politikfeldanalyse ist es, den unfruchtbaren Dualismus zwischen Theorie und Praxis durch eine Wirklichkeitsorientierung zu überwinden.

2.2 Entwicklungslinien in den USA und in Deutschland

Entwicklungslinien der Politikfeldanalyse in den USA
Als Wegbereiter der modernen Policy-Forschung gelten Harold Lasswell und Daniel Lerner mit der Herausgabe ihres Buches „The Policy Sciences" (1951). Die beiden Autoren vertreten darin den Anspruch, die Rationalität von Problemlösungen in der Politik zu steigern. Hierfür müsse die Policy-Forschung einer bestimmten Programmatik folgen, indem sie (1) inhaltlich orientiert und multidisziplinär, (2) problemlösungsorientiert und (3) explizit normativ orientiert zu sein habe.

Die inhaltliche Orientierung (1) der Politikfeldanalyse mit ihrem Fokus auf der Policy-Dimension von Politik ist bereits angesprochen worden. Zwar wird mitunter eingewandt, dass die interdisziplinäre Ausrichtung im institutionellen Sinne aufgrund der starken Zerklüftung der sozialwissenschaftlichen Landschaft weitgehend eine Vision geblieben ist (Schneider/Janning 2006: 19). Allerdings muss diese Wertung dahingehend ergänzt werden, dass in Lasswells Sinne nicht die Politikfeldanalyse selbst multidisziplinär entwickelt, sondern – möglicherweise mit ihrer Hilfe – die Problemdiagnosen und die Problemlösungen multidisziplinär erstellt werden. Dennoch weist die Politikfeldanalyse selbst auch multidisziplinäre Bezüge auf, indem sie bspw. Erkenntnisse aus anderen Disziplinen wie den Wirtschaftswissenschaften, der Soziologie oder den Rechtswissenschaften aufgreift und sie in ihrem Sinne nutzbar macht. Ein prominentes Beispiel hierfür ist der aus der Individualpsychologie stammende Ansatz des politischen Lernens, der an späterer Stelle (Kap. 6.2) noch ausführlich behandelt wird.

Die Problemlösungsorientierung (2) und die normative Ausrichtung (3) der Policy-Forschung haben stark zu ihrem Aufschwung als wissenschaftliche Disziplin beigetragen. Allerdings hat sich die Policy-Forschung in den USA diesbezüglich von Beginn an in zwei Stränge unterteilt, zwischen denen bis heute nur wenige Berührungspunkte existieren (vgl. Janning/Toens 2008). Adrienne Windhoff-Héritier (1987: 12) spricht für die 1950er und 1960er Jahre von einer synoptischen und einer neo-pluralistischen Richtung der amerikanischen Policy-Forschung. Im folgenden Kapitel werden die auch methodisch unterschiedlichen Zugänge dieser beiden Stränge diskutiert. An dieser Stelle sei jedoch bereits gesagt, dass der eine Strang der (synoptischen) Politikfeldanalyse eher anwendungsorientiert Gefahr läuft, in eine „theorielose Auftragsforschung" (Wiedemann/Münch 2003) abzugleiten. Andererseits ist der andere Strang der (neo-pluralistischen) Policy-Forschung in seiner wissenschaftlich-akademischen Ausrichtung weitaus weniger einer politischen Beratungstätigkeit verschrieben, als es sich der Begründer Lasswell wohl erwünscht hätte. Dafür hat sich jedoch die wissenschaftliche Policy-Forschung nach Janning/Toens (2008: 7) von den Handlungsperspektiven politischer Akteure emanzipiert.

Beim Aufbau der amerikanischen Wohlfahrtsprogramme unter Präsident Lyndon B. Johnson in den 1960er Jahren (*War on Poverty*), konnte sich die junge Disziplin erstmals in ihrem Anspruch einer politischen Beratungstätigkeit unter Beweis stellen. Im Zuge dieser praktischen Anwendung stieß die Policy-Forschung auf Probleme bei der Umsetzung und Implementierung von politischen Programmen. Zuvor war auch in der Policy-Forschung häufig eine gewisse Staatszentrierung vorherrschend gewesen und politische Prozesse vor allem aus einer Top-down-Perspektive betrachtet worden. Durch die aufkommende Implementierungsforschung veränderte sich diese Analyseperspektive: Der Staat wurde vom alleinigen zu nur noch *einem* der am Implementationsprozess beteiligten Akteure zurückgestuft und es wird argumentiert, dass auch andere gesellschaftliche Gruppen bei der Umsetzung von Politiken eine wesentliche Rolle einnehmen (Janning/Toens 2008: 8).

Vor diesem Hintergrund gelang der amerikanischen Policy-Forschung in den 1970er Jahren ein theoretisch-konzeptioneller Sprung, der vor allem in der Entwicklung zweier Modelle begründet lag (Schneider/Janning 2006: 20): Der Wiederaufnahme von David Eastons Systemmodell (1965) durch Thomas Dye (1972) einerseits und der Entwicklung des Policy-Arenen-Modells durch Theodore J. Lowi (1972) andererseits.

Auch wenn Eastons Systemmodell den Ablauf politischer Prozesse stark vereinfacht betrachtet, stellt es bis heute einen wichtigen Bezugspunkt politikwissenschaftlicher und politikfeldanalytischer Forschung dar. Easton sieht politische Prozesse im Wesentlichen zwischen vier Bezugsgrößen verortet: Umwelt, politisches System, Inputs und Outputs. Aus der Umwelt werden Forderungen und Interessen, aber auch Unterstützung an das politische System herangetragen. Dies ist der Input, der dann im politischen System zu Entscheidungen und Handlungen verarbeitet wird. Im Anschluss werden diese Entscheidungen wieder als Output (z.B. politische Maßnahmen wie eine Steuersenkung) an die Umwelt herausgegeben. Durch die Reaktionen des Umfelds auf diese politischen Entscheidungen schließt sich der Kreis hin zum erneuten Input. *Wie* allerdings die Inputs durch das politische System verarbeitet werden, bleibt in dem vereinfachenden Systemmodell Eastons offen. Das Element des politischen Systems ist daher auch häufig als *black box* – als schwarzer und undurchsichtiger Kasten – bezeichnet worden.

Schaubild 2-1: Systemmodell nach Easton

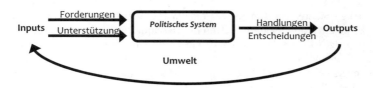

Quelle: Easton 1965

Nun fragt aber die Politikfeldanalyse nicht nur danach, was politische Akteure tun (Output), sondern *warum* sie es tun. Ziel muss es demnach sein, die Vorgänge im politischen System zu verstehen und somit aus dem schwarzen einen durchsichtigen, oder zumindest einen grauen

Kasten zu machen (Bunge 1996: 110-113). Licht in den Schatten der *black box* brachte später der Policy-Cycle, das wohl bis heute bekannteste politikfeldanalytische Modell. Diese Phasenheuristik der Politikgestaltung wird an späterer Stelle ausführlicher behandelt (Kap. 5). Vorerst kam jedoch Thomas Dye (1972) über die Aufnahme von Eastons Systemmodell zu dem Schluss, dass die bisherige Forschung zu stark auf Prozesse *innerhalb* des politischen Systems rekurriert hatte, um politische Entscheidungen wirklich verstehen zu können (vgl. Schneider/Janning 2006: 22). Daher müsse die Policy-Forschung nun ganz neue Fragen stellen, bspw. wie die Inputs der Umwelt das politische System beeinflussen oder wie die Eigenschaften des politischen Systems den Output beeinflussen. Easton hat also mit seinem Systemmodell zu einer wesentlichen Neuerung in der Politikwissenschaft beigetragen, dass nämlich politische Entscheidungen nicht mehr allein dem politischen System zugeschrieben, sondern als von gesellschaftlichen Forderungen und Unterstützung abhängiges Ergebnis betrachtet werden.

Bereits im gleichen Jahr, in dem Dye das Systemmodell Eastons aufgriff und hierüber zu einer Neuorientierung der Politikfeldanalyse führte, entwickelte Theodore Lowi mit seinem Policy-Arenen-Modell wichtige Hinweise auf die Frage, wodurch die Prozesse im politischen System geprägt werden. Lowi stellte eine geradezu radikale These auf: *Policies determine politics* (Lowi 1972: 299), also der Politikinhalt bestimmt den Politikprozess. Radikal war diese Annahme deshalb, weil – wie weiter oben formuliert wurde – materielle politische Inhalte sich erst durch Willensbildungs- und Entscheidungsprozesse herausbilden. Dieser Tatsache war sich Lowi bewusst, aber er fügte dieser traditionellen Sichtweise den Aspekt hinzu, dass gleichzeitig politische Prozesse auch durch Eigenschaften des behandelten politischen Problems geprägt werden. Die Merkmale einer Policy bestimmen also die Merkmale einer politischen Arena, innerhalb derer sich politische Prozesse vollziehen. Die wichtigste Unterscheidungslinie verläuft hierbei zwischen distributiver, also verteilender Politik, und redistributiver, also umverteilender Politik (z.B. Sozialhilfe). Arenen von Umverteilungspolitiken sind in sehr viel stärkerem Maße durch Konflikte gekennzeichnet. Es handelt sich hier i.d.R. um „Nullsummenspiele" mit klar zuzuordnenden Gewinnern auf der einen und Verlierern auf der anderen Seite. Bei distributiven Politikarenen hingegen werden Leistungen allgemein zugänglich bereitgestellt. Wie dann Kosten und Nutzen dieser Leistungen (z.B. Steuererleichterungen, Patente) verteilt sind, bleibt jedoch relativ undurchsichtig, so dass die Arena sehr viel stärker durch Konsens geprägt ist (vgl. Heinelt 2009: 116). Somit prägen also tatsächlich *policies* – d.h. der Charakter politischer Probleme oder die Merkmale eines Politikfeldes – die daraufhin ablaufenden politischen Prozesse, *politics*. Die für distributive Politiken genannten Beispiele (Steuererleichterungen, Patentvergabe) zeigen jedoch, dass sich diese schwerlich in Reinform auffinden lassen, also immer auch redistributive Elemente beinhalten und es letztlich „von der Wahrnehmung der Kosten und des Nutzens durch die beteiligten gesellschaftlichen Gruppen" (Kevenhörster 2008: 328) abhängt, ob ein Programm als distributiv oder redistributiv wahrgenommen wird.

Während die beiden beschriebenen Modelle auch in die deutsche Politikfeldanalyse Eingang gefunden haben, entwickelten sich in den USA auch spezifische Ansätze, die hierzulande kaum rezipiert worden sind. Dazu gehört bspw. der infolge von Douglass Cater (1964) entwickelte Ansatz von *subgovernments*, in denen „Fachbürokraten, Lobbyisten und Abgeordnete des Kongresses abgeschirmt von der Öffentlichkeit politische Entscheidungen und regionale Unterstützungsleistungen aushandeln" (Schneider/Janning 2006: 25). Hugh Heclo (1978) vertrat mit seinen *issue networks* einen ähnlichen Ansatz, der ebenfalls davon ausgeht, dass Politiker und Beamte verstärkt die Zusammenarbeit mit Interessengruppen außerhalb des parlamentarischen Rahmens suchen. Teils liegt es an ihrer starken Zugeschnittenheit auf das politische System der USA, dass diese Ansätze in Deutschland kaum Popularität entwickeln konnten. Teils braucht es aber auch die Initiative interessierter deutscher Wissenschaftler, Ansätze aus anderen Ländern zu transferieren. So hat bspw. die stärkere Rezeption des in den USA äußerst populären *Multiple-Streams*-Ansatzes (vgl. Kap. 5.3) in Deutschland gerade begonnen (insb. Rüb 2009).

Entwicklungslinien der Politikfeldanalyse in Deutschland
In der deutschen Wissenschaftslandschaft wurde die Politikfeldanalyse, die seit den 1960er Jahren in den USA einen immensen Aufschwung verzeichnete, zunächst skeptisch betrachtet. Dies ist einerseits dadurch zu erklären, dass die Policy-Forschung aufgrund ihrer pragmatistischen Wurzeln als zu wenig normativ kritisiert wurde (Janning/Toens 2008: 7). Sie fragt eben nicht nur danach, was Regierungen tun *sollten*, sondern danach, was sie *tatsächlich* tun. Während also

ältere Vertreter der Politikwissenschaft noch in den 1970er Jahren eine zu wenig normative Ausrichtung der Politikfeldanalyse kritisierten, schien sie jüngeren, marxistisch ausgerichteten Politikwissenschaftlern zu wenig herrschaftskritisch (Janning/Toens 2008: 7) und paradoxerweise hierdurch zu stark normativ orientiert zu sein – allerdings in einem anderen Sinne. Denn gerade die explizit normative – im Sinne von Politik beratende – Ausrichtung wurde oft dahingehend missverstanden, dass die Policy-Forschung in ein reines Dienstleistungs- oder gar Abhängigkeitsverhältnis zur Politik abgleiten würde.

Dies erklärt, warum die Akzeptanz und Verbreitung der Politikfeldanalyse in Deutschland erst zu einem recht späten Zeitpunkt, etwa ab Mitte der 1980er Jahre begann. Allerdings gab es durchaus historische Vorläufer der Policy-Forschung. Schon begrifflich zeigen sich deutliche Parallelen zwischen der heutigen Policy-Forschung und der deutschen Policey-Wissenschaft des 17. und 18. Jahrhunderts. Der nicht mit dem heutigen Wort Polizei zu verwechselnde Policey-Begriff bezeichnete damals „innenpolitische staatliche Aktivitäten zum Zwecke der Sicherstellung allgemeiner Wohlfahrt" (Schmidt 1997: 570). Die Policey-Wissenschaft war zugleich Gesetzgebungslehre, Regierungslehre und „Lehre von der inneren Staatsgestaltung zum Zweck des ‚guten Lebens'" (Jann 1989: 37). Auch inhaltlich orientierte sich die Policey-Wissenschaft also an einzelnen Bereichen von Staatstätigkeit (z.B. Rechtspolitik, Wirtschaftsförderung, Bildungspolitik) und somit letztlich an Politikfeldern. An dieser politikfeldorientierten Tradition anzuknüpfen, war der frühen Politikfeldanalyse in Deutschland gleichwohl schwer möglich. Denn im wilhelminischen Zeitalter des 19. Jahrhunderts war die inhaltliche Dimension bei der Betrachtung von Politikprozessen weitgehend verloren gegangen (Schmidt 1997: 571).

Folglich orientierte sich die junge Disziplin Politikfeldanalyse an den amerikanischen Vorbildern. Gleichzeitig weist sie aber sehr unterschiedliche Entwicklungslinien auf und bildete andere Schwerpunkte heraus als in ihrem Ursprungsland. Vor allem die Beratungsorientierung der Policy-Forschung ist in Deutschland sehr viel schwächer ausgeprägt als in den USA. Das bedeutet allerdings nicht, sie würde nicht existieren. Die wichtigsten Auftraggeber für Politikberatung und Auftragsforschung sind Regierung, Parlament und Lobbygruppen (vgl. Wiedemann/Münch 2003). Auch die erste Adaption der amerikanischen Policy-Forschung fand zu Beginn der 1970er Jahre nicht in Form wissenschaftlicher Rezeption, sondern in Form politischer Beratungstätigkeit statt. Wie auch zuvor in den Vereinigten Staaten wurde die junge Disziplin zur Unterstützung und Beratung bei politischen Reformprogrammen herangezogen. Ende der 1960er bis Mitte der 1970er Jahre adaptierten eine Reihe sozialwissenschaftlicher Planungsforscher die Methoden der Policy-Forschung zur Unterstützung sozialliberaler Reformmaßnahmen (z.B. Böhret 1970; Mayntz/Scharpf 1973). Wie zuvor in den USA, entstanden auch hierzulande so Implementierungs- und Evaluationsforschung infolge der Schwierigkeiten, die bei der Umsetzung politischer Entscheidungen beobachtet wurden. Als der Reformeifer der sozialliberalen Regierung nach der Ölkrise Mitte der 1970er Jahre ein jähes Ende fand, hatte die Policy-Analyse als Instrument für administrative Reformkonzepte auch bereits wieder ausgedient: Vom Mainstream der Politikwissenschaft war sie bis dahin ohnehin kaum rezipiert worden (Janning/Toens 2008: 7). Die wissenschaftliche Rezeption setzte erst seit Mitte der 1980er Jahre verstärkt ein.

Nach Manfred G. Schmidt (1987: 185-200) lässt sich die Entwicklung der Policy-Forschung in drei Phasen unterteilen. Die erste Phase sah sich in den 1960er Jahren durch die Frage geprägt: *Does Politics matter?* Diese unkonventionelle Frage musste für die Politikwissenschaft als Provokation gelten. Schließlich wird hierdurch im Kern angezweifelt, ob politische Faktoren, Prozesse und Institutionen überhaupt einen Einfluss auf die Politikentwicklung haben, oder ob nicht vielmehr die vorgegebenen sozioökonomischen Bestimmungsfaktoren die politischen Entwicklungen bestimmen. Aus heutiger Sicht mag verwundern, dass die Fragen, ob Politik also überhaupt eine Rolle spiele, in den 1960er Jahren tatsächlich vielfach mit Nein beantwortet wurde – unter anderem auch (tendenziell) von Dye (vgl. Schubert 1991: 24). In den folgenden Infokästen werden die jeweiligen Phasen der Policy-Forschung anhand der Faktoren verdeutlicht, die sie für die wohlfahrtsstaatliche Entwicklung eines Landes als ursächlich sehen.

> *Phase 1: Ursachen wohlfahrtsstaatlicher Entwicklung*
> Vertreter der These, Politik spiele gegenüber sozioökonomischen Bedingungen keine oder bestenfalls eine sehr nachrangige Rolle, sehen wohlfahrtsstaatliche Entwicklungen in erster Linie durch ökonomische und demografische Faktoren bestimmt. Sie orientieren sich an der unterschiedlichen Höhe der Sozialausgaben in verschiedenen Ländern und erklären diese durch die unterschiedlichen wirtschaftlichen Entwicklungsstände und die damit in Ver-

bindung stehenden Altersstrukturen der Gesellschaften (z.B. Wilensky 1975). Mit fortschreitendem Entwicklungsstand eines Landes, so Wilensky, steigen auch seine wohlfahrtsstaatlichen Ausgaben.

Die erste Phase der Policy-Forschung vertrat also einen strukturalistischen Ansatz, in dem Akteure kaum Bedeutung erfahren (vgl. Faust/Lauth 2006: 292). Die erzielten empirischen Ergebnisse blieben vor allem auf nationale Studien beschränkt. In der zweiten Phase brachten jedoch die nun vermehrt auf internationale Vergleiche angelegten Untersuchungen die harte These von bedeutungsloser Politik ins Wanken. Die zweite Phase sieht sich daher gegenüber der ersten durch die Gegenthese geprägt: *Politics matters!* Die zweite Phase vertrat akteurstheoretische Ansätze und untersuchte insbesondere im Rahmen der „Parteiendifferenzthese", welchen Unterschied es für die Politikinhalte macht, ob sozialdemokratische, konservative oder andere Parteien die Regierung stellen.

> Phase 2: Ursachen wohlfahrtsstaatlicher Entwicklung
> Vertreter der These politischer Gestaltungsfähigkeit sehen die wohlfahrtsstaatliche Entwicklung in erster Linie durch Entscheidungen der politischen Akteure bestimmt. So fand bspw. Manfred G. Schmidt (1982) in einem internationalen Wohlfahrtsstaatsvergleich heraus, dass keineswegs nur sozioökonomische Bedingungen die Politikentwicklung beeinflussen, sondern es einen Unterschied macht, ob sozialdemokratische oder bürgerliche Parteien die Regierung stellen. Die Farbe der Regierung wird hier, neben anderen Faktoren, z.B. zur Erklärung unterschiedlicher Arbeitslosenquoten und unterschiedlicher Erfolge bei der Inflationsbekämpfung herangezogen.

Die dritte Phase der Policy-Forschung stand dann folgerichtig unter der Leitfrage: „Wie und in welchem Ausmaß bestimmen *polity* und *politics* die *policy*?" Nach wie vor steht zwar die inhaltliche Dimension der Politik im Vordergrund von Analysen. Es hat sich aber gezeigt, dass vor allem entscheidend ist, wie das Zusammenspiel der drei Politikdimensionen ausgestaltet ist und funktioniert. Denn wenn auch die Entscheidungen politischer Akteure hohen Einfluss auf die Politikentwicklung haben, sehen sich diese doch stets bestimmten strukturellen und institutionellen Zwängen ausgesetzt. So scheitert bspw. regelmäßig ein bestimmtes Sozialprogramm nicht am fehlenden Willen der politischen Entscheidungsträger, sondern schlichtweg an den strukturellen Finanzknappheiten. Die dritte Phase vertritt daher einen institutionellen Ansatz, der strukturalistische und akteurstheoretische Komponenten integriert (Faust/Lauth 2006: 293).

> Phase 3: Ursachen wohlfahrtsstaatlicher Entwicklung
> Vertreter der dritten Phase der Policy-Forschung sehen die Entwicklung von Wohlfahrtsstaaten prinzipiell durch verschiedene Ursachen bestimmt (z.B. institutionelle Arrangements, sozioökonomische Bedingungen, Regierungsparteien). Bspw. argumentiert Esping-Andersen (1990), die Wohlfahrtsstaaten seien früh durch sozioökonomische Bedingungen und Akteurskonstellationen auf bestimmte institutionelle Arrangements festgelegt worden (sozialdemokratisch, konservativ, liberal), die seither ihre weitere Entwicklung entscheidend bestimmen. So gehen manche Wohlfahrtsforscher davon aus, dass die Länder auch heute noch entsprechend ihrer jeweiligen Regimezugehörigkeit vor spezifischen Problemen stehen und zu spezifischen Lösungsmustern gelangen (z.B. Pierson 2001).

In jüngster Zeit hat sich die Policy-Forschung verstärkt einer allgemeinen Perspektive nach der Regelung und Steuerung von Gesellschaften zugewandt (Schneider/Janning 2006: 32). Politische Steuerung kann als „der Versuch politischer Akteure aufgefasst werden, in Politikfeldern die gesellschaftliche Entwicklung gemäß konkretisierter Zielvorgaben zu beeinflussen" (Faust/Lauth 2006: 301-302). Im Rahmen der sogenannten *Governance*-Debatte (vgl. z.B. Benz 2004) haben sich Fragen nach den Regulierungsmöglichkeiten und nach der Rolle des Nationalstaates in Zeiten von Europäisierung und Globalisierung entwickelt.

Auch tragen Europäisierung und Globalisierung dazu bei, dass sich die Politikfeldanalyse nicht länger auf die Ebene des Nationalstaates bzw. des Vergleichs von Nationalstaaten beschränken kann: „Die fortschreitende Integration der Europäischen Union seit dem Maastricht-Vertrag und die Vielzahl internationaler Vereinbarungen und Verpflichtungen zwingen zur Abkehr von einer auf die nationalstaatliche Ebene beschränkten Politikfeldanalyse" (Nullmeier/Wiesner 2003:

319). Nachdem also in der zweiten Phase der Policy-Forschung die Grenzen gegenüber der Akteursperspektive und in der dritten Phase gegenüber der institutionellen Perspektive geöffnet wurden, muss heute der Öffnung der Grenzen des Nationalstaates Rechnung getragen werden (vgl. Faust/Lauth 2006: 312). Entsprechend hat die Policy-Forschung neue theoretische Ansätze, wie bspw. den des Policy-Transfers (vgl. Kap. 6.2) entwickelt, die der zunehmenden Verflechtung nationalstaatlicher Politikprozesse mit supranationalen und internationalen Entwicklungen und Institutionen Rechnung zu tragen suchen. Insofern befinden wir uns derzeit gewissermaßen in einer vierten Phase der Policy-Forschung in Deutschland, die sich in erster Linie vom Übergang zur „Normaldisziplin" geprägt sieht.

Inzwischen ist die Disziplin der Politikfeldanalyse nämlich nicht nur in der deutschen Hochschullehre fest verankert. Es hat sich auch eine vielfältige Forschungslandschaft herausgebildet, von denen hier einige Vertreter exemplarisch genannt werden sollen (vgl. Bandelow 2004).

Renate *Mayntz* und Fritz W. *Scharpf* übernahmen bereits Anfang der 1970er Jahre Methoden der amerikanischen Policy-Forschung für die deutsche Planungsforschung. 1995 entwickelten sie mit dem „Akteurzentrierten Institutionalismus" einen bis heute häufig verwendeten analytischen Rahmen der Politikfeldanalyse (z.B. Mayntz/Scharpf 1995). Manfred G. *Schmidt*, der insbesondere durch seine Forschung zur Sozial- und Wohlfahrtspolitik bekannt geworden ist, vertritt einen quantitativen Ansatz. Sein oben erwähnter Vergleich von Wohlfahrtsstaaten etwa analysiert Aggregatdaten zu den Sozialausgaben verschiedener Länder, für die dann wiederum für unterschiedliche Zeiträume eine sozialdemokratische oder bürgerliche Regierungsbeteiligung überprüft wird (z.B. Schmidt 1982). Volker *Schneider* und Franz Urban *Pappi* sind Vertreter der quantitativen Netzwerkanalyse (vgl. Kap. 4.1). Bei der Netzwerkanalyse handelt es sich um einen handlungs- bzw. steuerungstheoretischen Ansatz. Es wird davon ausgegangen, dass (politische) Akteure innerhalb von Netzwerken agieren, die sich in ihrer Bestandsdauer, Größe und Stabilität unterscheiden (z.B. Schneider 2009; Pappi 1993). Hellmut *Wollmann* ist ein Vertreter der (international vergleichenden) Evaluations- und Verwaltungsforschung. Wie oben bereits erwähnt, befasst sich diese Forschungsrichtung mit der Wirksamkeit von (öffentlich finanzierten) Programmen, der allgemeinen Funktionsweise der Verwaltung und ihrer Modernisierung (z.B. Wollmann 2009). Frank *Nullmeier* oder Thomas *Saretzki* sind Vertreter von so genannten ideenbasierten Analysen. Seit Beginn der 1990er Jahre haben entsprechende Ansätze eine so zunehmende Popularität innerhalb der Politikfeldanalyse erfahren, dass teils sogar von einer „kognitiven Wende" die Rede ist. Auch wenn diese Wertung sicherlich überzogen ist (vgl. auch Bandelow 2009), haben doch Analysen, die politische Ideen und Überzeugungen als wichtige Bezugsgrößen zur Erklärung von politischen Veränderungen begreifen, zunehmend an Bedeutung gewonnen. (z.B. Nullmeier/Rüb 1993; Saretzki 2009) Wir zählen uns zu den überwiegend qualitativ arbeitenden Policy-Forschern und haben z.B. in dem Band „European Welfare Systems" (*Schubert/Hegelich/Bazant* 2009; dt. 2008) das gemeinhin als schwierig bewertete Projekt unternommen, im Rahmen qualitativer Fallstudien mit einer sehr hohen Fallzahl zu arbeiten. In dem Band werden die Wohlfahrtssysteme aller 27 Mitgliedsstaaten der EU auf der Basis einer gemeinsamen Systematik durch Experten aus den jeweiligen Ländern untersucht und anschließend vergleichend analysiert.

Die hier genannten Vertreter stellen nur einen kleinen Ausschnitt der Policy-Forschungslandschaft dar und weitere werden in dieser Einführung noch vorgestellt. Uns ging es an dieser Stelle jedoch in erster Linie darum, die Vielfalt der innerhalb der Policy-Forschung angewandten qualitativen und quantitativen Methoden aufzuzeigen. Im folgenden Kapitel wird ein Überblick über diese Methoden gegeben und allgemein der Frage nachgegangen, wonach sich in der Politikfeldanalyse die Wahl der zu verwendenden Theorie und Methodik entscheidet.

3 Theorien und Methoden

Im vorigen Kapitel wurden die Fragestellungen und das spezifische Erkenntnisinteresse der Policy-Forschung behandelt: Im Mittelpunkt steht immer die *Policy*, sie ist die abhängige Variable. Zu ihrer Erklärung werden die anderen beiden Politikdimensionen, *Politics* und *Polity*, herangezogen. Denn zum einen sind materielle Politikinhalte Ergebnis von Prozessen der Willensbildung, Entscheidung und Implementierung. Und zum anderen bilden Institutionen und Strukturen den Rahmen für politische Prozesse und Ergebnisse.

> **Infokasten 3-1: Abhängige und unabhängige Variable**
>
> Die abhängige Variable (Wirkung) ist das, was erklärt werden soll. Die unabhängige Variable (Ursache) ist das, was von Außen zur Erklärung herangezogen wird. Um dies an einem einfachen Beispiel zu verdeutlichen: Findet man eine nasse Straße vor (Wirkung), so kann vermutet werden, dass es geregnet hat und Regen folglich die unabhängige Variable ist. Dies muss jedoch überprüft werden, denn es ist auch möglich, dass eine andere, vielleicht noch unbekannte Ursache für die nasse Straße existiert; z.B. ein vorbeigefahrener Straßenreinigungswagen. Oder, um bei einem Beispiel aus der Politikwissenschaft zu bleiben, könnte der Wahlerfolg grüner Parteien (Wirkung) mit dem Vorhandensein postmaterialistischer Werteorientierungen in der Bevölkerung (Ursache) erklärt werden.

Durch diese Festlegung der abhängigen und der unabhängigen Variablen wird der Unterschied von politikfeldanalytischen Fragestellungen zu „klassisch" politikwissenschaftlichen und „politischen" Fragestellungen deutlich. Die klassische politikwissenschaftliche Fragestellung orientierte sich an der „richtigen" politischen Ordnung. Ihre abhängige Variable ist also die Polity, die Verfassung, die Strukturen, Ordnungen und Institutionen eines politischen Systems. Aus politischer Perspektive interessiert hingegen in erster Linie die Dimension der Politics. Hier werden z.b. Fragen danach gestellt, welche Partei die Regierung stellt oder wie Interessen in bestimmten Willensbildungs- und Entscheidungsprozessen (z.B. Pressekampagnen, politischen Programmen und Maßnahmen) durchgesetzt werden können.

Das folgende Schaubild zeigt diese klassischen, politischen und poltitikfeldanalytischen Fragestellungen mit ihren je unterschiedlichen Erklärungsinteressen und -ansätzen noch einmal in der Übersicht. Besonders wichtig ist hierbei, dass aus Sicht der Politikfeldanalyse politische Prozesse als grundsätzlich gestalt- und veränderbar betrachtet werden, wohingegen der strukturelle Rahmen (weitgehend) stabil und konstant bleibt. Wir sprechen im folgenden Schaubild bewusst nicht von abhängiger und unabhängiger Variable, sondern von zu erklärenden und zur Erklärung herangezogenen Politikdimensionen – nicht immer ist nämlich in der empirischen Realität das Kausalverhältnis so eindeutig zuzuordnen. Außerdem können intervenierende Variablen als Filter- oder Verstärkereffekt auf das Verhältnis der anderen beiden Variablen einwirken.

Schaubild 3-1: Klassische, politische und politikfeldanalytische Fragen

	Erklärt werden soll...	Zur Erklärung herangezogen wird...	
„Klassische" Fragestellung	Polity	Politics	Polity
„Politische" Fragestellung	Politics	Polity	Policy
Politikfeldanalyse	Policy	Polity	Politics

Quelle: modifiziert nach Schubert 1991: 27

Mit der Begriffsklärung und Verortung der abhängigen und der unabhängigen Variablen wurde erst ein kleiner Schritt in Richtung Theorien der Politikfeldanalyse getan. Der Theoriebildung nähern wir uns, indem die bisherige Begriffsbildung in Verbindung mit allgemeineren Theorien diskutiert wird. Im vorangegangenen Kapitel sind bereits zwei theoretische Perspektiven der Policy-Forschung angesprochen worden: funktionalistische Ansätze auf der einen und handlungs- bzw. steuerungstheoretische Ansätze auf der anderen Seite. Während bei den funktionalistischen Ansätzen der Strukturaspekt im Vordergrund steht (vgl. 1. Phase der Policy-Forschung), nehmen handlungstheoretische Ansätze eine Akteursperspektive ein (vgl. 2. Phase der Policy-Forschung). Allerdings sollten die beiden Perspektiven nicht als unvereinbare Gegensätze betrachtet werden, sondern sich im Idealfall ergänzen (vgl. Wiedemann/Münch 2003). Denn in der Realität wird sich eine Policy immer durch beides geprägt sehen: Strukturen und Akteure. Ebenso gilt es auch im weiteren Verlauf der Darstellung allgemein zu beachten, dass Theorien miteinander kombiniert werden und sich gegenseitig ergänzen können.

In der Policy-Forschung existieren eine Vielzahl von theoretischen Ansätzen, Modellen und analytischen Rahmen. Diese häufig recht unvermittelt nebeneinander verwendeten Termini werden wir an späterer Stelle erläutern. Doch gerade aufgrund dieser Vielfalt ist der Politikfeldanalyse mitunter fehlende Theoriebildung vorgeworfen worden. Die Kritik zielt dann nicht etwa in die Richtung, es existierten nicht genügend theoretische Ansätze. Vielmehr wird die fehlende Integration dieser verschiedenen Ansätze zu einem einheitlichen Theoriegebäude bemängelt (vgl. Wiedemann/Münch 2003). Im Folgenden werden die wichtigsten theoretischen Perspektiven und Ansätze der Policy-Forschung vorgestellt. Vorab soll allerdings geklärt werden, was eigentlich eine Theorie (in der Politikfeldanalyse) zu leisten hat und welche grundlegenden Analysekategorien mit der Theoriewahl verknüpft sind.

3.1 Theorien der Politikfeldanalyse

Als Theorie bezeichnet man allgemein ein System von aufeinander bezogenen Aussagen. Dabei müssen Voraussetzungen und Randbedingungen angegeben werden, unter denen diese Aussagen gelten sollen. Und schließlich sollen es Theorien ermöglichen, Annahmen über künftige Ereignisse und Veränderungen zu formulieren (von Beyme 1986: 15). Wissenschaftler verfolgen durch den Gebrauch von Theorien unterschiedliche Ziele. Unter anderem wollen sie verstehen, beschreiben, erklären, vorhersagen, vorschreiben, kritisieren, (Fragen) lösen und/oder überprüfen. Diese Tätigkeiten werden auch als Funktionen politischer Theorien bezeichnet.

In der Policy-Forschung spielen Theorien noch einmal eine spezifische Rolle, die sich aus der klaren Praxisorientierung ergibt. Theoretische Ansätze und Perspektiven werden benötigt, um wissenschaftlich über das aus der politischen Praxis gewonnene Wissen zu reflektieren. Die Theorie wird also dazu genutzt, um aus dem „praktischen Wissen" ein „abstraktes Wissen" zu generieren (vgl. Schubert/Bandelow 2009). Denn erst abstraktes Wissen ermöglicht es, allgemeine Aussagen treffen zu können. Allerdings unterscheiden sich die theoretischen Zugänge nach ihrem Abstraktionsgrad, der sehr niedrig oder auch sehr hoch liegen kann. Es ist ein Merkmal der Policy-Forschung, dass sie verstärkt theoretische Zugänge mit niedrigem bis mittleren Abstraktionsgrad wählt, die näher an der politischen Wirklichkeit liegen. Anhand des Abstraktionsgrades kann zwischen folgenden theoretischen Zugängen differenziert werden: Konzepte, Modelle, analytische Rahmen und Theorien (vgl. Schubert/Bandelow 2009: 7-12).

In jeder wissenschaftlichen Arbeit müssen zunächst einmal die Konzepte geklärt werden, mit denen gearbeitet werden soll. Ist etwa die Rede von einem „politischen Akteur", so stellt dieser Begriff ein Konzept dar, das definiert werden muss. Wird hierbei ein enger Akteursbegriff (z.B. politische Entscheidungsträger) zugrunde gelegt, d.h. nur unmittelbar auf die an der politischen Entscheidung Beteiligten fokussiert? Oder wird ein weiter Akteursbegriff (z.B. auch Gewerkschafter) gewählt und auch die Akteure im Einflussbereich betrachtet? Werden nur individuelle Akteure untersucht (z.B. Franz Müntefering) oder auch kollektive (z.B. die SPD)? Diese Eingrenzungen und Spezifizierungen sind zum wissenschaftlichen Arbeiten notwendig, aber sie stellen noch keinen theoretischen Ansatz dar. Denn für letzteren ist kennzeichnend, dass die einzelnen Konzepte und Aussagen miteinander in Beziehung gesetzt werden (vgl. obige Definition von Theorie).

Dieses in Bezug setzen von einzelnen Konzepten und Aussagen kann bereits mit einem niedrigen Abstraktionsgrad erfolgen, wie ihn ein theoretisches Modell beinhaltet. Modelle sind nie vollständig in sich geschlossen, sondern enthalten immer einen Bezug zur Empirie. Dadurch lassen sich aus Modellen sehr konkrete Aussagen über die Realität ableiten. Ein prominentes Beispiel für ein solches Modell stellt Scharpfs (1987) Studie über die unterschiedlichen Ergebnisse der Wirtschaftspolitik Deutschlands, Österreichs, Schwedens und Großbritanniens in den 1970er Jahren dar. Sein Modell folgt den grundlegenden politikfeldanalytischen Fragestellungen: Es erklärt, warum bestimmte Akteure (Regierungen, Gewerkschaften, Zentralbanken) unter spezifischen nationalen Bedingungen wirtschaftspolitische Entscheidungen getroffen haben. Und es erlaubt weiterhin Aussagen darüber, zu welchen unterschiedlichen Ergebnissen (z.B. bezüglich Arbeitslosenquoten, Inflationsentwicklung) diese politischen Entscheidungen geführt haben. Die Aussagen bleiben jedoch auf die konkreten Fälle beschränkt und sind nicht ohne weiteres auf andere Untersuchungsgegenstände übertragbar. Im folgenden Infokasten wird dies anhand eines Ergebnisses aus Scharpfs Studie (1987) beispielhaft gezeigt.

Infokasten 3-2: Die deutsche Wirtschaftspolitik im Modell

Bezüglich der oben genannten Modell-Faktoren, stand die deutsche Wirtschafts- und Sozialpolitik 1974, also im Jahr nach der Ölkrise, unter den spezifischen Bedingungen einer starken Wirtschaftskrise und in der Tradition einer keynesianistischen Wirtschaftspolitik. Vor diesem Hintergrund wartete die Finanzpolitik des Bundes 1974 mit Ausgabenprogrammen auf, um „die Nachfragelücke durch eine binnenwirtschaftliche Expansion" (Scharpf 1987: 164) auszugleichen. Auch die Gewerkschaften, die nicht an eine anhaltende Krise glaubten, erreichten in der Lohnrunde 1974 hohe Steigerungen der Lohnquote. Der Akteur „Bundesbank" hingegen befürchtete eine Beschleunigung des Preisauftriebs und folgte daher einer restriktiven Geldpolitik. Infolgedessen bewegten sich Geld- und Lohnpolitik auf einem „frontalen Kollisionskurs" (Scharpf 1987: 173). Auch Aussagen darüber, zu welchen Ergebnissen diese (politischen) Entscheidungen führten, werden getroffen: So stiegen etwa die Bruttoeinkommen aus unselbstständiger Arbeit noch 1974 um 10%, während diejenigen aus Unternehmertätigkeit und Vermögen bereits um 0,5% abfielen.

Analytische Rahmen kennzeichnen sich gegenüber theoretischen Modellen durch einen höheren Abstraktionsgrad. Zwar sind auch sie nie vollständig in sich geschlossen. Ihren externen Bezug finden sie jedoch nicht in der Empirie, sondern dadurch, dass sie verschiedene Theorien verbinden (vgl. Schubert/Bandelow 2009). Dies kann nun wiederum zu zweierlei Zwecken dienen. Zum einen können analytische Rahmen dazu genutzt werden, unterschiedliche theoretische Elemente auf einer höher stehenden Meta-Ebene zu vergleichen und weiterzuentwickeln. Zum anderen können aber analytische Rahmen auch wiederum stark empirisch ausgerichtet sein. Dann wollen sie durch die Integration verschiedener Theorieelemente den empirischen Anwendungsbereich erweitern und bessere Aussagen über die Realität ermöglichen. Ein Beispiel für einen solchen empirisch orientierten analytischen Rahmen stellt der Policy-Transferansatz dar (vgl. Kap. 6.2). Er geht der Frage nach, wie und unter welchen Gegebenheiten Politiken erfolgreich von einem Land in ein anderes Land übertragen werden. Als analytischer Rahmen integriert der Policy-Transferansatz bspw. Erkenntnisse aus den Theorien politischen Lernens und der Europäisierungsforschung.

Theorien weisen den höchsten Abstraktionsgrad auf. Sie erlauben daher allgemeine Aussagen und eine hohe Übertragbarkeit. Auch hier kann allerdings wieder zwischen Theorien geringer, mittlerer und hoher Reichweite unterschieden werden. Diese Differenzierung bezieht sich auf die Anzahl der Fälle, auf welche die Theorien übertragen werden können. Während Theorien geringer Reichweite oft nur sehr wenige, konkrete Fälle betreffen, erlauben Theorien mittlerer Reichweite Aussagen über eine Reihe von Fällen mit ähnlichen Bedingungen. Theorien hoher Reichweite beziehen sich auf sehr viele oder sogar alle Fälle, bleiben aber dadurch abstrakt und ohne weiteren empirischen Bezug nicht anwendbar. Für die Politikfeldanalyse haben diese Theorien hoher Reichweite allenfalls eine indirekte Bedeutung, indem sie Elemente für analytische Rahmen bereitstellen (Schubert/Bandelow 2009).

Die Policy-Forschung betrachtet die theoretischen Ansätze unterschiedlichen Abstraktionsgrades – Modelle, analytische Rahmen und Theorien – nicht hierarchisch (vgl. Schubert/Bandelow 2009: 10). Vielmehr muss es sich an der Fragestellung und am Untersuchungsgegenstand entscheiden, welcher Abstraktionsgrad gewählt werden sollte. Beispielsweise sind einige Gegenstände und Prozesse so beschaffen, dass ihr konkreter Verlauf sehr unterschiedlich und stark vom Einzelfall abhängig ist. Da es somit kaum möglich ist, allgemein gültige Aussagen zu treffen, ist es in diesen Fällen nicht sinnvoll, mit einer Theorie zu arbeiten. So hat sich etwa für die Untersuchung von Policy-Transfers gezeigt: Wann und warum ein Land ein erfolgreiches Instrument oder Programm von einem anderen Land kopiert, welche politischen Akteure daran beteiligt sind und welche Resultate erzielt werden. All dies hat sich in der Praxis als so stark einzelfallabhängig erwiesen, dass in der entsprechenden Forschung nur mit empirienahen Modellen oder analytischen Rahmen gearbeitet wird.

Allgemein können verschiedene theoretische Ansätze unterschieden werden nach (1) ihrer Analyseebene, (2) ihrer Analysemethode und (3) ihrer Analyseeinheit (vgl. Howlett/Ramesh 2003: 20). Als Analyseebene (1) kann entweder eine Makro-, eine Meso- oder eine Mikro-Ebene gewählt werden.

Infokasten 3-3: Makro-, Meso- und Mikro-Ebene

Theorien, die auf der Makro-Ebene ansetzen, haben einen sehr weiten Analysefokus und Erklärungsanspruch. Sie fokussieren z.B. auf gesamte Regierungs- oder Gesetzgebungssysteme. Theorien, die auf der Meso- oder Mikro-Ebene ansetzen, wollen zwar immer nur Teilbereiche, diese aber dafür umso besser verstehen. Auf der Meso-Ebene können dann etwa konkrete sozialstaatliche Institutionen (z.B. Bundesagentur für Arbeit) in den Blick rücken; auf der noch darunter gelagerten Mikro-Ebene konkrete Akteure und Handlungen (z.B. politische Entscheidungsträger).

Die wichtigste Differenzierung bezüglich der Analysemethode (2) verläuft zwischen deduktivem und induktivem Vorgehen. Beim deduktiven Vorgehen werden bestimmte Annahmen oder Konzepte auf den Einzelfall übertragen, also vom Allgemeinen auf das Spezielle geschlossen. Beim induktiven Vorgehen hingegen werden vorab keine Annahmen aufgestellt, sondern der Einzelfall genau unter die Lupe genommen. Von diesem speziellen Fall wird dann – auch über den Vergleich mit anderen Fällen – auf das Allgemeine geschlossen. Es ist häufig formuliert worden, deduktives Vorgehen ziele darauf, zu *erklären*; induktives Vorgehen hingegen wolle *verstehen* (z.B. Schneider/Janning 2006: 33). Dieser Differenzierung sollte jedoch noch die häufig vernachlässigte Abduktion hinzugefügt werden. Als Abduktion bezeichnete der Pragmatiker Peirce den „Vorgang, in dem eine erklärende Hypothese gebildet wird". Als Beispiel führt er den Schlusssatz an: „Alle Bohnen aus diesem Beutel sind weiß. Diese Bohnen sind weiß. Also stammen die Bohnen aus dem Beutel." (Peirce 1931) Als Analyseeinheit (3) schließlich können entweder Individuen, Gruppen oder ganze soziale Strukturen in den Blick rücken.

Der Schwerpunkt politikfeldanalytischer Forschung hat sich mittlerweile auf die Meso- und Mikroebene verlagert (vgl. Schneider/Janning 2006: 76). Dieser Trend gilt für die Politikwissenschaft allgemein und hängt damit zusammen, dass wie oben erwähnt der Fokus sich von der strukturellen auf die Akteursebene bzw. auf die stärkere Verknüpfung der beiden Ebenen verlagert hat. Im Folgenden sollen wichtige Beispiele für die verschiedenen theoretischen Ansätze gegeben werden, an denen auch jeweils die fokussierte Makro-, Meso- bzw. Mikro-Ebene veranschaulicht wird: (1) Vergleichende Staatstätigkeitsforschung, (2) Akteurzentrierter Institutionalismus und (3) ethnographische Politikforschung.

3.1.1 Vergleichende Staatstätigkeitsforschung

Die komparative Staatstätigkeitsforschung will Unterschiede und Gemeinsamkeiten in verschiedenen Politikfeldern und im Ländervergleich erklären. Der Hauptfokus der vergleichenden Staatstätigkeitsforschung liegt auf den Feldern der Wirtschafts- und Sozialpolitik. Vorwiegend wählt sie Makro-Analyseebenen, quantitative Analysemethoden und ganze soziale Strukturen als Analyseeinheiten. Ihre für Differenzen und Gemeinsamkeiten aufgezeigten Erklärungen bzw. unabhängigen Variablen sind in aller Regel „sparsam" dosiert (Schneider/Janning 2006: 79). Das heißt, es werden möglichst nur wenige oder auch nur eine unabhängige Variable zur Erklärung herangezogen.

Im deutschsprachigen Raum gliedert sich die vergleichende Staatstätigkeitsforschung im Wesentlichen in sechs theoretische Strömungen auf (vgl. Zohlnhöfer 2008: 157-164; ausführlich auch Schmidt et al. 2007: Kap. 1). Diese Schulen machen je eine unterschiedliche Makro-Variable aus, durch die sie öffentliche Politiken entscheidend beeinflusst sehen. In den Bezeichnungen dieser sechs verschiedenen Strömungen finden sich bereits Hinweise darauf, welche unabhängigen Variablen für entdeckte Unterschiede zwischen der Staatstätigkeit verschiedener Länder herangezogen werden:

(1) Sozioökonomische Schule
(2) Machtressourcentheorie
(3) Parteiendifferenzlehre
(4) Politisch-institutionalistische Theorien
(5) Internationale Hypothese
(6) Pfadabhängigkeit/Lehre vom Politikerbe

(1) Die sozioökonomische Schule sieht Regierungen dazu gezwungen, mit vergleichsweise geringem Gestaltungsspielraum auf verschiedene wirtschaftliche und soziale Herausforderungen reagieren zu müssen. Zöllner (1963: 158) formulierte dieser Annahme entsprechend: „Die Sozialleistungsquote entwickelt sich weitgehend unabhängig von politischen Wertvorstellungen. Bei fortschreitender wirtschaftlicher Entwicklung besteht keine politische Alternative hinsichtlich der Frage, ob öffentliche Sozialleistungen gewährt werden sollen oder nicht." Die sozioökonomische Schule kann somit gut erklären, welche langfristigen sozioökonomischen Entwicklungen Zwänge und Handlungsanreize für die Politik setzen (vgl. Schmidt 1997: 578). Aber dem Automatismus, der den darauf folgenden politischen Entscheidungen zugesprochen wird, würde bspw. seitens der Machtressourcentheorie widersprochen.

(2) Die *Machtressourcentheorie* sieht politische Entscheidungen nicht durch wirtschaftliche oder soziale Entwicklungen determiniert, sondern durch die Machtmittel verschiedener gesellschaftlicher Gruppen bestimmt. Insbesondere die politischen Konflikte und Auseinandersetzungen zwischen Arbeit (z.B. Gewerkschaften) auf der einen und Kapital (z.B. Arbeitgeberorganisationen) auf der anderen Seite seien es, die über die Natur der staatlichen Politik entscheiden. In den Ländern, in denen die Arbeiterklasse über einen hohen Mobilisierungs- und Organisationsgrad verfügt, müsste diesem Erklärungsansatz zufolge also ein gut ausgebautes Wohlfahrtssystem mit hohem Umverteilungsgrad aufzufinden sein. Politische Parteien oder Parteienkoalitionen werden von der Machtressourcentheorie gegenüber Gesellschaftsklassen nachrangig behandelt.

(3) Die *Parteiendifferenzlehre* stimmt zwar wie die Machtressourcentheorie der politischen Gestaltbarkeit von Staatstätigkeit zu (vgl. Zohlnhöfer 2008: 159), sieht jedoch unterschiedliche Parteiorientierungen als wesentliche Größe an. Parteien sind darauf angewiesen, die Interessen ihrer Mitglieder und ihrer Wählerschaft zu vertreten. Einmal in der Regierung wird dann bspw. erwartet, dass sich sozialdemokratische Parteien für Arbeitnehmerinteressen oder grüne Parteien für Umweltschutz stark machen und entsprechende Politiken auf den Weg bringen. Folglich spricht die Parteiendifferenzlehre den politi-

schen Parteien und Entscheidungsträgern die Fähigkeit zu, formulierte Ziele und Programme auch wirklich durchzusetzen.

(4) Die *politisch-institutionalistischen Theorien* hingegen attestieren der Politics-Dimension bzw. der Gestaltungsfähigkeit politischer Akteure weniger großen Spielraum als die Machtressourcen- und die Parteiendifferenzschule. Sie heben vielmehr die Bedeutung politischer Strukturen und Institutionen hervor (z.B. Korporatismus versus Pluralismus; Föderalismus versus Zentralismus; Parlamentarismus versus Präsidentialismus). Herausragende Bedeutung hat innerhalb dieser Ansätze das Vetospieler-Theorem nach Tsebelis (1995) entwickelt (vgl. auch Kap. 4.2). Als Vetospieler bezeichnet Tsebelis all diejenigen Akteure, deren Zustimmung für einen Politikwechsel notwendig ist. Der Schwerpunkt liegt darauf, dass auch Parteien an der Regierung nicht völlig frei die Interessen ihrer Klientel durchzusetzen vermögen, sondern von der Zustimmung institutioneller (z.B. Bundesverfassungsgericht), politischer (z.B. Koalitionspartner) sowie sonstiger (z.B. mächtige Interessensverbände) Vetospieler abhängig sind. Das Vetospieler-Theorem vertritt somit die zentrale These der institutionalistischen Schule, wonach die Art der Staatstätigkeit in ganz wesentlichem Maße durch institutionelle Arrangements geprägt wird.

Neu zu den ursprünglich vier Schulen der vergleichenden Staatstätigkeitsforschung hinzugekommen ist die (5) *internationale Hypothese*, die Europäisierung und Globalisierung zur Erklärung von unterschiedlichem öffentlichem Handeln heranzieht. Bspw. wird die Annahme vertreten, dass zunehmende Globalisierung und internationaler Wettbewerb zu einem Abwärtsdruck auf Sozialausgaben führen, so dass wohlfahrtsstaatliche Leistungen gekürzt und abgebaut werden. Allgemein sieht sich diese Vorhersage allerdings nicht bestätigt, da in einigen sozialpolitischen Feldern ganz im Gegenteil Ausbaumaßnahmen konstatiert werden können. Auch im Bereich der Europäischen Integration unterscheidet es sich zwischen den einzelnen Politikfeldern sehr deutlich, inwieweit der Nationalstaat nicht mehr die wichtigste Bezugsgröße zur Erklärung von Staatstätigkeit sein kann. Während einzelne Bereiche wie die Geldpolitik vollständig europäisiert sind (vgl. Zohlnhöfer 2008: 162), verfügt die EU bspw. auf dem Gebiet der Sozialpolitik nur über weiche Einflusskanäle auf ihre Mitgliedsstaaten (z.B. Überzeugung, Verhandlung, *Best-Practice*-Vorgaben), insbesondere im Rahmen der Offenen Methode der Koordinierung. In diesem Bereich entscheidet letztlich nach wie vor der Nationalstaat, welche öffentlichen Politiken betrieben werden. (Schubert/Hegelich/Bazant 2008)

Als letzte Schule der vergleichenden Staatstätigkeitsforschung schließlich ist diejenige zu nennen, die (6) _Pfadabhängigkeit und Politikerbe in den Mittelpunkt stellt_ (vgl. auch Kap. 4.2). Ihre zentrale Aussage ist, dass Entscheidungen, die in der Vergangenheit getroffen wurden, einen Einfluss darauf haben, welche Entscheidungen in der Gegenwart und in der Zukunft getroffen werden. Mit anderen Worten: „Keine Regierung beginnt ihre Arbeit zur Stunde Null" (Zohlnhöfer 2008: 163). Ein populäres Beispiel für starke Pfadabhängigkeit ist das deutsche Rentensystem: Durch seine Umlagefinanzierung (Kern des sog. Generationenvertrags) sieht es sich mit spezifischen Herausforderungen konfrontiert; eine Umstellung auf ein Kapitaldeckungssystem ist wenn überhaupt nur langfristig und mit hohen Kosten durchführbar. Dennoch hat sich gezeigt, dass auf dem Politikfeld Rente in den vergangenen Jahren sehr weit reichende Reformen durchgeführt wurden, die auch bereits als Systemwechsel gewertet werden können (z.B. Hegelich 2006). Politische Gestaltungsfähigkeit wird also durch politisches Erbe nicht aufgehoben. Dennoch kann diese Schule Wesentliches zum Verständnis von Staatstätigkeit beitragen: Sie macht deutlich, weshalb es zumindest unwahrscheinlicher oder auch teurer ist, dass der einmal eingeschlagene Pfad gewechselt wird.

Die Theorieansätze der vergleichenden Staatstätigkeitsforschung konnten an dieser Stelle nur sehr verkürzt angesprochen werden. Es ging uns jedoch auch mehr darum, ein Verständnis dafür herzustellen, welche erklärenden Variablen für bestimmte Politiken aus der Makro-Perspektive herangezogen werden. Im Folgenden wird sich zeigen, dass Theorien der Meso-Ebene trotz ähnlicher Erkenntnisinteressen andere Wege einschlagen.

3.1.2 Akteurzentrierter Institutionalismus

Beim Mitte der 1990er Jahre durch Renate Mayntz und Fritz W. Scharpf entwickelten, Akteurzentrierten Institutionalismus (Mayntz/ Scharpf 1995) tauchen einige erklärende Variablen, die bereits für die Schulen vergleichender Staatstätigkeitsforschung angesprochen wurden, wieder auf. Allerdings setzt dieser analytische Rahmen auf der Meso-Ebene an, also treten weniger ganze gesellschaftliche Strukturen in den Fokus als vielmehr Organisationen und kollektive Akteure (z.B. Ministerien, Parteien, Wirtschaftsunternehmen). Auch dem Akteurzentrierten Institutionalismus geht es um die Erklärung von öffentlicher Politik – und damit ebenfalls von Staatstätigkeit im weiteren Sinne. Als unabhängige Variablen zieht der Theorieansatz die komplexen Interaktionen relevanter Akteure heran (vgl. Schneider/Janning 2006: 85). Um die Interaktion zwischen den Akteuren zu analysieren, greift der Ansatz auch auf Erkenntnisse der Spieltheorie zurück.

> **Infokasten 3-4: Spieltheorie**
>
> Die aus der Mathematik stammende Spieltheorie analysiert das Verhalten mehrerer Akteure in Entscheidungssituationen. Der Nutzen einer Entscheidung für einen Akteur, so die Annahme, wird von den Entscheidungen der jeweils anderen Akteure beeinflusst. Entscheidungsträger treffen ihre Entscheidungen nicht allein, sondern machen sie unter anderem vom erwarteten Verhalten der anderen Akteure abhängig. Spieltheorie heißt der Ansatz deshalb, weil ursprünglich vom Verhalten der Teilnehmer bei Gesellschaftsspielen wie Schach oder Dame ausgegangen wurde. Eine ausführliche Darstellung über Nutzen und Anwendung der Spieltheorie in der Politikwissenschaft bietet Morrow (1994); sehr unterhaltsam zeigt der Film „A Beautiful Mind" (2001) die Entwicklung der Spieltheorie durch den Mathematiker John Nash.

Neben den spieltheoretischen Regeln sieht der Akteurzentrierte Institutionalismus die Interaktion und das Handeln von Akteuren ausgelöst und bedingt durch strukturelle und institutionelle Faktoren. Institutionen sind nach Scharpf „Regelsysteme [...], die einer Gruppe von Akteuren offenstehende Handlungsverläufe strukturieren" (2000: 77): Institutionen strukturieren die Handlungsverläufe dadurch, dass sie erstens die Wahrnehmungen, zweitens die Präferenzen und drittens die Fähigkeiten (individueller wie kollektiver) Akteure prägen. Der letzte Punkt – die Strukturierung der Fähigkeiten politischer Akteure – weist Schnittmengen mit dem oben bereits angesprochenen Vetospieler-Theorem nach Tsebelis auf. Als Makro-Theorieansatz will letzterer jedoch das Vorhandensein bestimmter Vetospieler zahlenmäßig erfassen und hierüber allgemeine Aussagen über politische Wirkungen treffen. Der Akteurzentrierte Institutionalismus als Mikro-Theorieansatz legt hingegen seinen Schwerpunkt auf Akteurskonstellationen, die sich jedoch institutionell geprägt sehen (vgl. Schneider/Janning 2006: 92). Neben den Institutionen sind es auch bestimmte Interaktionsformen, die über den Handlungsverlauf der Akteure bestimmen. So macht es bspw. einen Unterschied, ob die Interaktion auf hierarchischer Steuerung oder auf Verhandlungen beruht. Die am häufigsten vorkommenden Interaktionsformen können sich von Land zu Land unterscheiden und somit kulturelle Prägungen aufweisen.

Infokasten 3-5: Anwendung des Akteurzentrierten Institutionalismus

Ein Anwendungsbeispiel für den Akteurzentrierten Institutionalismus liefert Susanne K. Schmidt (1998): Sie nutzte das Modell nach Mayntz/Scharpf für ihre Analyse der Rolle der Europäischen Kommission innerhalb der Liberalisierungspolitik als „Forschungsheuristik". Sie begründet die Auswahl dieses analytischen Rahmens damit, dass er es erlaube, institutionelle Faktoren mit der herausgehobenen Bedeutung von Akteuren (z.B. eben der Europäischen Kommission) zu verbinden (Schmidt 1998: 45). Schmidt kommt zu dem Ergebnis, dass insbesondere die institutionelle Kompetenz der Kommission bedeutend ist, eigenständig Richtlinien an die Mitgliedstaaten zu richten, wenn diese Unternehmen besondere Rechte gewähren, die dem europäischen Vertragsrecht widersprechen (Schmidt 1998: 333): 1988 etwa griff die Kommission in der europäischen Telekommunikationspolitik ganze sechsmal zu diesem Instrument. Dieses Beispiel zeigt in Rückbezug auf die theoretischen Annahmen des Akteurzentrierten Institutionalismus, wie ein politisches Ergebnis (nämlich die Liberalisierungspolitik im Telekommunikationssektor) durch das Handeln des Akteurs „Europäische Kommission" im Rahmen eines spezifischen institutionellen Handlungskontext geprägt wurde.

3.1.3 Mikro-Policy-Analyse

In ihrem Buch „Mikro-Policy-Analyse" (2003) vertreten Frank Nullmeier, Tanja Pritzlaff und Achim Wiesner einen Ansatz, der sich den kleinteiligen, detaillierten Elementen und Mechanismen von Politikfeldern widmen möchte: „Das Forschungsinteresse der Mikro-Policy-Analyse gilt den Eingespieltheiten, den elementaren Routinen und Strategien, die das Innenleben eines Politikfeldes prägen" (Nullmeier et al. 2003: 9). Um diese verstehen zu können, gälte es Zugang zu den Akteuren in den untersuchten Politikfeldern zu erlangen. Die Mikro-Policy-Analyse will daher nicht länger von Außen – womöglich noch anhand von statistischen Daten – die Ereignisse innerhalb eines Politikfeldes zu verstehen suchen. Sie will sich tatsächlich „in die Materie stürzen": Die sogenannte ethnographische Politikforschung (als spezielle Version der Mikro-Policy-Analyse) tut dies, indem sie die Vorgänge innerhalb eines Politikfeldes über einen längeren Zeitraum hinweg in teilnehmender Beobachtung studiert.

Im Mittelpunkt steht hier also nicht mehr – wie beim Akteurzentrierten Institutionalismus – ein Gefüge aus Akteurskonstellationen, Institutionen und Steuerungsinstrumenten, aus dem sich bestimmte politische Entscheidungen ergeben. Vielmehr widmet sich die Mikro-Policy-Forschung der politischen Alltagspraxis, den (teils vielleicht banal anmutenden) Regeln, Abläufen und Routinen innerhalb eines Policy-Bereichs. Politische Entscheidungen sollen dadurch noch tiefer und besser verstanden werden. Vielleicht wurde eine bestimmte Politik gar nicht eingeführt, weil eine Interessenorganisation über hohe Machtressourcen verfügte, sondern weil der Vorsitzende einen so guten Draht zum Leiter des verantwortlichen Referats im Ministerium hat. Unter Umständen erfolgt nicht deshalb keine Reform der Arbeitsabläufe einer Behörde, weil die Kosten eines Pfadwechsels zu hoch lägen, sondern weil der konservative Leiter so weitermachen möchte, „wie wir es schon immer gemacht haben". Diese zugespitzten Beispiele für mikro-policy-analytische Erkenntnisinteressen machen deutlich, dass auf der Makro- und oft auch auf der Meso-Ebene ansetzende Theorien nicht in der Lage wären, diese Gründe für politische Entscheidungen zu erfassen.

Nachdem der Forscher entsprechend seines Untersuchungsgegenstandes und seines Erkenntnisinteresses nun einen dieser theoretischen Zugänge eingenommen hat, liegt der nächste Forschungsschritt in der Wahl der Methodik.

3.2 Von der Theorie zur Methode

Um Bedeutung und Funktion von Methoden im Forschungsprozess erläutern zu können, muss zunächst deren Verhältnis zur Theorie betrachtet werden (vgl. Kortmann/Schubert 2006: 36-37). Die Policy-Forschung kennt keinen „Methoden-Determinismus": Mit ihr kann keine konkret definierbare Methode oder Arbeitsweise verbunden werden. Dies ist zwar häufig als Beliebigkeit und Unausgereiftheit in der Vorgehensweise kritisiert worden – ähnlich wie der Policy-Forschung auch ihr fehlendes einheitliches Theoriegebäude zum Vorwurf gemacht wurde. Positiv gewendet bedeutet es jedoch, dass der Politikfeldanalyse ein Multi-Methoden-Ansatz zugrunde liegt, zumindest aber ein offener Methoden-Pluralismus herrscht. Methoden sind letztlich, ebenso wie Theorien, vom Forschungsinteresse abhängig. Ihre Wahl folgt somit stets einer konkreten Zielsetzung, sie muss zur Beantwortung der Fragestellung einen Nutzen erbringen und dieser angemessen sein.

Die Policy-Forschung bedient sich aus dem methodischen Instrumentenkasten der empirischen Sozialforschung: Methoden der Statistik kommen bei der Auswertung von Daten zum Einsatz, es werden Expertenmeinungen eingeholt, Beobachtungen oder Experimente durchgeführt – wenn auch letzteres eher selten. „Experimente" finden in der Politikwissenschaft allgemein vielmehr in der Form von Modellversuchen statt, in denen die Wirkungen von bestimmten Programmen an einzelnen Städten oder anderen politischen Einheiten „getestet" werden können. Letztlich kommt es aus Sicht der Politikfeldanalyse darauf an, aus dem zur Verfügung stehenden Set wissenschaftlicher Methoden diejenige auszuwählen, die der Aufgabenstellung und dem zu analysierenden Inhalt angemessen ist (vgl. Schubert 1991: 41). Die passende Methodik entscheidet sich also an der abhängigen Variablen; nach dem zu erklärenden Sachverhalt wird auch die Theorie als Bezugsrahmen der Forschung gewählt. Und der theoretische Zugang bestimmt wiederum die Art und Weise des wissenschaftlichen Vorgehens, also auch die zu verwendende Methodik.

Auch wenn der Zusammenhang zwischen Theorie und Methode wiederum kein deterministischer ist und z.B. bei Verwendung eines bestimmten analytischen Rahmens noch immer verschiedene Vorgehensweisen möglich sind: Mit der Theorieauswahl ist der Rahmen für die passende Methode bereits gesetzt. Gewählte Theorie und Methode bilden gemeinsam den Forschungsansatz. Möchte man bspw. verschiedene Länder daraufhin überprüfen, ob ihr sozioökonomischer Entwicklungsstand Einfluss auf die Höhe der Sozialausgaben hat, so ist man hierdurch auf statistische Analysen der entsprechenden Datensätze festgelegt. Sollen hingegen im Rahmen ethnographischer Politikforschung die handelnden Akteure eines Politikfeldes analysiert werden, so stellt qualitative Feldforschung und teilnehmende Beobachtung die geeignete Methode dar. Im Folgenden sollen allgemeine methodische Zugänge und Forschungsansätze herausgearbeitet werden. Anschließend wollen wir den aufgrund des oben angesprochenen Methodenpluralismus recht schwierigen Versuch unternehmen, der Policy-Forschung spezielle Methoden zuzuordnen und diese exemplarisch zu erläutern.

3.3 Methodische Zugänge

Allgemein ist eine Methode nichts anderes als ein Forschungsweg. Dieser Weg wird beschritten, um die „Realität" systematisch und nachvollziehbar zu erheben (vgl. Behrens 2003: 205). Die zu analysierende „Realität" kann bspw. in Form von statistischen Daten oder anhand von Dokumenten greifbar gemacht werden. Während die Erhebung und Auswertung von Datensätzen quantitative Methoden bedingt, können Dokumente (z.B. Zeitungsartikel, Parlamentsdebatten) auch qualitativ und interpretatorisch ausgewertet werden. Methoden sind also Verfahren der Informationsgewinnung und der Informationsauswertung.

Infokasten 3-6: Quantitative und qualitative Methoden

Quantitative Methoden orientieren sich an zahlenmäßigen Ausprägungen bestimmter Merkmale. Hierfür können Datensätze analysiert werden, aber auch Dokumente oder geführte Interviews (quantitative Inhaltsanalyse). Eine hohe Standardisierung soll die Vergleichbarkeit der Aussagen gewährleisten. Zumeist gehen quantitative Methoden deduktiv vor: Sie testen Hypothesen. *Qualitative Methoden* hingegen führen nicht zu (im engeren Sinne) reproduzierbaren und zahlenmäßigen Aussagen. Sie zielen vielmehr auf einen tieferen Informationsgehalt und ein besseres Verständnis der Untersuchungsfälle. Auch qualitative Vorgehensweisen können deduktiv sein; häufig sind sie jedoch explorativ angelegt und dienen dazu, Hypothesen zu generieren.

Nun ist es für die Politikfeldanalyse spezifisch, dass sie zumeist retrospektiv vorgeht und vergangene Ereignisse erklären möchte – sieht man von auf die Zukunft gerichteten Beratungstätigkeiten einmal ab. Die Fragestellungen gehen also von einem zu erklärenden Sachverhalt bzw. einer abhängigen Variable aus, und verorten diese am Ende einer hypothetischen Kausalkette: „Hier ist das erwartete Endprodukt nicht die empirische Bestätigung oder Widerlegung monokausaler Hypothesen, sondern vielmehr die Erklärung bestimmter politischer Entscheidungen oder die Einschätzung der politischen Realisierbarkeit bestimmter Politik-Optionen" (Scharpf 2000: 57). Mit anderen Worten: Auch wenn Policy-Analysen deduktiv und Hypothesen testend vorgehen, bleiben sie nicht auf die Bestätigung kausaler Erklärungsketten beschränkt. Vielmehr sollen hierdurch auch breiter angelegte Erklärungen und Bewertungen erzielt werden.

Über die als richtig erachteten Forschungs- und Erklärungsansätze loderte in den Sozialwissenschaften lange Zeit der sogenannte Methoden- oder auch Positivismusstreit (vgl. hierzu Maus/Fürstenberg 1969). Ein Kernpunkt dieser insbesondere in den 1960er Jahren hitzig geführten Debatten war der Gegensatz zwischen quantitativen und qualitativen Methoden. Während in der frühen Policy-Forschung zunächst noch quantitative Verfahren vorherrschten, sieht sich die Disziplin in jüngerer Zeit vor allem durch qualitative Vorgehensweisen geprägt (vgl. Kritzinger/Michalowitz 2009).

Quantitative wie auch qualitative Zugänge haben ihre spezifischen Stärken und Schwächen. So stellte Peter Taylor-Gooby (2002: 597) mit Blick auf die zur Messung von politischem Wandel verwandten Methoden fest: „Quantitative methods tend to produce findings which place greater emphasis on continuity and resilience, while case studies focus attention more on political processes." Qualitative Studien legten also ihren Fokus auf Veränderung und Wandel – und machten ein Auffinden derselbigen daher wahrscheinlicher. Dies ist nur ein Beispiel dafür, wann eine Kombination quantitativer und qualitativer Verfahren zu empirisch gehaltvolleren Aussagen führen kann, als es die Verwendung nur einer Methodenrichtung vermag. Genau genommen kann es die ganz klare Trennung zwischen quantitativen und qualitativen Methoden ohnehin nie geben. So kommt der „härteste" quantitativ arbeitende Empiriker nicht umhin, z.B. bei der Operationalisierung seiner Annahmen und der Umsetzung der Beobachtungen in Zahlen qualitative Entscheidungen zu fällen. Ebenso wenig kommt ein qualitativ arbeitender Forscher nicht daran vorbei, in seine Analyse quantitative Informationen – und sei es nur in Form von Tabellen und Grafiken – aufzunehmen. Erst seit den 1990er Jahren hat sich jedoch verstärkt die Sichtweise etabliert, gerade über die Verknüpfung quantitativer und qualitativer Forschungswege – also über einen „Methodenmix" – zu wertvollen Erkenntnissen gelangen zu können. Dabei müssen sich die Methoden keineswegs gegenseitig ausschließen: Vielmehr kann eine Kombination von qualitativen und quantitativen Forschungsmethoden den Erkenntnisgewinn enorm steigern (Kritzinger/Michalowitz 2009).

Löbler (1990) hat einen guten Überblick über die Methoden der Policy-Forschung gegeben, indem er sie mit den disziplineigenen Fragestellungen verbindet. Er unterscheidet zwischen vier Dimensionen bzw. Aufgabenfeldern der Politikfeldanalyse. Die erste Dimension ergibt sich auch in Anlehnung an die in Kapitel 2 vorgestellte Differenzierung Windhoff-Héritiers zwischen einer neopluralistisch-deskriptiven und einer synoptisch-präskriptiven Politikfeldanalyse. Die deskriptive Policy-Forschung will die Entstehung von Politiken beschreiben und erklären. Die präskriptive Politikfeldanalyse will praktische Beratungstätigkeiten für die Politik einnehmen.

Schaubild 3-2: Aufgaben der Policy-Forschung

	Prozess	Inhalt
Deskriptiv	Prozessanalysen	Strukturanalysen
Präskriptiv	Entscheidungsanalysen	Nutzenanalysen

Quelle: Löbler 1990: 12 (vgl. auch Wiedemann/Münch 2003)

Für beide Ausprägungen der Politikfeldanalyse differenziert Löbler nun weiterhin zwischen einer prozessualen und einer inhaltlichen Dimension. Deskriptive Politikfeldanalysen können sich entweder der staatlichen Intervention in materiellen Politikbereichen widmen (*Strukturanalysen*), oder auch die Wege der Problemverarbeitung durch das politisch-administrative System verfolgen (*Prozessanalysen*). Präskriptive Politikfeldanalysen können entweder direkte Entscheidungshilfen an die Regierung liefern (*Entscheidungsanalysen*), oder aber staatliche Maßnahmen und Programme wissenschaftlich begleiten und evaluieren (*Nutzenanalysen*).

Löbler (1990: 13-14) trifft gleichzeitig auch eine Einschätzung, welche dieser Analysen am häufigsten zum Einsatz kommen. Für die deutsche Policy-Forschung sieht er deskriptive Prozessanalysen als deutlich führend an (48%), gefolgt von Strukturanalysen (26,4%). Präskriptive Analysen hingegen schätzt Löbler insgesamt auf nur ein Viertel aller politikfeldanalytischen Studien. Schneider und Janning (2006: 41) fügen hinzu, dass in der vorwiegend qualitativen Forschungstradition der Politikfeldanalyse Einzelfallstudien und vergleichende Fallstudien dominieren.

Das Fallbeispiel (*case study*) widmet sich – wie der Name schon sagt – nur einem konkreten Fall. Dies kann z.B. das Gesundheitssystem Großbritanniens sein oder die politischen Konfliktlösungsmuster in Griechenland. Wie bei jeder wissenschaftlichen Arbeit werden vorab Forschungsfragen aufgestellt. Diese werden dann über die exakte Rekonstruktion eines empirischen Prozesses oder einer wissenschaftlich interessierenden Tatsache zu beantworten gesucht. Gleichzeitig soll der Gegenstand *exemplarisch* untersucht werden, d.h. die Aussagen sollen wiederum auch Rückschlüsse auf andere Fälle erlauben. Ob die gewonnenen Erkenntnisse allerdings tatsächlich übertragbar sind, darf vielfach bezweifelt werden: „Tatsächlich sind die meisten Facetten öffentlicher Politik singulär und somit schlecht für weitergehende Generalisierungen geeignet" (Schneider/Janning 2006: 41). Einzelfallstudien dienen daher eher dazu, Hypothesen zu generieren, indem sie zusätzliche Erkenntnisse über bestimmte Gegenstände erzielen oder auf überraschende Abweichungen vom Erwarteten aufmerksam machen und hierdurch neue Forschung anleiten.

Auch komparative Analysen verschiedener Länder umfassen häufig nicht mehr als drei oder vier Fälle. Denn eine höhere Fallzahl kann praktisch nur im Rahmen statistisch-vergleichender Studien bewältigt werden, da ihr qualitativer Vergleich in aller Regel zu aufwendig und zu teuer ist. Für die interpretatorischen Analysen mit geringer Fallzahl gilt daher ähnliches wie für die Einzelfallstudie: Auch sie produzieren keine generellen und verallgemeinerbaren sozialwissenschaftlichen Erkenntnisse. Die größte Stärke komparativer Fallstudien liegt darin, dass sie prinzipiell eine hohe Auflösung und Tiefenschärfe in der Beschreibung und Auswertung öffentlicher Politiken bieten (Schneider/Janning 2006: 41). Die Schwachstellen von Einzelfallstudien – insbesondere deren fehlende Fähigkeit zur Hypothesentestung – können vergleichende Fallstudien allerdings nur dann überbrücken, wenn sie mehr sind als eine reine Aneinanderreihung von Fallbeispielen. Ein Vergleich darf also nicht zum Selbstzweck durchgeführt werden, sondern muss sinnvolle Ergebnisse liefern. Hierfür ist es entscheidend, dass die richtigen Fälle verglichen werden.

Die Auswahl der zu vergleichenden Länder kann – eine Unterscheidung die bereits Mill (1885) traf – grundsätzlich entweder nach dem Konkordanzprinzip oder nach dem Differenzprinzip erfolgen, d.h. es können möglichst unterschiedliche oder möglichst ähnliche Fälle untersucht werden. Ein Vergleich möglichst ähnlicher Länder bietet sich dann an, wenn sich diese Länder in einem bestimmten Merkmal unterscheiden. Dieses bestimmte Merkmal ist dann die abhängige Variable, die erklärt werden soll. Ein Vergleich möglichst verschiedener Länder ist dann sinnvoll, wenn sich diese Länder in einem bestimmten Merkmal gleichen. Ein bekanntes Beispiel für solch ein „most dissimilar case design" bildet Theda Skocpols (1979) Untersuchung zu „States and Social Revolutions". In dieser historischen Analyse der Revolutionen in Frankreich, Russland und China geht Skocpols der Frage nach, weshalb die Entwicklungen in drei so unterschiedlichen Systemen zu solch ähnlichen politischen Ereignissen geführt haben.

Hiermit sind die wichtigsten methodischen Zugänge genannt, wobei deutlich wurde, dass diese keinesfalls exklusiv der Disziplin der Politikfeldanalyse zuzuordnen sind. Daneben existieren auch noch Methoden, welche die Policy-Forschung nicht mit der allgemeinen empirischen Sozialforschung teilt. Hier ist insbesondere die computergestützte Netzwerkanalyse zu nennen, die als interdisziplinäres Forschungsfeld bspw. auch in der Biologie oder den Kommunikationswissenschaften Anwendung findet. Netzwerkansätze haben zwar mittlerweile auch allgemein in der Politikwissenschaft eine gewisse Bedeutung entwickelt. Das Forschungsprojekt „Politiknetzwerke und politische Theorie" rechnete aber von 1014 zu Politiknetzwerken gefundenen Publikationen rund 746 und damit mehr als zwei Drittel der Policy-Forschung zu (vgl. Lang/Leifeld 2008: 223). Das kommende Kapitel (4.2) wird sich intensiver mit der politikfeldanalytischen Netzwerkanalyse auseinandersetzen.

4 Akteure, Institutionen und Instrumente

Alle Begriffe, die im Fokus dieses Kapitels stehen, wurden bereits in dem einen oder anderen Zusammenhang angesprochen. Wir haben gesehen, dass die theoretischen Ansätze der Politikfeldanalyse den politischen *Akteuren* (4.1) unterschiedliche Handlungsspielräume und Gestaltungsfähigkeiten zugestehen. Einige Ansätze gehen davon aus, dass das Handeln politischer Akteure in hohem Maße durch die sie umgebenden *Institutionen* (4.2) geprägt wird. Und ob nun Politiken stärker durch Akteure oder durch Institutionen bestimmt werden: Immer stehen auch die *Instrumente* (4.3) im Blickpunkt, die die Akteure zur Verfolgung ihrer Ziele und zu Zwecken der Regulierung und Steuerung einsetzen können. In diesem Kapitel wird sich diesen drei Bereichen der Politikfeldanalyse vertieft gewidmet.

4.1 Akteure und Netzwerke

4.1.1 Akteure

Fällt das Stichwort „politischer Akteur", treten oft die Bilder konkreter Personen vor Augen: der Außenminister, die Bundeskanzlerin, der Grünen-Abgeordnete des eigenen Wahlkreises. Diese Engpassung ist zunächst einmal richtig: Aus dem Französischen (*acteur*) bzw. Englischen (*actor*) stammend bezeichnet der Begriff einen Handelnden oder auch einen Schauspieler – was mitunter auf dasselbe hinauslaufen mag. Handelnde Einheiten können aber nicht nur die Form individueller Personen annehmen. „Nicht die Europäische Union, sondern der Nationalstaat bleibt der zentrale Akteur", ist etwa bisweilen zu hören. In diesem Satz werden zwei handelnde Einheiten sprachlich personalisiert und als komplexe, also aus vielen Individuen zusammengesetzte Akteure behandelt. Es lässt sich also zwischen individuellen und komplexen Akteuren unterscheiden.

Komplexe Akteure lassen sich noch weiter in kollektive sowie korporative Akteure differenzieren (vgl. Scharpf 2000: 95-107). Kollektive Akteure entstehen, indem Individuen sich kooperativ zusammenschließen. Das Ergebnis können strategische Allianzen, Clubs, Bewegungen oder Verbände sein. Es kommt zwischen den in diesen kollektiven Akteuren versammelten Mitgliedern nur zu einer Zusammenarbeit, nicht aber zu einer Verschmelzung. Die Mitglieder korporativer Akteure hingegen legen zur Verfolgung ihrer Ziele ihre Ressourcen zusammen; es entsteht eine neue Handlungseinheit mit eigener Rechtspersönlichkeit. Beispiele hierfür sind Regierung, Ministerien, politische Parteien, Gewerkschaften, Industrieverbände, Unternehmen, aber auch Forschungseinrichtungen (Scharpf 2000: 24).

Kollektive wie auch korporative Akteure profitieren davon, dass Individuen ihre Interessen und ihre Ressourcen bündeln. Jedoch sind kollektive Akteure letztlich von den Präferenzen ihrer Mitglieder abhängig und werden von diesen kontrolliert. Korporative Akteure hingegen sind in sehr viel weiterem Maße unabhängig (Scharpf 2000: 101). Um dies an einem Beispiel zu verdeutlichen: Die Umweltbewegung kann als kollektiver Akteur bezeichnet werden. Ihre Mitglieder vertreten bezüglich eines wahrgenommenen Problems (z.B. bedrohte Tierwelt durch Autobahnbau) ähnliche Lösungswege (z.B. Verhinderung des Autobahnbaus). Die Bewegung ist davon abhängig, dass die individuellen Mitglieder ihre Interessen artikulieren, Kampagnen oder Unterschriftensammlungen starten. Ab dem Moment, da sich unterschiedliche Stränge einer Umweltbewegung jedoch in einer ökologisch orientierten Partei zusammenschließen, sind die wirklichen Handlungseinheiten „nur noch indirekt die sie konstituierenden Individuen" (Schneider 2009: 193). Die tatsächlich Handelnden erlangen damit eine gewisse Autonomie. In unserem Beispiel könnten dann die Spitzenvertreter der ökologischen Partei sich auf der Entscheidungsebene gegen den Autobahnbau aussprechen und diesen zu verhindern suchen. Sie sind darin weitgehend unabhängig davon, ob sich auch die Parteibasis in diesem konkreten Fall gegen den Autobahnbau engagiert. Umgekehrt profitieren die einfachen Parteimitglieder davon, dass ihre Interessen an höherer Stelle artikuliert werden.

Nun sollten allerdings kollektive und korporative Akteure nicht als klar voneinander abgrenzbare, sondern als miteinander verwobene Phänomene betrachtet werden (vgl. Schneider 2009: 194). So können etwa mehrere korporative Akteure eine dauerhafte Kooperation und Koordination eingehen und somit wiederum einen kollektiven Akteur bilden. Außerdem sind Einzelne in der Lage, sich entweder als individueller oder als Teil eines kollektiven Akteurs zu verhalten. Zwar mutet es mitunter irritierend an, wenn Sätze wie der folgende fallen: „Ich spreche da jetzt nicht als Parteimitglied, sondern in meiner Funktion als Abgeordneter." Schnell stellt sich dann die Frage, ob und wie diese in einer Person vereinten Rollen voneinander getrennt werden können. Tatsächlich kann aber ein Abgeordneter z.B. gegen einen Antrag seiner Partei stimmen, und damit seinem Gewissen folgen, oder sich trotz Bedenken für den Antrag entscheiden, und damit der Parteidisziplin folgen. Es kann jedoch für Individuen äußerst problematisch werden, streitende Zielvorstellungen je einer ihrer verschiedenen Rollen zuordnen zu müssen.

Der Begriff des politischen Akteurs kann entweder recht eng gefasst werden, indem z.B. nur die Rolle von Funktionsträgern und Parteien in politischen Prozessen beleuchtet wird. Oder der Akteursbegriff kann weit gefasst werden, indem auch Journalisten oder wissenschaftlichen Experten eine wesentliche Rolle für politische Willensbildungs- und Entscheidungsprozesse attestiert wird. Wie eng oder wie weit der Akteursbegriff gefasst werden sollte, muss sich letztlich immer an der Frage entscheiden: „Wer ist tatsächlich an den politischen Prozessen beteiligt und hat Einfluss?" Die Antwort auf diese Frage wird von Politikfeld zu Politikfeld unterschiedlich ausfallen. So ist es denkbar, dass in der Gentechnologiepolitik die Meinung von wissenschaftlichen Experten eine große Rolle spielt, während im Bereich der Außenpolitik die Medienwelt und ihre Berichterstattung wichtigere Faktoren darstellen.

Alle Akteure wirken an politischen Prozessen mit, um dadurch bestimmte Interessen durchzusetzen. Aber was genau sind eigentlich Interessen und wie lässt sich zwischen verschiedenen Arten von Interessen unterscheiden? Ein „Blick auf die Interessengruppen in Deutschland macht deutlich, dass einige Interessen besonders gut organisiert sind, während andere nur unzureichend im organisierten Interessenspektrum vertreten sind" (Heinze/Voelzkow 2003). Um diesen Umstand zu erklären, lässt sich zwischen *allgemeinen Interessen* und *speziellen Interessen* unterscheiden. Im Vorteil sind nicht etwa Allgemeininteressen (z.B. Umweltschutz), sondern in aller Regel die speziellen Interessen von (vergleichsweise) kleineren, homogenen Gruppen.

Infokasten 4-1: Allgemeine und spezielle Interessen

Mancur Olson, ein Vertreter der Neuen Politischen Ökonomie, der auch das Fach der Politikwissenschaft stark geprägt hat, wies in seiner „Logik kollektiven Handelns" (1968) nach, dass „mit steigender Gruppengröße die Bereitschaft zur Organisierung abnimmt, da die von dem Verband angebotenen und erkämpften politischen Güter (z.B. höhere Löhne bei den Gewerkschaften) „unteilbar" sind (Heinze/Voelzkow 2003). Es handelt sich um sogenannte „Kollektivgüter", so dass sich eine hohe Zahl von „Trittbrettfahrern" entwickeln kann: Wenn bspw. ein Umweltverband eine hohe Durchsetzungskraft erlangt und sich durch sein Engagement im Ergebnis tatsächlich die Umweltsituation verbessert, so profitieren davon nicht nur die Mitglieder dieses Verbandes, sondern alle Menschen. Die Organisationsfähigkeit von allgemeinen Interessen ist daher niedriger als die von speziellen Interessen. Dies trifft bspw. auch auf das Politikfeld des Verbraucherschutzes zu, solange dieser sich nicht auf Bereiche mit speziellen Interessen (z.B. Mieterbund) bezieht. Obwohl spezielle Interessen also strukturelle Organisationsvorteile haben, können aber aufgrund äußerer Umstände (z.B. Krisen) Massenaktionen entstehen, welche die Organisation auch von allgemeineren Interessen erleichtern oder gar erst ermöglichen (Schubert 1989: 23). Dies kann bspw. erklären, warum der Umweltschutz, obgleich er von allgemeinem Interesse, eine schlechte Organisationsfähigkeit aufweist, in einigen Bereichen dennoch hoch organisiert ist (z.B. Atomkraft), in anderen hingegen nicht (z.B. Tierschutz).

Schneider (2003: 123) weist darauf hin, dass der Interessenbegriff auf eine „rationale, kühle und mäßigende Vorgehensweise in der Verfolgung von Zielen verweist." Interessen aber auf die am Nutzen ausgerichtete Auswahl zwischen verschiedenen Handlungsoptionen zu reduzieren, scheint der Realität nicht angemessen zu sein – und zwar aus verschiedenen Gründen. Herbert Simon verwies bereits 1957 mit seinem Konzept der „bounded rationality" – also der begrenzten Rationalität – darauf, dass die Annahme rational handelnder Akteure in hohem Maße unwahrscheinlich ist. Zum einen sind Menschen keine Maschinen, die komplexe Probleme exakt bestimmten, Lösungen entwickeln und dabei auch noch sämtliche notwendigen Informationen verarbeiten können (vgl. Simon 1957). Es werden also die Probleme niemals punktgenau bestimmt, sondern vielmehr ein vereinfachendes Bild der überkomplexen Realität erstellt. Ebenso wenig ist es wahrscheinlich, dass unter Abwägung aller Vor- und Nachteile die objektiv beste aus einer Vielzahl von Möglichkeiten ausgewählt wird. Dafür müssten zumindest einmal alle Möglichkeiten bekannt sein. Am Schachspiel wurde häufig verdeutlicht, dass dies keineswegs vorausgesetzt werden kann: Selbst die besten Schachspieler wägen bei einem Zug nicht alle theoretisch denkbaren Optionen gegeneinander ab, sondern verfügen über ein gewisses Set an „Lieblingszügen". Daher ist es häufig so, dass sie eben nicht den besten aller möglichen Züge auswählen, sondern denjenigen, der sie persönlich zufriedenstellt. Hinzu kommt: Die Suche nach der „besten Lösung" sagt noch nichts über die Kriterien, welche eine bestimmte Lösung zu der individuell besten machen. Nicht unbedingt sind traditionell angeführte Gründe wie Ressourcensteigerung oder anderweitige materielle Interessen ausschlaggebend. Vielmehr kann ein Akteur auch bestimmte ideelle Werte oder Überzeugungen vertreten, die eine bestimmte Option für ihn zur „besten Lösung" machen – auch wenn sich die Gründe klar bestimmbaren Kategorien (z.B. kostengünstigste Lösung) entziehen.

Üblicherweise wird zwischen zwei Interessenvermittlungsstrukturen unterschieden: Korporatismus auf der einen, Pluralismus auf der anderen Seite. Den folgenden Ausführungen muss vorangestellt werden, dass die Gegenüberstellung von Korporatismus und Pluralismus als Interessenvermittlungsstrukturen mittlerweile vielfach als idealtypisch zugespitzt gilt. Korporatismus, so wird es heute zumeist gesehen, ist „kein neues System, sondern nur eine Strategie, ein Instrument, manchmal auch nur eine kleine politische Taktik. [...] Pluralismus ist die übergreifende Kategorie, Korporatismus nur ein möglicher, durch historisch bestimmte Konstellationen begünstigter Unterfall" (von Alemann 2000).

> **Infokasten 4-2: Neo-Korporatismus**
>
> Unter Korporatismus versteht man die Beteiligung staatlich ausgewählter Interessengruppen an politischen Entscheidungsprozessen. Im sogenannten Neo-Korporatismus werden die beteiligten Interessengruppen nicht mehr rein staatlich festgelegt. Allerdings ist es nach wie vor von der staatlichen Anerkennung abhängig, welche Interessengruppen an politischen Prozessen beteiligt (und somit Teil der neo-korporatistischen Strukturen) sind, und welche nicht beteiligt sind. Zweck dieser Beteiligung gesellschaftlicher Organisationen (insbesondere Arbeitgeber- und Arbeitnehmerverbände) ist die Bindung dieser unterschiedlichen Interessengruppen an gemeinsam getroffene Entscheidungen. Obgleich im liberalen Neo-Korporatismus eine größere Offenheit herrscht als im klassischen Korporatismus, wird es doch als grundsätzlich zu vermeiden erachtet, dass die einzelnen Interessengruppen zueinander in einem konflikthaften Verhältnis stehen.

Während der Neo-Korporatismus auf Konsensmechanismen zwischen den Interessengruppen setzt, bleibt beim Pluralismus offen, welche Art von Beziehung zwischen den Interessengruppen herrscht. Hier sind verschiedene Formen von Konflikt und Konsens oder Konfrontation und Kooperation beobachtbar, alle Variationen, von prinzipieller Feindschaft bis zur freundschaftlichen Verbundenheit.

> **Infokasten 4-3: Pluralismus**
>
> Im idealtypischen Interessensvermittlungssystem des Pluralismus wird die offene Auseinandersetzung zwischen diversen politischen, sozialen und wirtschaftlichen Interessen als wesentlicher Teil der politischen Willensbildung erachtet (Schubert/Klein 2006). Dies schließt keineswegs aus, dass diese Interessen nicht auch durch Konsens- und Koalitionsmöglichkeiten geprägt sind und somit auch gemeinsam nach Lösungsmöglichkeiten gesucht werden kann und soll. Die unterschiedlichen, teils eben auch durch Konflikte geprägten Interessen werden aber stärker anerkannt und ihre Vertretung und versuchte Durchsetzung als legitim bewertet. Zusammenhänge mit dem pluralistischen Weltbild des Pragmatismus, wie es in Kapitel 2 diskutiert wurde, sind ersichtlich.

Für Deutschland wurden traditionell neo-korporatistische Strukturen identifiziert. Damit ist gemeint, dass die Divergenzen zwischen Arbeitgeber- und Arbeitnehmerinteressen möglichst nicht durch konflikthafte Auseinandersetzungen (z.B. Streik) gelöst werden, sondern eine einvernehmliche Lösung gesucht wird. Hierfür existieren bestimmte Strukturen wie etwa die Tarifautonomie. Auch in den Willensbildungs- und Entscheidungsprozessen sind Interessensverbände (und wiederum insbesondere Arbeitgeber- und Arbeitnehmervertreter) eingebunden. Daher wird auch von einem tripartistischen, also einem aus drei Parteien (Regierung, Arbeitgeber und Arbeitnehmer) bestehenden System gesprochen. Beispielhaft zeigen sich diese Interessenvermittlungswege in den „konzertierten Aktionen", z.B. im Wirtschafts- oder Gesundheitswesen. Während in Deutschland der Begriff der „konzertierten Aktion" enger definiert ist (vgl. Infokasten), steht er im traditionell noch stärker korporatistisch geprägten System der österreichischen Sozialpartnerschaft allgemein für das aufeinander abgestimmte Verhalten verschiedener Akteure zum Erreichen eines gemeinsamen Ziels.

Infokasten 4-4: Konzertierte Aktion

Die erste konzertierte Aktion wurde 1967 vom damaligen Bundeswirtschaftsminister Karl Schiller (SPD) im Rahmen der Konjunkturförderung gestartet. Im Kontext des Stabilitäts- und Wachstumsgesetzes (1967) wurde festgelegt, dass die Gebietskörperschaften (Bund, Länder) und die Tarifparteien (Arbeitgeberverbände, Gewerkschaften) ihr Verhalten aufeinander abzustimmen haben, um die vier großen wirtschaftlichen Ziele zu erreichen (Preisniveaustabilität, Vollbeschäftigung, außenwirtschaftliches Gleichgewicht sowie angemessenes und stetiges Wirtschaftswachstum). Zehn Jahre lang hielt diese erste konzertierte Aktion: Dann kam es zum Bruch zwischen Arbeitgebern und Gewerkschaftern. Später gab es noch eine weitere konzertierte Aktion im Gesundheitswesen und auch Gerhard Schröders „Bündnis für Arbeit" (1998) wies ähnliche Muster auf, obgleich es eine andere Bezeichnung trug.

Für die Politikfeldanalyse ist es wichtig danach zu fragen, welche Akteure aktiv sind, wie sie ihre Interessen durchzusetzen versuchen und ob sie in politische Willensbildungs- und Entscheidungsprozesse eingebunden sind. Darüber hinaus – und das ist nun der originäre Ansatz der *Netzwerkanalyse* – ist es von hoher Bedeutung, welche Beziehungsgeflechte zwischen den einzelnen Akteuren existieren. Die Netzwerkanalyse widmet sich dem Umstand, dass nicht allein entscheidend ist, welche Akteure aktiv und beteiligt sind: Es macht auch einen Unterschied, wie diese Akteure zusammenarbeiten, kooperieren und sich koordinieren. Diesem Thema wird sich der nächste Abschnitt zuwenden.

4.1.2 Netzwerke

Überspitzt kann die Netzwerkanalyse als „Regenbogenpresse" der Politikfeldanalyse bezeichnet werden. Zumindest dann, wenn man einer ihrer wichtigsten Fragestellungen folgt: „Wer mit wem?" Diese Frage stellen Netzwerkanalytiker aufgrund folgender Annahme: Die Art der Beziehungen zwischen verschiedenen politischen Akteuren hat Einfluss auf politische Entscheidungen (vgl. Marsh 1998: 3). So einleuchtend uns dies auch heute erscheint: Für die traditionelle Politikwissenschaft war diese Annahme alles andere als selbstverständlich. In Kapitel 2 ist bereits angesprochen worden, dass noch bis in die 1970er Jahre ein mechanistisches Verständnis vorherrschend war. Hiernach plant, reguliert und steuert der Staat einzelne Politikfelder als dominanter, weitgehend autonomer Akteur. Erst mit den auftauchenden Umsetzungs- und Implementierungsproblemen im Rahmen der (wohlfahrtsstaatlichen) Reformprogramme verschob sich diese Analyseperspektive. Dass vielfältige gesellschaftliche Gruppen für die Umsetzung von Politiken eine wichtige Rolle einnehmen, ist seither weitgehender „common sense" in der Politikwissenschaft. Netzwerkanalysen in der Policy-Forschung konzentrieren sich vor diesem Hintergrund auf die Fragestellungen, „über welche Beziehungsarten Akteure untereinander verbunden sind und welche konkreten Muster diese Beziehungsmengen aufweisen" (Schneider/Janning 2006: 117).

In Ansätzen ist die Bedeutung verschiedener Interessengruppen für politische Prozesse bereits in den Ausführungen zu Korporatismus und Pluralismus deutlich geworden: Auch hier wird davon ausgegangen, dass die Interessenvermittlungsformen zwischen den relevanten Akteuren, abhängig davon ob sie durch Zusammenarbeit und Konsens oder durch Konflikt geprägt sind, zu unterschiedlichen politischen

Ergebnissen führen. Im Gegensatz hierzu glauben jedoch Netzwerkanalytiker nicht daran, dass bestimmte Strukturen unbedingt zu einheitlichen Prozessen führen. Netzwerkanalytiker schauen daher genau hin: Welche Netzwerke existieren auf einem bestimmten Politikfeld? Wie versuchen Akteure dieser Netzwerke Einfluss zu nehmen? Welchen Einfluss entwickeln die Netzwerke tatsächlich auf politische Ergebnisse? Grundsätzlich können diese Beziehungsmuster auf drei Ebenen untersucht werden, nämlich erstens auf Ebene der individuellen Akteure, zweitens auf Ebene von Teilgruppen innerhalb des Netzwerkes oder drittens auf Ebene des gesamten Netzwerkes (Schneider/Janning 2006: 117).

Der Terminus des Netzwerks kann sehr unterschiedlich konnotiert sein. Auf der einen Seite stehen Netzwerke wie die „Lokalen Bündnisse für Familie" für ein Nutzen bringendes Zusammenwirken unterschiedlichster Akteure aus Politik, Wirtschaft, Kultur und anderen gesellschaftlichen Bereichen. Auf der anderen Seite nährt der Netzwerkbegriff den leicht aufkommenden Verdacht von Mauschelei, Grauzonen und anderen dunklen Geschäften. Auch wenn letzteres wie im Fall des sprichwörtlichen „Kölner Klüngels" durchaus Bestandteil politikwissenschaftlicher Netzwerkbetrachtungen sein kann: In aller Regel kennzeichnen sich politische Netzwerke durch ein hohes Maß an professioneller Orientierung. Politischer Einfluss resultiert hierbei vor allem aus fachlich-inhaltlicher Autorität und rationaler Überzeugung. Affektive Elemente wie Freundschaft oder Bestechung können in sozialen Gebilden nie völlig ausgeschlossen werden. Die zwischen den Akteuren bestehende, vergleichsweise hohe Transparenz gibt allerdings eher Anlass zu der Vermutung, dass diese Elemente in politischen Netzwerken in der Bundesrepublik seltener anzutreffen sind (Schubert 1991: 90).

Auch in den US-amerikanischen Anfängen der Netzwerkforschung in den 1950er und 1960er Jahren waren es keineswegs illegale Machenschaften, die auf dieses Untersuchungsfeld aufmerksam machten. Netzwerk-Pionier David Truman (1951) identifizierte eine große Anzahl von Akteuren, die auf komplexem und oftmals informellem Wege an den politischen Prozessen teilnahmen. Individuen und Gruppen, die durch bestimmte politische Entscheidungen betroffen seien, sollten vor Beginn des Regierungshandelns konsultiert werden – so Truman (1951: 458). Auch in Deutschland ist es heute selbstverständlich, dass Gesetzesentwürfe in einer frühen Phase in den Ministerien mit betroffenen Interessengruppen diskutiert werden. Auch verfügen diese Individuen oder Gruppen häufig über ein Praxiswissen, das für die Ausarbeitung der Rechtstexte von hoher Bedeutung ist.

Über die Konzentrierung auf Gesetzgebungs- und Regierungsprozesse blieb der netzwerkanalytische Akteursbegriff lange Zeit auf das so genannte *iron triangle* beschränkt; das eiserne Dreieck aus Regierung, Ministerialbürokratie und Interessengruppen. Als „eisern" wurde das Dreieck deshalb beschrieben, weil die drei Akteure aufeinander angewiesen sind und insbesondere in der US-amerikanischen Militär- und Technologiepolitik starke Abschottungseffekte aufweisen: So üben Regierung, Ministerialbürokratie und Interessenverbände zwar starke *wechselseitige* Einflussnahmen aus, sind jedoch gegenüber externen Einflüssen äußerst verschlossen. Vor diesem Hintergrund wird der Begriff des „eisernen Dreiecks" heute auch allgemein kritisch für ein sich nach Außen hin abschottendes Dreiecksverhältnis verwendet.

Im Laufe der Zeit hat die netzwerkanalytische Engführung auf das „eiserne Dreieck" jedoch eine Öffnung erfahren, so dass heute zumeist auch andere Akteure – wie bei Sabatiers Advocacy-Koalitionen (Sabatier/Weible 2007) z.B. Journalisten oder Wissenschaftler – in das Blickfeld geraten. Auch Heclo definierte bereits 1978 den Begriff des Policy-Netzes eher weit als „Zusammenwirken der unterschiedlichsten exekutiven, legislativen und gesellschaftlichen Institutionen und Gruppen bei der Entstehung und Durchführung einer bestimmten Policy" (Windhoff-Héritier 1987: 45). Nach einer anderen Definition ist ein Netzwerk ein „Geflecht (sozialer, ökonomischer, politischer) Beziehungen, das auf Dauerhaftigkeit, Freiwilligkeit und Gegenseitigkeit beruht" (Schubert/Klein 2006: 206). Es lohnt, die drei Dimensionen dieser Definition – nämlich (1) Dauerhaftigkeit, (2) Freiwilligkeit und (3) Gegenseitigkeit – noch einmal genauer zu betrachten.

(1) Ein Policy-Netzwerk ist erstens auf *Dauerhaftigkeit* angelegt. Denn zur gemeinsamen Interessenvertretung muss eine gewisse Verlässlichkeit gegeben sein. Dauerhaftigkeit ist jedoch kein sonderlich scharf umrissener Begriff. Ein Netzwerk zum Start eines Bürgerbegehrens etwa, das sich als Interaktionsform aus einer spezifischen Situation heraus entwickelt, kann sich nach einigen Monaten wieder auflösen. Die Mehrheit der Netzwerke zeichnet sich jedoch durch eine größere Beständigkeit aus, indem sie strukturell in einem bestimmten Bereich

angelegt sind. Aus dieser Dauerhaftigkeit ergibt sich die Gefahr zu starker Abschottungseffekte von politischen Netzwerken (Schubert 1991: 90): Es kann sich ein gemeinsames, nach Außen und vor allem Nichtbeteiligten gegenüber kohärentes, Problemverständnis entwickeln, demgegenüber andere Interessen und politische Alternativen nur schwer vermittelbar sind. Diese Art von Isolierung ist insbesondere im Hinblick auf eine mangelnde politische Antwortbereitschaft und fehlende Sensibilität gegenüber sozioökonomischen Entwicklungen problematisch.

(2) Zweitens beruhen Policy-Netzwerke auf *Freiwilligkeit*. Eine autoritär seitens des Staates herangetragene Kooperation und Zusammenarbeit – wie sie sich im klassischen Korporatismus findet – fällt also nicht unter diese Konzeption. Dennoch lässt sich auch der Begriff der Freiwilligkeit hinterfragen. Denkt man allein an soziale Online-Netzwerke wie „myspace" oder „studivz", so ist bereits ein hoher Druck in Richtung Mitgliedschaft erkennbar (z.B. um Informationsdefizite zu vermeiden). Es kann daher erwartet werden, dass dieser Druck bei politischen Netzwerken noch verstärkt gilt. Dies trifft umso mehr zu, als auch die folgenden Ausführungen zur Gegenseitigkeit darauf verweisen, wie sehr die einzelnen Mitglieder eines Netzwerkes aufeinander angewiesen sind.

(3) Policy-Netzwerke beruhen auf *Gegenseitigkeit*. Alle am Netzwerk beteiligten Akteure erhoffen sich einen Vorteil aus der Kooperation und müssen diesen (früher oder später) auch in irgendeiner Form erhalten. Tun sie dies nicht, so werden sie die Mitgliedschaft in dem Netzwerk irgendwann beenden. Gerade am Beispiel des eisernen Dreiecks wird jedoch deutlich, dass jeder Akteur die jeweils anderen beiden Akteure braucht, um die eigenen Interessen durchsetzen zu können (Schubert 1991: 92). So ist der Interessenverband auf die staatliche Behörde angewiesen, um seinen Mitgliedern politisch induzierte Vorteile verschaffen zu können. Die staatliche Behörde wiederum braucht die Interessengruppe, um für die eigenen Programme politische Unterstützung aus dem Bereich der Klienten beschaffen zu können. Die Bürokratie erhält von Seiten der Regierung politische Unterstützung und wird von ihr finanziert. Die Regierung wiederum ist zur Implementierung und Ausführung ihrer politischen Beschlüsse auf die Behörden angewiesen. Dergleichen symbiotische Wechselbeziehun-

gen lassen sich vielfach nachweisen (vgl. für „Klassiker" der *iron-triangle*-Forschung z.B. Cater 1964; Huntington 1952). Die Beziehungen der gegenseitigen Vorteile durch die Mitwirkung im Netzwerk müssen jedoch nicht immer so symmetrisch bzw. ausgewogen sein: Wenn bspw. ein Akteur stärker und regelmäßiger auf die Ressourcen des anderen angewiesen ist als umgekehrt, „so können sich asymmetrische Beziehungen herausbilden, in denen der abhängige Partner erpressbar wird" (Schneider/Janning 2006: 124).

Über die genannten Merkmale ist erst einmal nur etwas über den *Nutzen* von Netzwerken für die beteiligten Akteure gesagt. Eine hierauf beschränkte Konzeption von Netzwerken geht davon aus, dass sich Akteure in Netzwerken zusammenfinden, um über das Zusammenbringen von Ressourcen ihre Interessen besser vertreten und durchsetzen zu können. Es gibt jedoch neben „Interessen" im engeren Sinne noch einen weiteren Kitt, der Netzwerke zusammenhält: Überzeugungen und Ideologien. Hierauf hat insbesondere Sabatier mit seinem ebenfalls an Netzwerken orientierten Advocacy-Koalitionsansatz hingewiesen. Die Koalitionen aus verschiedensten Akteuren werden danach durch von allen geteilte Kernüberzeugungen bezüglich der behandelten Policy zusammengehalten: „Policy core policy preferences are normative beliefs that project an image of how the policy subsystem ought to be, provide the vision that guides coalition strategic behavior, and helps unite allies and divide opponents" (Sabatier/Weible 2007: 195).

Im Folgenden werden vier Dimensionen von Netzwerken unterschieden (vgl. Jansen/Schubert 1995: 11-13), die für die Analyse und Einordnung von Netzwerken äußerst hilfreich sind. Diese Dimensionen sind (1) Akteursart, (2) Netzwerkfunktionen, (3) Netzwerkstrukturen und (4) die innerhalb der Netzwerke herrschenden Machtverteilungen.

(1) Allgemein lässt sich zwischen staatlichen, privaten und gesellschaftlichen Akteuren differenzieren, die in Netzwerken aktiv sein können. Zumeist sind diese Akteure korporativer Natur, also „gesellschaftliche Interessengruppen, Einzelorganisationen wie z.B. (Groß-)Unternehmen, Staat oder verschiedene staatliche Agenturen, Abteilungen eines Ministeriums etc." (Jansen/Schubert 1995: 12). In einem ersten Schritt sollte also geklärt werden, welche Art von Akteuren im jeweiligen Netzwerk aktiv ist und inwieweit bestimmte gesellschaftliche Akteure

auf die staatliche Absicherung ihrer Existenz zurückgreifen können (z.B. durch rechtliche Anerkennung von Tarifverträgen).

(2) Jedes Netzwerk dient spezifischen Zielen und hat spezifische Funktionen. Einige sind oben bereits im Kontext des Merkmals Gegenseitigkeit angesprochen worden: Interessengruppen nutzen Netzwerke für Lobbyarbeit; politische Akteure wollen Entscheidungen abstimmen und legitimieren lassen; gemeinsame Ziele oder Überzeugungen sollen über die Zusammenarbeit und gemeinsame Einflussnahme verwirklicht werden. Zur Funktionserfüllung greifen Netzwerke wiederum auf ganz unterschiedliche materielle und immaterielle Ressourcen zurück. Jansen/Schubert (1995: 12) nennen hierfür die folgenden Beispiele: Beschaffung von Informationen und Expertisen, politischer Einfluss, Kooperation in der Politikformulierung und Durchsetzung sowie auch Ressourcenströme (z.B. Geld, Beratung, Hilfeleistungen).

(3) Wie dauerhaft und stabil sind die untersuchten Netzwerke? Wie intensiv sind die Beziehungen zwischen den einzelnen Mitgliedern? Ist das Netzwerk streng hierarchisch geordnet oder durch einen eher lockeren Aufbau geprägt? Welche Verhaltensregeln und Normen gelten innerhalb der Netzwerke? Dies sind Fragen, die im Rahmen der Untersuchung von Netzwerkstrukturen gestellt werden. Von Interesse ist weiterhin, welchen Grad von Institutionalisierung die Interaktionen zwischen staatlichen und gesellschaftlichen Akteuren aufweisen. Innerhalb des Feldes Gesundheitspolitik kennzeichnen sich bspw. die Kassenärztlichen Vereinigungen durch einen hohen Institutionalisierungs- und Einbindungsgrad in politische Prozesse. Würde man das Netzwerk aufzeichnen, so wären vermutlich von diesen Vereinigungen ausgehend intensive und vielfältige Wechselbeziehungen sichtbar. Selbsthilfegruppen hingegen weisen auf dem gleichen Politikfeld eine sehr viel geringere Institutionalisierung und Einbindung auf. Im grafischen Modell würden sie wohl am Rand des gesundheitspolitischen Netzwerks stehen. Netzwerke können sich überdies danach unterscheiden, wie relativ offen oder geschlossen sie nach Außen hin sind; wie schwer es also für andere Akteure ist, an den Interaktionen teilzunehmen.

(4) Dem Faktor Macht wird bei der Untersuchung politischer Prozesse großes Gewicht zugesprochen. Denn, so die Annahme, Macht bzw.

Machtkonstellationen können erklären, welche Interessen sich letztlich durchsetzen. Ungeachtet dessen, dass diese Annahme in Teilen hinterfragt werden kann (und z.B., wie in Kap. 6 näher erläutert, der Faktor „Zufall" nach Annahme des Multiple-Streams-Ansatzes eine wichtigere Rolle als zumeist angenommen spielt): Die Netzwerkanalyse kann wichtige Hinweise zur Klärung der Machtfrage liefern. Sowohl der Ressourcenbesitz entscheidet über die Macht von einzelnen Akteuren und Akteursgruppen, als auch ihre Stellung innerhalb des Netzwerks (Jansen/Schubert 1995: 13). Ein wichtiger und mit allen anderen Mitgliedern vernetzter Akteur, der grafisch im Zentrum des Netzwerks anzutreffen ist, wird vermutlich über hohen Einfluss und Macht verfügen. Ein weitgehend ausgegrenzter und nur mit einem anderen Mitglied vernetzter Akteur hingegen wird wohl nur geringe Einflussmöglichkeiten geltend machen können.

Um die Gliederung entlang der vier beschriebenen Dimensionen noch einmal zusammenzufassen: Nachdem in einem ersten Schritt die Art der im politischen Netzwerk aktiven Akteure herausgearbeitet worden ist, sollten in einem zweiten Schritt die zugrunde liegenden Ziele und Funktionen analysiert werden. Hier gewinnt auch die Frage an Bedeutung, auf welche Beziehungen und Ressourcen zur Funktionserfüllung zurückgegriffen wird. In einem dritten Schritt rücken die Strukturen des Netzwerks ins Blickfeld: Stabilität, Intensität und Institutionalisierungsgrad sind dabei wichtige Stichworte. Abschließend wird nach der Machtverteilung innerhalb des Netzwerks gefragt, die sich in Form von Ressourcen und der relativen Stellung der Akteure darstellt.

Zur Eingrenzung all dieser Dimensionen wird auf mathematische Modelle und die Graphentheorie zurückgegriffen. Hiernach besteht ein Netzwerk aus einer Reihe von Punkten (Knoten), die Akteure symbolisieren, und Linien (Kanten), die Beziehungen zwischen diesen Akteuren darstellen (Schneider 2009: 206). Dies macht deutlich, dass es sich beim Netzwerkansatz weniger um einen theoretischen denn um einen methodischen Ansatz handelt. Er findet mittlerweile sehr vielfältige Anwendungsgebiete wie zum Beispiel „kommunale Elitenetzwerke, sektorale Politiknetzwerke, europäische Mehrebenenprozesse und internationale Beziehungen" (Lang/Leifeld 2008: 223). Diese Auflistung zeigt, dass die Netzwerkanalyse heute weit über die Grenzen der Teildisziplin Politikfeldanalyse hinaus Bedeutung für das Fach entwickelt hat. Am folgenden Schaubild werden einige der oben genannten Punkte nochmals verdeutlicht: Es ist anzunehmen, dass A über besonders hohen Einfluss und/oder Macht verfügt, da er als einziger Akteur über direkte Interaktionen mit allen anderen Mitgliedern verfügt. Hingegen scheint der Einfluss von F äußerst begrenzt zu sein – es sei denn, F wäre der „spin doctor" im Hintergrund, der A lediglich als Kanal nutzt, um seine Interessen über das Netzwerk durchsetzen zu können.

Schaubild 4-1: Grafische Darstellung eines Netzwerks

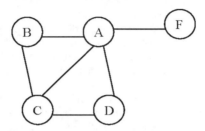

Quelle: Eigene Darstellung

Teils wird die Netzwerkanalyse auf diese methodische Modellverwendung beschränkt, ihre erklärende Kraft bestritten und ihr somit ein lediglich heuristischer Nutzen attestiert (vgl. Marsh 1998: 72). Die Netzwerkanalyse kann jedoch durchaus auch steuerungstheoretisch eingesetzt werden (vgl. Lang/Leifeld 2008: 223). Wie erwähnt, stellt in diesem theoretischen Ansatz der Staat oder staatliche Institutionen nur noch einen unter mehreren wichtigen Akteuren; politische Steuerung ist somit keine von oben nach unten verlaufende Einbahnstraße, sondern ein komplexes Gebilde von Kooperation und Verhandlungslösungen (Schneider/Janning 2006: 161). Somit zeigen sich Zusammenhänge mit der Steuerungstheorie und der *Governance*-Debatte (vgl. Kap. 4.3).

4.2 Strukturen und Institutionen

Im vorigen Abschnitt wurde die Politics-Dimension zur Erklärung von Policies behandelt: Es wurde geklärt, welche Art von Akteuren ihre Interessen im politischen Prozess vertreten, welche Vermittlungsstrukturen dabei wirken können und wie sich Akteure in Netzwerken zusammenschließen. Im dritten Kapitel ist jedoch deutlich geworden, dass viele theoretische Ansätze der Politikfeldanalyse (politisch-institutionalistische Theorien, Pfadabhängigkeit) nicht politische Akteure und deren Machtressourcen als unabhängige Variable für gewählte Politiken heranziehen, sondern die sie prägenden Strukturen und Institutionen. Und auch wenn Akteuren ein stärkeres erklärendes Gewicht zugestanden wird – wie im Akteurzentrierten Institutionalismus – so wird doch auch hierbei stets auf den entscheidend strukturierenden Einfluss der Polity verwiesen. Aber: Institutionen und Strukturen beeinflussen zwar das Handeln politischer Akteure, lassen immer auch einen gewissen Entscheidungs- und Gestaltungsspielraum. Vor diesem Hintergrund wird zunächst eine Begriffsklärung von Institutionen im Allgemeinen und politischen Institutionen im Speziellen vorgenommen. Anschließend werden die allgemeinen Funktionen politischer Institutionen diskutiert und der Frage nachgegangen, weshalb sich selbst bei mangelhafter Funktionserfüllung ihre Reform äußerst schwierig gestaltet. Abschließend wird die allgemeine Frage, welche Institutionen und Strukturen für die Policy-Analyse von Bedeutung sind, am konkreten Beispiel der Familienpolitik in Deutschland diskutiert.

Zur Begriffsklärung: Mitunter hört man Sätze wie „Franz Beckenbauer ist eine Institution im deutschen Fußball." In diesem umgangssprachlichen Sinne scheint eine Institution erst einmal etwas von Bedeutung zu sein; etwas, auf das auch andere Mitspieler auf dem Feld – etwa aktive Fußballer in den Bundesligen – zu achten und sich daran zu orientieren haben. Über dasselbe Metier könnte aber auch der Satz zu hören sein: „Der Weltfußballverband FIFA ist die mächtigste Institution im Fußball." Im Gegensatz zu Franz Beckenbauer kann die FIFA direkte Regeln erlassen, welche die nationalen Fußballverbände einzuhalten haben: Was passiert, wenn es nach der regulären Spielzeit unentschieden steht? Wie breit und hoch darf das Tor sein? Wie können sich Nationalmannschaften für internationale Wettbewerbe qualifizieren? Diese beispielhaften Fragen zeigen, dass die FIFA in unterschiedlichen Bereichen über unterschiedliche Regelungskompetenz verfügt: Während in den nationalen Ligen autonom über die Verfahrensweise nach einem Unentschieden verfügt werden kann, legt die FIFA die internationalen Vorgaben zur Breite und Höhe der Fußballtore fest. Auch die Regeln zur Qualifikation für internationale Wettbewerbe wie der Fußballweltmeisterschaft setzt sie selbst. Einige Institutionen des Fußballs (FIFA) haben also weiter reichende strukturierende und regulierende

Kraft als andere (Franz Beckenbauer). Ebenso ist es auch im politischen Raum. Dennoch bestimmen beide genannten Institutionen in gewisser Weise die Spielregeln auf dem Platz.

Doch Institutionen sind mehr als nur Spielregeln: Sie sind „eine Ansammlung von mehr oder weniger dauerhaften *sozialen gegenseitigen Erwartungen*, aus denen sich *Regelsysteme* herauskristallisiert haben, welche die sozialen Interaktionen steuern" (van Waarden 2009: 278). Diese Regelsysteme können wie bei den Vorgaben der FIFA formeller Natur sein; oder wie bei der prägenden Gestalt des Fußball-Kaisers Beckenbauer informeller Art. Neben diesen Regeln können Institutionen jedoch auch aus Normen oder Strategien bestehen (Schneider/Janning 2006: 141). Normen einer Gesellschaft (z.B. zur Steuerhinterziehung) sind in aller Regel nicht formalisiert und prägen doch das Verhalten der Akteure und die Anwendung der formellen Regeln (z.B. Steuergesetzgebung).

Funktional betrachtet können Institutionen als auf Dauer gestellte Problemlösungen bezeichnet werden (Schubert/Bandelow 2009: 17). Durch ihre Dauerhaftigkeit schaffen sie auch Verlässlichkeit, Stabilität und Erwartungen. Politische Institutionen im engeren Sinne können definiert werden als „Regelsysteme der Herstellung und Durchführung allgemeinverbindlicher Entscheidungen oder zumindest Entscheidungsgrundlagen" (Göhler 1988: 17). Mit dieser Definition wird Institutionen etwas in ihrer Wirkungsweise „Absichtsvolles" zugeschrieben oder unterstellt. Dies ist der wesentliche Unterschied zur „Struktur", welcher – trotz der damit verbundenen Wirkungen – in der Regel keine konkrete Absicht unterstellt wird. Daher wird auch der Begriff „Struktur" zumeist allgemeiner und oft (z.B. Institutionen) übergreifend gefasst.

Um diesen Unterschied zwischen Institutionen und Strukturen am politischen System der Bundesrepublik zu verdeutlichen, seien folgende Beispiele genannt: Politische *Institutionen* sind z.B. das Parlament, das Amt des Bundeskanzlers, Ministerien oder das Bundesverfassungsgericht. Immaterielle politische Institutionen sind z.B. Verfassungen (das deutsche Grundgesetz) oder die demokratischen Mehrheitsregeln. Die Anzahl und die politische Orientierung der im Bundestag vertretenen Parteien gibt Auskunft über die *Struktur* des Parlaments. Immaterielle politische Strukturen ergeben sich etwa aus dem Verhältnis zwischen Politik, Ökonomie und Gesellschaft im liberalkapitalistischen System der Bundesrepublik Deutschland.

Um zu einem Punkt zurückzukehren, der eingangs in Verbindung mit der Welt des Fußballs genannt wurde: Wir haben festgestellt, dass formelle und informelle Institutionen die Spielregeln auf dem Platz bestimmen. Der Spielverlauf, die entscheidenden Tore und die am Ende jubelnden Sieger hängen aber natürlich nur teilweise von den Spielregeln ab: „Denn ohne die Fähigkeiten und das Glück der Spieler, auf die es ebenfalls ankommt, wäre das Spiel nicht spannend und niemand würde es spielen wollen" (van Waarden 2009: 278). So sinnvoll daher auch analytisch die Trennung zwischen der Politics- und Polity-Dimension ist: Empirisch-praktisch kann der „Spielverlauf" erst durch die Interaktion der Ebenen verstanden und nachvollzogen werden. Und nicht nur außerhalb, sondern auch innerhalb von Institutionen handeln letztlich Akteure. Für die Welt des Fußball wiederum bedeutet das: „Entscheidend ist auf'm Platz." Und auch für die Welt der Politik merkt Göhler an: „Insgesamt kommt es für politische Institutionen, so scheint es, stärker als allgemein bei sozialen Institutionen, nicht nur auf die Adressaten, sondern auch auf die handelnden Akteure an – politische Institutionen sind in ihrer Funktion zwar überpersönlich, realiter aber zumeist Organisationen; sie sind durch das Verhalten angebbarer Personen bestimmt" (Göhler 1988: 17).

Institutionen werden gerade im Ländervergleich auch daraufhin analysiert, inwieweit sie ihre *Funktionen* erfüllen. Zu diesen Funktionen politischer Institutionen gehört diejenige, den Mitgliedern einer Gesellschaft Rechte und Pflichten zu erteilen (vgl. Czada 1995). Politische Institutionen regulieren überdies politische Prozesse von der Willensbildung, über die Entscheidung bis hin zur Implementierung. Zuerst einmal verteilen sie Ressourcen und Legitimität zwischen den politischen Akteuren (vgl. auch im Folgenden van Waarden 2009: 296). Dies erfolgt z.B. über den organisatorischen Aufbau der Regierung und die Kompetenzverteilung in der Verwaltung (die ihrerseits auch wieder aus Machtkämpfen und somit aus Politics-Prozessen erwachsen ist). Zweitens regeln Institutionen den Zugang von Personen, Themen, Problemen und Lösungen in den jeweiligen Politikfeldern. Im vorangegangenen Abschnitt ist etwa die konzertierte Aktion angesprochen worden, die eine Einrichtung, eine Institution, zur Beteiligung bestimmter Interessengruppen an den politischen Prozessen darstellte.

Neben diesen formell geregelten Funktionen schaffen politische Institutionen auch erst „die physischen, kognitiven und moralischen

Bedingungen für politisches Handeln" (van Waarden 2009: 296). Als Beispiel für letzteres können hier die rechtlich gesicherten moralischen Bedingungen wie freie Meinungsäußerung oder Gleichberechtigung dienen. Institutionen wirken außerdem identitäts- und sinnstiftend für soziale Gruppen und Nationen. Ein gutes Beispiel für eine solche Identität stiftende Institution ist das deutsche Grundgesetz (vgl. „Verfassungspatriotismus"). Gleichzeitig sind Verfassungen exemplarisch dafür, dass Institutionen nicht formalisiert sein müssen: So verfügt etwa Großbritannien nicht über eine geschriebene Verfassung, sondern orientiert sich an einem über Jahrhunderte entwickelten Gewohnheitsrechtssystem. Einige wichtige Rechtsakte wie die Magna Charta werden zwar umgangssprachlich als Verfassungsdokumente bezeichnet. Sie besitzen aber im Gegensatz zum Grundgesetz keine höheren Verfassungsnormen, welche das Parlament in seinem Handeln beschränken könnten (Brodocz/Vorländer 2006).

Über die genannten Punkte gelangt man nun zur wichtigsten Funktion politischer Institutionen, nämlich *kollektive Entscheidungsfindung zu ermöglichen* (vgl. van Waarden 2009: 296). Hierfür sind die anderen genannten Punkte notwendig; nämlich Rechte (z.B. zur Gesetzgebung) ebenso wie Pflichten (z.B. zur Gesetzeseinhaltung) zuzuteilen. Auch Macht und Kompetenzen müssen verteilt, der Zugang zu politischen Ämtern und die Beteiligung an politischen Prozessen geregelt sowie die normativen und moralischen Bedingungen gegeben werden.

Nun wird aber davon ausgegangen, dass einige institutionelle Arrangements effektiver Politikgestaltung und Implementierung zuträglicher sind als andere (Howlett/Ramesh 2003: 53). Gerade im Ländervergleich ist es für die Politikfeldanalyse von Bedeutung, welchen Unterschied es etwa macht, ob ein politisches System föderalistisch oder zentralistisch geregelt ist; ob der Zugang zu politischen Ämtern nach dem Mehrheitswahlrecht oder nach dem Verhältniswahlrecht erfolgt. Doch selbst wenn wie für den Fall des deutschen Föderalismus wiederholt Reformbedarf, Ineffizienz oder institutionelle Trägheit attestiert wird: Die Reform politischer Institutionen erweist sich als äußerst schwierig. Dies bringt uns zu einem innerhalb des Kapitels zu politikfeldanalytischen Theorien bereits angesprochenen Konzept zurück, namentlich dem der Pfadabhängigkeit. Dieser mitunter auch als QWERTY-Phänomen (vgl. Infokasten) bezeichnete theoretische Ansatz kann dabei helfen, diese Reformschwierigkeiten zu verstehen.

> **Infokasten 4-5: Das QWERTY-Phänomen**
>
> Ein einprägsames Beispiel für in diesem Fall technische Pfadabhängigkeit bildet die sogenannte QWERTY-Tastenbelegung – benannt nach den Buchstaben in der obersten Zeile amerikanischer Computertastaturen. 1868 ordnete der US-Amerikaner Sholes die Tasten erstmals nicht mehr alphabetisch, sondern nach ergonomischen und mechanischen Gesichtspunkten an – ein großer Fortschritt. Allerdings war das Prinzip des Blindtippens noch nicht bekannt: Die Tastatur musste danach ausgerichtet sein, beim Suchvorgang die Tasten schnell zu finden. Obwohl also die QWERTY-Belegung beim heutigen Zehnfingersystem nicht auf effizientes Tippen ausgelegt ist, konnte sich doch nie einer der alternativen Belegvorschläge durchsetzen. Die Pfadabhängigkeit und die Kosten eines Pfadwechsels lagen zu hoch: So sind schließlich alle Schreibkräfte nach dem QWERTY-Layout ausgebildet und sämtliche Bürogeräte mit entsprechenden Tastaturen bestückt.

Im QWERTY-Beispiel lässt die Tatsache, dass sich bislang keiner der alternativen Vorschläge zur Tastenbelegung durchsetzen konnte, auf eine starke Pfadabhängigkeit schließen. Solch eine intensive Pfadabhängigkeit wurde lange Zeit auch für das deutsche System der umlagefinanzierten Rentenversicherung identifiziert. Umlageverfahren und Kapitaldeckungsverfahren bezeichnen zwei konträre Modi zur Finanzierung von Sozialversicherungen, insb. der Rentenversicherung. Bei einer Umlagefinanzierung werden die individuell entrichteten Rentenbeiträge nicht für die eigene Rente angespart, sondern unmittelbar für die jetzigen Leistungsempfänger ausgegeben. Wenn es entsprechend mehr Beitragszahler als Beitragsempfänger gibt, so können von diesen Überschüssen Rücklagen gebildet werden. Bei einer Kapitaldeckungsfinanzierung hingegen werden die Rentenbeiträge am Kapitalmarkt angelegt und die zukünftigen Rentenansprüche dann aus diesem individuell gesparten Geld entrichtet. Es wird deutlich, dass die Umlagefinanzierungen angesichts des demografischen Wandels spezifische Probleme aufweisen: Denn mit der alternden Bevölkerung sinkt der Anteil der Beitragszahler, während der Anteil der Beitragsempfänger zunimmt. Trotzdem wird ein Wechsel zu einem Kapitaldeckungsverfahren als schwierig erachtet, da in diesem Fall eine Generation von Versicherten doppelt belastet wäre. Denn diese Generation müsste nicht nur die im Umlageverfahren bereits erworbenen Ansprüche finanzieren, sondern gleichzeitig auch den Aufbau des Kapitalstocks für ihre eigene zukünftige Rente. Daher wurde das deutsche Rentensystem unter Pfadabhängigkeits-Theoretikern lange Zeit gern als Paradebeispiel für „institutionelle Trägheit" und „Reformunfähigkeit" aufgrund eines dereinst von Bismarck eingeschlagenen Pfads angeführt.

Gleichzeitig zeigt das Beispiel Rentensystem jedoch, wie Pfadwechsel einerseits theoretisch und andererseits empirisch-praktisch erfolgen können. Die demografischen Entwicklungen etwa, die in der Wissenschaft bereits seit Mitte der 1970er Jahre absehbar waren, rückten erst um die Jahrtausendwende ins politische Bewusstsein. Zu diesem Zeitpunkt allerdings hätte dann eine so genannte „critical juncture" erreicht werden können, d.h. eine „Weggabelung", an der entweder der alte Pfad beibehalten oder ein neuer Pfad eingeschlagen werden kann – in letzterem Fall also durch einen schlagartigen Wechsel auf ein Kapitaldeckungssystem. Tatsächlich zeugt jedoch die jüngere Entwicklung des deutschen Rentensystems davon, wie ein Pfadwechsel nicht nur durch einen plötzlich Pfadwechsel an der „Weggabelung", sondern durch für sich genommen kleinere, in ihrer Summe jedoch große Veränderungen bewirkt werden kann. Einen solchen Wandel bezeichnet man auch als inkrementell. Durch die Umstellung auf ein Drei-Säulen-System aus staatlicher, betrieblicher und privater Rente sowie auch die perspektivisch weiter abnehmende Bedeutung der staatlichen zugunsten der privaten, kapitalgedeckten Altersvorsorge kann von einem solchen graduellen Pfadwechsel gesprochen werden: Die Reformen haben die klassischen Prinzipien des Systems sukzessiv verändert (z.B. Hegelich 2006).

Politische Institutionen haben nur ein begrenztes Änderungspotenzial, aber im Idealfall auch die Fähigkeit zum „institutionellen Lernen". Institutionelles Lernen erfolgt, indem sich „eine Struktur ihrem Milieu, ein (Sub-)System seiner Umwelt adaptiert [...], jene Merkmale von Milieu und Umwelt [einprägt], welche für das Funktionieren und Existieren des Systems in seiner Umwelt notwendig sind" (Patzelt et al. o.J.).

Ein weiterer Punkt, der im Ländervergleich politischer Institutionen (auch im Hinblick auf effizientes Regieren) diskutiert wird, ist derjenige institutioneller Vetopunkte bzw. Vetospieler. Dieser theoretische Ansatz ist in Kapitel 2 im Rahmen der politisch-institutionalistischen Theorien bereits kurz angesprochen worden. Zur Erinnerung: Als Vetospieler bezeichnet Tsebelis (1995) all diejenigen Akteure, deren Zustimmung für einen Politikwechsel notwendig ist. Der sehr ähnliche Vetopunkte-Ansatz nach Immergut (1990) setzt etwas andere Schwerpunkte: Während Tsebelis zwischen institutionellen Akteuren und Parteien als den zwei Arten von Vetospielern unterscheidet, fokussiert Immergut auf formelle und informelle Verhaltensregeln. Einen institutionellen Vetopunkt stellt etwa das Verhältniswahlrecht dar. Während das Mehrheitswahlrecht wie in Großbritannien ein Zwei-Parteien-System begünstigt, bringt das Verhältniswahlrecht in aller Regel ein Mehrparteiensystem hervor. Entsprechend sind Regierungsentscheidungen in Systemen mit Verhältniswahlrecht fast immer von der Zustimmung mehrerer Koalitionspartner abhängig.

Die gemeinsame These der beiden theoretischen Ansätze ist, dass politischer Wandel umso schwieriger wird, je mehr institutionelle Vetopunkte bzw. -spieler in einem politischen System existieren. Vereinfacht gesagt: Vetospieler entscheiden über Reformierbarkeit oder Reformstau (Schmidt 2003). Man könnte den Vetopunktebegriff auch weiter fassen, indem nicht eine notwendige Zustimmung, sondern eine mögliche Ablehnung zur Definitionsgrundlage wird. Zum Beispiel besteht in vielen Ländern die Möglichkeit, durch Bürgerbegehren bzw. Referenden politische Entscheidungen zu blockieren, ohne dass dies als regulärer Bestandteil des Gesetzgebungsprozesses ausgestaltet wäre. In der Schweiz hingegen kann aufgrund eines festgelegten Verfahrens jedes vom Parlament beschlossene Gesetz nachträglich dem Volk zur Abstimmung vorgelegt werden. „Vox popoli" ist also ein klassischer Vetopunkt, der nicht selten auch eine „Bremse in der Hand des Volkes" ist.

Das „Policy-Making" findet demnach in einem institutionellen und strukturellen Rahmen statt, der sich heute, zumal im föderalistischen Deutschland, immer auch als „Mehrebenensystem" erweist. Dieser bereits aus der Organisationsforschung der 1970er Jahre stammende Begriff wird auch mit Föderalismus in Verbindung gebracht (Benz 2007: 297): Hier findet Politik eben nicht nur auf der zentralen, sondern auf mehreren Ebenen statt. Mehrebenensysteme „liegen also vor, wenn Befugnisse und Mittel zur Verwirklichung verbindlicher Entscheidungen auf territorial abgegrenzte, zentrale und dezentrale Organisationen aufgeteilt sind" (Benz 2007: 298). Allerdings, und auch dies ist mit dem Begriff Mehrebenensystem konnotiert, sind die Hierarchien zwischen diesen verschiedenen Ebenen nicht eindeutig abgrenzbar, sondern es kann immer wieder zu Kompetenzstreitigkeiten und zur sogenannten „Politikverflechtung" kommen (vgl. Scharpf et al. 1976). Mittlerweile wird auch häufig der aus der Europaforschung stammende Begriff *Multilevel Governance* benutzt, der dann stets auch die europäische (und internationale) Ebene, die dort angesiedelten Kompetenzen sowie die angewandten Regelungs- und Steuerungsmodi mit einschließt. Das folgende Schaubild stellt diese Zusammenhänge vereinfacht dar.

Schaubild 4-2: Mehrebenensystem

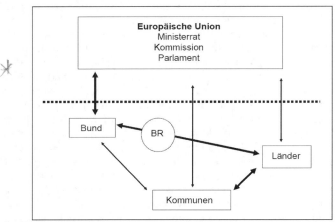

Quelle: Eigene Darstellung

Nachdem nun allgemein behandelt worden ist, was Institutionen und Strukturen sind und welche Funktionen sie erfüllen, stellt sich die Frage: Welche dieser Institutionen sind für die Policy-Analyse im Speziellen von Bedeutung? Diese Frage kann nicht allgemein beantwortet werden, sondern nur am konkreten Beispiel eines Politikfeldes oder eines politischen Prozesses. Daher sollen im Folgenden die institutionellen Grundlagen des Feldes Familienpolitik in Deutschland näher beleuchtet werden: Dieses Politikfeld eignet sich aufgrund seiner späten und vergleichsweise geringen Institutionalisierung sehr gut für diese Betrachtung. Dennoch hat die Auflistung nicht den Anspruch, abschließend zu sein, sondern soll Strukturen und Problematiken exemplarisch aufzeigen.

Zwar wurden bereits in der Zeit nach dem Ersten Weltkrieg und verstärkt in der Weimarer Republik familienpolitische Maßnahmen getroffen, den „Beginn einer förmlichen und expliziten Familienpolitik" (Wingen 2003) markiert jedoch erst das Jahr 1953 mit der institutionellen Neugründung des „Bundesministerium für Familienfragen". Die Gründung dieses Ministeriums war nicht unumstritten. Insbesondere der Münsteraner Soziologe Helmut Schelsky kritisierte die Bündelung eines so offensichtlich durch seinen Querschnittscharakter geprägten Politikfeldes: Die einzelnen familienpolitischen Belange könnten am sinnvollsten in den bereits dafür vorhandenen Ressorts bearbeitet werden; nicht in einem einzelnen Ministerium.

Unabhängig von dieser Frage betraf die Aufgabenbündelung im „Bundesministerium für Familienfragen" (dessen Bezeichnung und Ressortzuordnung über die Jahrzehnte oftmals gewechselt hat) nur die familienpolitischen Kompetenzen des *Bundes*. Daneben stellen auch die Bundesländer sowie die Kommunen institutionelle Akteure der deutschen Familienpolitik dar. Innerhalb dieses „Mehrebenensystems" obliegen zwar dem Bund die zentralen Kompetenzen zur familienpolitischen Gestaltung. Die Länder können jedoch, neben ihrer Zuständigkeit für den Vollzug der Bundesgesetze, auch selbst ergänzende Familienleistungen verabschieden und dadurch eigene familienpolitische Akzente und Anreize schaffen. Zum Beispiel zahlt Thüringen bereits ein solches „Betreuungsgeld" aus, wie es für die umstrittene Einführung auf Bundesebene ab 2013 geplant ist. Außerdem verfügen die Länder über weiter reichende Kompetenzen auf anderen Feldern, welche die Familienpolitik tangieren bzw. Schnittmengen mit dieser aufweisen (z.B. Bildungspolitik). Auch die Städte und Kommunen stellen wichtige institutionelle Akteure der Familienpolitik dar. Nicht nur sind sie für den gesamten Bereich der Jugendhilfe und des Erziehungswesens zuständig. Über ihren Querschnittscharakter ist die Familienpolitik auch in hohem Maße von den kommunalen Vollzugsaufgaben, z.B. der Siedlungsplanung, der Wohnumfeldgestaltung oder der Schul-, Sport- und Kulturpolitik betroffen (vgl. Gerlach 2004: 125). Innerhalb des Mehrebenensystems muss aber auch die EU, vielleicht in zunehmendem Maße, als familienpolitischer Akteur betrachtet werden: Innerhalb ihres rechtlichen Kompetenzrahmens wird sie familienpolitisch vor allem über das Instrument der Richtlinien aktiv. Darüber hinaus sucht sie jedoch auch über „weiche Instrumente", also Politikempfehlungen und *Best-Practice*-Vorgaben im Rahmen der so genannten Offenen Methode der Koordinierung, die Familienpolitiken ihrer Mitgliedsstaaten zu beeinflussen.

Eine wichtige institutionelle Voraussetzung der deutschen Familienpolitik ist der durch Art. 6 des Grundgesetzes garantierte besondere staatliche Schutz von „Ehe und Familie". Dieser Grundsatz geht verfassungsgeschichtlich auf den Ehe- und Familienschutz-Artikel 119 der Weimarer Reichsverfassung zurück. Da er innerhalb des Grundgesetzes nicht weiter konkretisiert wurde, blieb eine nähere inhaltliche Auslegung allerdings den Gerichten vorbehalten (vgl. Joosten 1990: 18). Auch heute zeigt sich noch, dass die familienpolitische Gesetzgebung (z.B. zum neuen Unterhaltsrecht) häufig erst durch Richterspruch eine konkrete Auslegung erfährt. Die traditionell hohe Bedeutung der Gesetzgebung sowie die familienpolitischen Entscheidungen des Bundesverfassungsgerichtes bilden somit eine wichtige institutionelle Voraussetzung für die Entwicklung der Familienpolitik in Deutschland (vgl. Bahle 1998: 23).

Weiterhin unterliegt die Familienpolitik als Bereich der Sozialpolitik auch deren grundsätzlichen Gestaltungsprinzipien und Finanzierungsformen (Dienel 2002: 35). Die aus Beiträgen finanzierten, lohnabhängigen Sozialversicherungssysteme wurden unter Bismarck eingeführt, um gegen die industriellen Standardrisiken Alter, Arbeitsunfähigkeit, Krankheit und (später) Arbeitslosigkeit abzusichern. Sie sind bis heute stark erwerbsarbeitszentriert, während Familienkomponenten erst um die Jahrhundertwende in Form von abgeleiteten Rechten hinzugefügt wurden (Bahle 1998), z.B. durch die kostenlose Mitversicherung von Familienangehörigen in der Krankenversicherung oder durch die Hinterbliebenenrente. Erst sehr viel später, nämlich (mit Ausnahme des ab 1954 gezahlten Kindergeldes) seit den 1970er Jahren, kam es zur Einführung eigenständiger, universaler Familienleistungen. Zu diesem Zeitpunkt waren die Kernprinzipien des deutschen Wohlfahrtsstaates bereits ausgestaltet: Dies wird allerdings auch als ein Grund angesehen, weshalb Familienpolitik eine relativ schwache institutionelle Position innerhalb des deutschen Wohlfahrtsstaates einnimmt (Bahle 1998; vgl. Clasen 2005).

Durch die Verknüpfung mit dem Sozialstaatsprinzip, aber auch den zuvor genannten Grundrechtsbezug durch Art. 6 ist Familienpolitik in erster Linie durch den Bund geprägt (Gerlach 2004: 124). Und hier ist vor allem das Bundesministerium für Familie, Senioren, Frauen und Jugend – so die heutige Ressortzuordnung – als institutioneller Akteur zu nennen. Von einem anfangs noch sehr kleinen Ministerium mit mehr als knapper Finanzzuweisung hat sich das Familienministerium mittlerweile nicht nur zu einem etablierten Ressort entwickelt (Wingen 2003). Spätestens Ursula von der Leyen, aber auch einige ihrer Vorgänger als Familienminister wie Heiner Geißler oder Rita Süssmuth, verfügen auch über ein hohes Standing innerhalb der Riege der Bundesminister. Dem Bundesministerium steht der Wissenschaftliche Beirat für Familienfragen mit seinen (sozial-)wissenschaftlichen Expertisen beratend zur Seite. Außerdem wurde bereits 1965 das Instrument der „Familienberichte" durch einen Beschluss des Bundestages institutionalisiert, um in regelmäßigen Abständen Handlungsbedarf und Steuerungswege für die Familienpolitik aufzuzeigen (Gerlach 2004: 143).

Die politischen Parteien haben nach Art. 21 des Grundgesetzes die wichtige Aufgabe, „bei der politischen Willensbildung des Volkes mit" zu wirken. Die beiden großen politischen Parteien vertreten traditionell sehr konträre familienpolitische Vorstellungen und Interessen, so dass die jeweilige Regierungsbeteiligung von SPD und CDU/CSU in der Vergangenheit stets unterschiedliche familienpolitische Schwerpunktsetzungen nach sich gezogen hat. Die Familienpolitik der „C-Parteien" zeugte in sehr viel stärkerem Maße von der hohen Bedeutung der Christdemokratie für die Entwicklung der Familienpolitik (vgl. Bahle 1998: 22), z.B. durch die Befolgung des Subsidiaritätsprinzips. Das aus der katholischen Sozialllehre entstammende Subsidiaritätsprinzip, das die Eigenverantwortlichkeit von Familie betont, zeigt sich auch institutionell verankert in Art. 6 Abs. 2 des Grundgesetzes, wo es heißt: „Pflege und Erziehung sind das natürliche Recht der Eltern und die zuvörderst ihnen obliegende Pflicht." Zum anderen zeigt sich der Einfluss der Christdemokratie auch in der Konzeption des Familienlastenausgleichs als ein nicht vertikal, sondern horizontal umverteilendes und damit statuserhaltendes System (vgl. Bahle 1998: 22). In den vergangenen Jahren jedoch haben sich bezüglich der einst so deutlich prononcierten Parteiunterschiede in der Familienpolitik einige Änderungen vollzogen. Auch wenn Differenzen nach wie vor zu erkennen sind: Spätestens mit dem Jahr 2002 haben alle Bundestagsparteien familienpolitische „Grundsatzprogramme verfasst, die sich in ihren

Zielen nur noch punktuell voneinander unterscheiden" (Gerlach 2004: 132). Bezüglich weiterer *Akteure* der deutschen Familienpolitik müsste die Aufzählung an dieser Stelle noch fortgesetzt und bspw. auch die Verbände der freien Wohlfahrtspflege, Arbeitgeber und Gewerkschaften, die Familienverbände oder, vor allem in jüngerer Zeit, auch Unternehmen als Bereitsteller familienpolitischer Leistungen (insb. Kinderbetreuung) betrachtet werden. Bei diesen Akteuren handelt es sich jedoch nicht um *institutionelle* Akteure, so dass sie an dieser Stelle ausgeblendet bleiben.

Nach der bereits besprochenen Annahme einer generellen „Pfadabhängigkeit" werden grundlegende politische Veränderungen durch institutionelle Rahmenbedingungen blockiert. Insbesondere für Deutschland ist aufgrund gehemmter, auf Konfliktvermeidung zielender Entscheidungskulturen sowie starker systemischer Vetopunkte die sozialpolitische Reformfähigkeit als äußerst begrenzt konstatiert worden (vgl. Lamping/Schridde 2004: 40). Die Familienpolitik macht allerdings gegenüber den anderen sozialpolitischen Bereichen eine Ausnahme: In diesem Politikfeld sei die Anzahl der Vetospieler erstaunlich niedrig (vgl. Clasen 2005). Dementsprechend jedoch generell auf eine geringe Zahl von Vetomöglichkeiten in familienpolitischen Prozessen zu schließen, wäre voreilig. Zum einen verfügen die Bundesländer über die Strukturen des deutschen Föderalismus, namentlich den Bundesrat, über hohe Einfluss- und auch Blockademöglichkeiten innerhalb der familienpolitischen Entscheidungsprozesse. Dadurch haben sich die Strukturen des föderalen Systems auch immer wieder gestaltend, hemmend oder fördernd auf familienpolitische Entscheidungen ausgewirkt. Und zum anderen hat sich auch das bereits oben angesprochene Bundesverfassungsgericht als immer einflussreicherer institutioneller Spieler in der Familienpolitik erwiesen.

Insbesondere mit Bezug auf Art. 6 des Grundgesetzes, der Ehe und Familie unter den Schutz des Staates stellt, aber auch auf andere (Grund-)Rechte, ist das Bundesverfassungsgericht wiederholt familienpolitisch aktiv geworden. Zwei dieser Fälle sollen hier exemplarisch genannt werden. Eine sehr frühe Entscheidung mit bis heute anhaltenden Folgen fällte das Verfassungsgericht 1957 bezüglich der Familienbesteuerung: Mit Bezug auf Art. 6 erklärte es die bis dahin durchgeführte steuerliche Zusammenveranlagung von Ehepartnern als verfassungswidrig. Denn hiernach wurden unverheiratete Partner nicht zusammen veranlagt; mussten also weniger Steuern zahlen als verheiratete Paare. Das auf diesen Entscheid hin und seit 1958 angewendete „Ehegattensplitting" wurde seither kontrovers diskutiert und wiederholt Pläne zu seiner Abschaffung in die politischen Debatten eingebracht. Dennoch ist bis heute unklar, ob eine einfache Abschaffung des „Splitting-Vorteils" verfassungskonform ginge.

Ein weiteres Beispiel stellen die Urteile des Bundesverfassungsgerichts zum Familienlastenausgleich insbesondere in den 1990er Jahren dar. Besonders stark diskutiert wurden die Urteile vom 10. und 24. November 1998, in denen die (höhere) steuerliche Freistellung des Betreuungs- und Erziehungsbedarfs für Kinder gefordert wurde. Diese Urteile setzten auch öffentliche Diskussionen über die grundsätzlichen Befugnisse des Gerichts in Gang. Weithin war die Meinung zu hören, das Gericht habe seine Grenzen gegenüber dem Gesetzgeber überschritten; allerdings: „Angesichts der Tatsache, dass eine Realisierung durch die Politik [...] verzögert oder verkürzt geschah [...] können wir also die Tätigkeit des Bundesverfassungsgerichts als notwendiges Korrektiv einer nicht immer am Ziel der Gerechtigkeit orientierten Demokratie verstehen" (Gerlach 2000).

Damit ist das Ende des kleinen „Exkurses" zu Institutionen und Strukturen der deutschen Familienpolitik erreicht. Es sollte exemplarisch Antwort auf die Frage gegeben werden, welche Institutionen für die Policy-Analyse von Bedeutung sind. Für die Familienpolitik hat sich gezeigt, dass so unterschiedliche Institutionen und Ordnungen ausschlaggebend sein können wie die Politikgestaltung innerhalb eines föderalistischen Mehrebenensystems, die „Pfadabhängigkeiten" innerhalb der grundsätzlichen Gestaltungsräume der Sozialversicherungssysteme oder auch die nachhaltige Prägung durch christdemokratische Normen wie das Subsidiaritätsprinzip. Aus einer Makro-Perspektive heraus sind Institutionen und Strukturen die unabhängigen Variablen, die wir zur Beantwortung unserer Fragestellungen – z.B. wie kam die spezifische Ausgestaltung der „familienpolitischen Leistung x" zustande – heranziehen müssen. Dem sollte, nun einer akteurzentrierten Meso-Perspektive folgend, nochmals entgegengestellt werden, dass die (in diesem Fall familien-)politischen Akteure über einen hohen Gestaltungsspielraum *innerhalb* dieser Strukturen verfügen; dass sie es letztlich sind, die über die „spezifische Ausgestaltung der familienpolitischen Leistung x" entscheiden und somit immer *auch* auf ihr Handeln und ihre Interessen fokussiert werden muss.

An den für das Politikfeld Familie exemplarisch beschriebenen Strukturen und Institutionen ist bereits eine Problematik angeklungen, die auch als „zentrales Polity-Dilemma" (van Waarden 2009: 297) bezeichnet wird: Auf der einen Seite muss politische Macht gebündelt und gestärkt werden, um Handlungsfähigkeit zu erhalten. Und auf der anderen Seite muss politische Macht immer auch begrenzt und kontrolliert werden. Am föderalistischen Staatsaufbau offenbart sich diese Problematik besonders eindrücklich: Zum einen ist etwa im Bereich des Umweltschutzes das Prinzip der vertikalen Gewaltenteilung auch insofern sinnvoll, als viele Umweltprobleme auf lokaler und regionaler Ebene am wirksamsten bekämpft werden können. Zum anderen braucht es einheitliche Programme und Vorgaben des Bundes sowie auch Nationen übergreifender Institutionen oder Abkommen – Umweltprobleme machen schließlich weder an Länder- noch an Nationengrenzen halt. So zeigt sich gerade im Bereich der Umweltpolitik eine fortschreitende Internationalisierung politischer Institutionen.

Innerhalb dieser internationalen Regime nimmt die Europäische Union einen besonderen Stellenwert ein. Auch wenn die EU sicherlich (noch?) keinen Bundesstaat darstellt, so verfügt sie doch bereits über eine eigene Staatlichkeit und eine eigene politische Trias aus Exekutive (Kommission), Legislative (Parlament, Rat der Europäischen Union) und Judikative (Gerichtshof). Besonders weit fortgeschritten ist die Europäisierung in sogenannten regulativen Politikfeldern, also z.B. im Umweltschutz, der Produktsicherheit oder dem Verbraucherschutz (Schneider/Janning 2006: 219). Dies soll im Folgenden am Beispiel der Umweltpolitik veranschaulicht werden.

Die Basis der europäischen Zusammenarbeit im Umweltbereich wurde in ersten Sondierungsgesprächen 1972 gelegt. Mit der Zeit wurde die Umweltpolitik zu einem immer größeren Rechtsetzungsgebiet der Europäischen Union. In Art. 174 des Vertrags von Amsterdam wurden drei Prinzipien festgelegt, welche seither die Umweltpolitik in der EU strukturell prägen: Die Grundsätze der Vorsorge und Vorbeugung, das Verursacherprinzip sowie der Grundsatz, Umweltbeeinträchtigungen mit Vorrang an ihrem Ursprung zu bekämpfen. An dieser Prinzipientrias müssen sich alle Mittel, die zur Erfüllung der Gemeinschaftsaufgabe Umweltschutz in den Mitgliedsstaaten eingesetzt werden, ausrichten. Der Grundsatz, Umweltbeeinträchtigungen dort zu bekämpfen, wo sie entstehen, wird am Bereich der Abfallwirtschaft deutlich. Jede Gemeinde oder Region muss die Aufbereitung und

Beseitigung ihrer Abfälle selbst sicherstellen – auf Ebene des deutschen Mitgliedsstaates wurde dieser Grundsatz in Art. 10 des Kreislaufwirtschafts- und Abfallgesetzes implementiert: „Abfälle sind im Inland zu beseitigen." Somit wurde durch diesen strukturellen Grundsatz die Tatsache wirksam bekämpft, dass Abfälle häufig quer durch die Mitgliedsstaaten oder über deren Grenzen hinaus transportiert und am Zielort beseitigt wurden. Denn im Umweltbereich hat europäisches Recht Vorrang vor innerstaatlichem Recht: Nationales Recht, das nicht mit europäischem Recht im Einklang steht, wird außer Kraft gesetzt. Die politischen Institutionen des europäischen Primärrechts sowie die Sekundärrecht setzenden Organe Europäische Kommission, Europäisches Parlament und Rat der Europäischen Union greifen hier also auf die mitgliedsstaatliche Ebene durch.

Gemäß dem Faktum, dass grenzüberschreitende Umweltprobleme wie der Klimawandel auch nur in grenzüberschreitender Zusammenarbeit angegangen werden können, ist neben der Europäisierung auch die Internationalisierung des Politikfeldes gestiegen. Es existieren internationale politische Institutionen wie insbesondere die Vereinten Nationen, die mit ihrer 1992 auf dem Gipfeltreffen in Rio de Janeiro verabschiedeten Klimarahmenkonvention die Umweltpolitik der Mitgliedsstaaten entscheidend geprägt haben. Das Klimasekretariat mit Sitz in Bonn war mit an der Erarbeitung des 1997 beschlossenen Kyoto-Protokolls beteiligt. Im Rahmen der Umsetzung des Kyoto-Protokolls wiederum startete in der Europäischen Union 2005 der Emissionshandel. „Dem Welt-Klima ist es egal, wo Treibhausgase eingespart werden", so der ehemalige Bundesumweltminister Jürgen Trittin zu diesem Handel mit Verschmutzungsrechten.

Wenn wir von diesem Beispiel aus abschließend zu dem Hauptanspruch der Politikfeldanalyse zurückkehren, nämlich die abhängige Variable Policy unter Zuhilfenahme der unabhängigen Variablen Politics und Polity zu erklären, so wird deutlich, dass auch internationale politische Institutionen nicht vernachlässigt werden dürfen. Ohne Beachtung der politischen Institutionen Vereinte Nationen, Klimarahmenkonvention sowie Europäische Union könnte im obigen Beispiel die Entstehung des Emissionshandels als umweltpolitisches Instrument in Deutschland nicht erklärt werden.

4.3 Steuerungsinstrumente

Der vorangegangene Abschnitt war den Institutionen gewidmet, die Akteure in ihrem politischen Handeln strukturieren, beeinflussen und begrenzen. Zuvor wurde diskutiert, welche politischen Akteure ihre Interessen auf verschiedenen Wegen durchzusetzen suchen. Häufig werden auf einem Politikfeld (mehr oder weniger) konkrete Defizite identifiziert wie beispielsweise: „Wir müssen das Rentensystem für den demografischen Wandel zukunftsfähig machen!" Oft werden auch den auf diesem Feld bestehenden Politiken negative Wirkungen attestiert: „Die Anreize zur Frühverrentung kann sich unser Rentensystem nicht mehr leisten. Sie müssen beseitigt und das Renteneintrittsalter muss erhöht werden!" Das gewählte Beispiel zeigt, dass zumeist kein „objektiver Problemdruck" existiert, sondern die Eigenheiten eines konstatierten Problems, die entsprechend zu erreichenden Ziele und einzusetzenden Instrumente stets von politischen Wertungen und Erfahrungen abhängen. So wurde in der Frühverrentung lange Zeit ein adäquates Mittel zur Entlastung des strapazierten Arbeitsmarktes gesehen. Heute hat sich aufgrund anderer Überzeugungen und gemachter Erfahrungen eine andere Wertung durchgesetzt. Für uns ist es wichtig zu wissen, dass es stets spezifischer Programme und Steuerungsinstrumente bedarf, um konkrete politische Ziele zu erreichen.

In der politisch-administrativen Praxis wird nicht systematisch zwischen Programm und Instrument unterschieden, sondern beide Begriffe mitunter synonym verwendet. In der Politikfeldanalyse hingegen hat es sich durchgesetzt, politische Programme in einem Ziele, Mittel und Wege einschließenden – kurz in einem umfassenderen Sinne zu verstehen. Idealtypisch umfassen Programme vier Elemente (vgl. Jann 1981: 49): In einem ersten Schritt wird die *Ausgangslage* politisch definiert. Dazu werden Probleme benannt, die einer politischen Bearbeitung bedürfen. Im *Lösungsteil* werden die durch das Programm avisierten Ziele genauer definiert. Im *Wirkungsteil* wird eine Einschätzung der Auswirkungen vorgenommen, die durch das Programm beabsichtigt und freigesetzt werden. Und schließlich werden im *Durchführungsteil* die konkreten Institutionen, die zur Durchführung des Programms eingesetzt werden, aufgestellt. Die Praxis hat gezeigt, dass diese vier Elemente in keiner durchgängig temporalen bzw. chronologischen Ordnung stehen. So zeigt die Wirkungs- und Durchführungsphase in aller Regel auch Einfluss und Rückwirkungen auf die

Ausgangs- oder die Lösungsphase. Zum Beispiel können durch das Programm freigesetzte, unter Umständen nicht intendierte Wirkungen wiederum zu anderen Einschätzungen der Problemlage führen. Auf die Komplexität der Phasen politischer Programmdurchführung wird im folgenden Kapitel zum Policy-Cycle noch ausführlich eingegangen.

Zuvor wollen wir uns mit den konkreten Instrumenten beschäftigen, die politischen Entscheidungsträgern zum Erreichen ihrer Ziele zur Verfügung stehen. Ein Instrument ist das konkrete operative Mittel, das innerhalb eines Programms verwendet wird. Steuerungsinstrumente sind nach einer sich hieran anschließenden Definition sämtliche Möglichkeiten, das Verhalten der beteiligten Akteure so zu *beeinflussen*, dass die gewünschten politischen Ziele erreicht werden (vgl. Jann 1981: 60). Wie die folgende Tabelle zeigt, dienen Steuerungsinstrumente nicht immer dazu, gesellschaftliches Handeln bzw. andere Akteure zu beeinflussen oder zu lenken: Der Staat erfüllt eine große Anzahl von politischen Zielen selbst, indem er wichtige Güter oder Dienstleistungen öffentlich bereitstellt.

Schaubild 4-3: Steuerungsinstrumente

Sicherstellung wichtiger öffentlicher Güter und Ressourcen	Beeinflussung gesellschaftlichen Handelns			
	Direkte Steuerung		Indirekte Steuerung	
	Regulative Politik	Finanzierung	Regulierung	Überzeugung

Quelle: für unsere Zwecke leicht veränderte Darstellung nach Braun/Giraud 2009: 164

Betrachten wir nun diejenigen Instrumente, die auf die Beeinflussung des im weiteren Sinne gesellschaftlichen Handelns zielen, genauer. Als erstes braucht es immer ein Problem, das bearbeitet werden soll. Anhand des exemplarischen Problems „Getränkedosen" sollen im Folgenden die zur Verfügung stehenden Steuerungsinstrumente durchgegangen werden.

Wenn sich innerhalb der Regierung aufgrund eines gestiegenen Umweltbewusstseins die Erkenntnis durchsetzt, dass die überall verstreuten Getränkedosen ein zu lösendes politisches Problem darstellen, so ist damit noch nichts über das eingesetzte Instrument gesagt.

Die Entscheidung könnte auf eine Medienkampagne fallen, mit der die Getränkekonsumenten auf die umweltschädlichen Wirkungen von Aludosen hingewiesen werden. Es könnte ebenfalls versucht werden, in Gesprächen und Verhandlungen die Getränkeindustrie von einem umweltfreundlicheren Verpackungsmaterial zu überzeugen. Wenn dies gelänge, könnte sich die Getränkeindustrie die freiwillige Selbstverpflichtung auferlegen, z.B. mindestens 70% ihrer Getränke in umweltfreundlichen Verpackungen wie Tetra-Pak oder Mehrwegflaschen feilzubieten. Käme die Industrie dann dieser Selbstverpflichtung nicht nach oder glaubte die Regierung von Beginn an nicht an die Wirkung einer solchen, so könnte die Einführung eines Zwangspfands auf umweltschädliche Einwegverpackungen ein gangbarer Weg sein. Ein zur Bearbeitung ausgewähltes politisches Problem verlangt also nicht nur die Wahl des „richtigen Lösungsweges", sondern auch des „richtigen Instruments". Wie auch bezüglich der Probleme und Lösungen, so gibt es auch für die Wahl der Instrumente keine objektive „Richtigkeit". Vielmehr erscheinen, wie in der Modewelt, bestimmte Instrumente gerade *en vogue*, während sie in einigen Jahren vielleicht aufgrund negativer Erfahrungen wieder aus der Mode sein werden. In Bezug auf den Umweltbereich hatten etwa freiwillige Selbstverpflichtungen seitens der Industrie in den 1990er Jahren Hochkonjunktur. Je häufiger jedoch diesen Selbstverpflichtungen nicht nachgekommen wurde, desto stärker wurde von diesem Steuerungsinstrument Abstand genommen (Pehle 2006).

Eine Klassifizierung von Steuerungsinstrumenten sieht sich mit einigen Schwierigkeiten konfrontiert, denn: „The variety of instruments available to policy-makers to address a policy problem is limited only by their imaginations" (Howlett/Ramesh 2003: 88). Außerdem sind die Grenzen zwischen der Vielzahl von zur Verfügung stehenden Instrumenten oft fließend; eine entsprechende Abgrenzung voneinander entsprechend schwierig. Und nicht zuletzt werden Policy-Instrumente häufig miteinander gemischt und gekoppelt, etwa um die freigesetzte Wirkung zu erhöhen. Um bei dem oben genannten Beispiel zu bleiben, wird z.B. sowohl eine Medienkampagne zur umweltbewussteren Verpackungswahl der Verbraucher gestartet, als auch in Gespräche mit der Getränkeindustrie eingetreten sowie gleichzeitig Subventionen für die Wahl umweltfreundlicher Getränkeverpackungen gewährt. Obwohl also eine sinnvolle Kategorisierung von Steuerungsinstrumenten schwierig erscheint, sind wiederholt Versuche hierzu unternommen worden (z.B. Lowi 1985; Schubert 1991; Howlett/ Ramesh 2003). Dies ist für die Politikfeldanalyse als heuristisches Instrument sehr sinnvoll, darf aber nicht darüber hinwegtäuschen, dass derartige Kategorisierungen in der politischen Praxis oft problematisch sind.

Kommen wir auf die in Schaubild 4-3 dargestellte Kategorisierung von Steuerungsinstrumenten zurück: Neben der durch den Staat selbst wahrgenommenen Bereitstellung von wichtigen öffentlichen Gütern und Ressourcen gibt es solche Instrumente, die auf eine Beeinflussung des gesellschaftlichen Handelns zielen. Hier kann wiederum eine erste Unterscheidung zwischen direkter und indirekter Steuerung getroffen werden: „Der Staat kann entweder auf Zwang zurückgreifen oder auf verschiedene Arten von Anreiz und indirekter Lenkung" (Braun/Giraud 2009: 164). In unserem obigen Beispiel wäre also das Zwangspfand ein direktes Instrument, die Kampagne zum Kauf umweltfreundlicher Verpackungsmaterialen hingegen ein indirektes Instrument. Denn bei letzterem verbleibt trotz entsprechender Anreize die freie Wahl beim Verbraucher. Nach Schubert (1991: 172 ff.) kann neben der direkten (1) Regulierung weiterhin zwischen den indirekten Steuerungsinstrumenten der (2) Überzeugung und der (3) Finanzierung differenziert werden. Im Folgenden werden diese drei Typen von Steuerungsinstrumenten im Detail behandelt und anschließend mit der Governance-Debatte auf die Frage eingegangen, inwieweit der Staat (noch) über Fähigkeiten zur Steuerung verfügt.

Regulierung
Regulierung bezieht sich hier auf die bürokratisch-rechtlichen Kompensations- und Steuerungsleistungen des Staates in den modernen Industrie- und Wohlfahrtsstaaten. Spezifisch sind alle Arten von rechtlich gesetzten Vorschriften, Geboten, Verboten, Verordnungen, Erlassen etc. gemeint. Auch Regeln, Normen oder Standards dienen regulativen Zielen, z.B. einzuhaltende Umweltstandards bei der industriellen Produktion. Das Instrument der Regulierung hat den Vorteil, wenig zeit- und kostenintensiv zu sein – allerdings zeigen sich auch Grenzen seiner Steuerungsfähigkeit. Um zum Beispiel zurückzukommen: Selbstverständlich war es auch vor Einführung des Dosenpfandes verboten, Getränkeverpackungen in die Landschaft zu werfen anstatt diese ordnungsgerecht zu entsorgen. Diese Vorschrift nützte der Umwelt jedoch wenig. Dies zeigt, dass die geringen Kosten in der Verab-

schiedung regulativer Instrumente durch die hohen Kosten in deren Überwachung wieder ausgeglichen werden (vgl. Braun/Giraud 2009: 167): Das abweichende Verhalten müsste geortet werden, um sanktioniert werden zu können. Solch eine Überwachung scheint allerdings beim unerlaubten Wegwerfen von Getränkedosen schlechterdings unmöglich. Nun hat das Zwangspfand auf Einwegverpackungen – auch wiederum eine Form der Regulierung – zumindest für ein verbessertes Landschaftsbild gesorgt. Sein Hauptziel jedoch, nämlich die Mehrwegquoten deutlich zu erhöhen, hat es verfehlt: Nach einer vorübergehenden Abnahme der Einwegquoten sind diese nun wieder deutlich auf dem Vormarsch. Worin auch immer die Gründe hierfür liegen mögen (genannt werden z.B. Quersubventionierungen hin zu Einweg seitens der Discounter oder Gewöhnungseffekte bei den Kunden): Die Grenzen der Lenkungswirkung des Instruments Regulierung werden hier deutlich. Diskutiert wird im Zusammenhang mit dem Steuerungsinstrument daher auch die zunehmende Verrechtlichung vieler Politikfelder in modernen Wohlfahrtsstaaten sowie Versuche der Entrechtlichung, also der Reduzierung negativer Folgen von Verrechtlichungstendenzen (Schubert 1991: 177). Entrechtlichung – häufig auch als Deregulierung bezeichnet – kann z.B. dadurch erfolgen, dass Gesetze mit einem Verfallsdatum versehen werden.

Überzeugung
Überzeugung ist das aktive Bemühen, andere – Personen, Gruppen, Organisationen – dazu zu bewegen, sich einer vorgegebenen Meinung oder Absicht anzuschließen. In dieser allgemeinen Form ist Überzeugung sicher das wichtigste Element politischer Gestaltung. Und das zentrale Medium des Instruments Überzeugung ist allgemein betrachtet Information. Denn Informationen werden als Mittel genutzt, um andere für die eigene Meinung zu gewinnen. Überzeugungsinstrumente können jedoch neben der Information noch auf andere Steuerungsressourcen zurückgreifen, nämlich absteigend nach dem Grad der Freiwilligkeit auf politische Werbung, Appell, Agitation (oder Propaganda) und Zwang. Immer häufiger wird hierzu auch auf wissenschaftliche Studien oder Expertisen zurückgegriffen (vgl. Braun/Giraud 2009: 167). So sollen etwa mit dem Forschungsbericht des Beratungsunternehmens Prognos-AG („Betriebswirtschaftliche Effekte familienfreundlicher Maßnahmen") die Wirtschaftsunternehmen zu mehr

Familienfreundlichkeit (flexible Arbeitszeiten, Betriebskindergärten etc.) bewegt werden.

Schaubild 4-4: Überzeugung von Werbung bis Zwang

Quelle: Eigene Darstellung

Die Anwendung von Zwang stellt in westlichen Demokratien einen seltenen Grenzfall politischer Steuerung dar: Dennoch gilt auch hier das Gewaltmonopol des Staates, d.h. ausschließlich staatliche Organe sind zur Anwendung physischer Gewalt berechtigt. Es kann allerdings Anlass zur Diskussion sein, ob Zwang tatsächlich dem Steuerungsinstrument der *Überzeugung* dient. Ein wichtiges Beispiel für informationelle Überzeugungsinstrumente sind schließlich auch öffentlich geförderte Kampagnen, wie etwa die Fortsetzung von „Du bist Deutschland" für eine kinder- und familienfreundlichere Gesellschaft.

Finanzierung

Das Steuerungsinstrument der Finanzierung kann in eine Einnahme- und eine Ausgabenseite differenziert werden (Schubert 1991: 178). Staatliche Einnahmen bestehen aus Steuern und Abgaben, z.B. Einkommenssteuer, Mehrwertsteuer, Kraftfahrzeugsteuer oder Hundesteuer. Steuern können erhoben werden, um eine bestimmte Lenkungswirkung zu erzielen. Die so genannte Alkopopsteuer verfolgt etwa das Ziel, dem frühen und übermäßigen Alkoholkonsum von Jugendlichen entgegenzuwirken. Auf der staatlichen Ausgabenseite kann zwischen Subventionen und Transferleistungen unterschieden werden. Subventionen sind finanzielle Zuwendungen des Staates, die zweckgebunden an bestimmte Branchen oder Regionen gezahlt werden, um deren Funktion oder die Funktion einzelner Unternehmen zu unterstützen. Als Transferleistungen bezeichnet man die zweckgebundene Zuweisung öffentlicher Mittel an private Haushalte oder Personen. Einerseits sollen Transferleistungen unterschiedliche Lebenslagen und Lebenschancen aus- und angleichen; andererseits stellen sie auch ein sozial- und gesellschaftspolitisches Steuerungsinstrument dar. So dient z.B. das Elterngeld auch dem gesellschaftspolitischen Ziel, den Negativtrend der Geburtenrate positiv zu beeinflussen.

Dieser knappe Überblick zeigt die Vielfalt und Breite der zur Verfügung stehenden Steuerungsinstrumente. Die Entscheidung, welche Instrumente jeweils mit welchen Zielen eingesetzt werden, prägt den politischen Stil der jeweiligen Regierungen. Bestimmte Instrumente sind *en vogue*, andere hingegen aus der Mode gekommen. Insgesamt zeigt sich mit zunehmenden finanziellen Problemen der modernen Wohlfahrtsstaaten ein höherer Stellenwert regulativer Instrumente (Schubert 1991: 183). Wie wir gesehen haben, ist der Einsatz der jeweiligen Instrumente immer mit spezifischen Schwierigkeiten verbunden. Das folgende Schaubild zeigt die verschiedenen Steuerungsinstrumente, ihre Wirkungen und Problematiken noch einmal in der Übersicht.

Schaubild 4-5: Wirkungsweise von Steuerungsinstrumenten

Instrument	Regulierung	Finanzierung	Strukturierung	Überzeugung
Ressource	Macht	Finanzmittel	Anreiz	Information
Wirkung	Zwang → Befolgung	Kosten-Nutzen-Kalkül → Vor-/ Nachteil	Verhaltensangebot → Reaktion	Wissen → Motivation
Beispiel	Umweltstandards	Kulturförderung	Selbsthilfeeinrichtung	Warnhinweise auf Verpackungen
Problematik	Kontrolle Fehlende Sanktionsmöglichkeit	Kontrolle Kosten Mitnahmeeffekte soziale Ungleichheit	Kosten Bedarfseinschätzung	Desinteresse Lernvermögen

Quelle: Görlitz/Burth 1998: 32, eigene Veränderungen/Ergänzungen (mit Henrik Harms)

Nachdem der Begriff der Steuerungsinstrumente definiert, eine mögliche Kategorisierung dieser operativen Mittel vorgestellt und exemplarisch veranschaulicht wurde, soll sich nun abschließend der Frage zugewendet werden, inwieweit denn Politik tatsächlich die Fähigkeit zur „Steuerung" hat. Hierbei soll weniger versucht werden, eine Antwort auf diese komplexe Frage zu finden, als einen kurzen Überblick über die Hauptmerkmale der entsprechenden Debatte zu geben.

Die Governance-Debatte
Der Begriff Steuerung wird häufig in die englischen Termini *Government* und *Governance* unterteilt. Unter *Government* wird dabei (wie das englische Wort bereits vermuten lässt) das Steuerungshandeln von Regierung und staatlicher Verwaltung verstanden (vgl. Braun/ Giraud 2009: 161). *Governance* hingegen bezeichnet allgemein die Steuerung und Regelung von Systemen (z.B. Organisationen, Gemeinden, Staaten). Der Begriff ist also weiter gefasst, wird häufig aber auch als Abgrenzung zu *Government* verwendet, indem die Lenkungsformen nicht-staatlicher Akteure aus Privatwirtschaft (z.B. Global-Player-Konzerne) und dem Dritten Sektor (z.B. gemeinnützige Unternehmen) in den Mittelpunkt gestellt werden. Über das Konzept des *Global Governance* treten insbesondere auch die Steuerungspotenziale der internationalen Akteure hervor (z.B. Europäische Union, Vereinte Nationen oder internationale Nichtregierungsorganisationen).

Nicht selten steht der Begriff *Governance* „in Verbindung mit Debatten über den angeblichen Niedergang oder die Transformation des Nationalstaates" (Benz 2007: 339). Die Rede ist dann von „Denationalisierung" (Zürn 1998) oder gar vom „Ende des Nationalstaates" (Kenichi 1995): Es wird häufig argumentiert, dass die Hauptelemente des modernen Nationalstaates, nämlich die Kongruenz von Staatsgebiet, Staatsvolk und Staatsgewalt, nicht mehr besteht. Natürlich sind diese drei Elemente nach wie vor definiert, z.B. endet das Staatsgebiet an der so genannten Kármán-Linie in 100 Kilometer Höhe – darüber beginnt der Weltraum. Das Staatsgebiet ist außerdem der Raum, für den die Staatsgewalt des jeweiligen Nationalstaates gilt. Art. 20 Abs. 2 des deutschen Grundgesetzes bindet diese wiederum an das Staatsvolk: „Alle Staatsgewalt geht vom Volke aus. Sie wird vom Volke in Wahlen und Abstimmungen und durch besondere Organe der Gesetzgebung, der vollziehenden Gewalt und der Rechtsprechung ausgeübt." Die drei Elemente bauen also aufeinander auf und sollten eigentlich eine Einheit bilden. Andererseits ist diese Einheit jedoch immer weniger gegeben: So existiert keine Kongruenz von Staatsgebiet und Staatsgewalt, da z.B. auch die Europäische Union in vielen Bereichen über direktes Durchgriffsrecht auf die Nationalstaaten verfügt: Wenn die Europäische Union eine Richtlinie zum Pflanzenschutz erlässt, wird widersprechendes nationales Recht nicht mehr anwendbar.

So schreibt etwa Zürn, durch die Kongruenz von sozialen und politischen Räumen sei „eine wichtige Voraussetzung für die Fähigkeit zum Regieren erfüllt" (Zürn 1998: 58) gewesen. Und nun, da diese Kongruenz immer wenig gegeben ist, wird auch die Fähigkeit zum Regieren zunehmend angezweifelt. Es existieren gemeinhin vier Sichtweisen über die Zukunft des Nationalstaates (vgl. Messner 1998): Erstens das bereits oben erwähnte Szenario des nahenden Abschieds vom Nationalstaat; zweitens der Nationalstaat als weiterhin zentraler Ort der Politik bei generellem Verlust politischer Steuerungsfähigkeit; drittens zunehmender Multilateralismus als Antwort auf die Globalisierung und die Herausforderungen des Nationalstaates; sowie viertens die Transformation der Politik in eine Global-Governance-Architektur. Im folgenden Infokasten werden Literaturtipps für die weitere Beschäftigung mit dieser spannenden Debatte gegeben. Im Rahmen unserer Diskussion über Steuerungsinstrumente soll es vorerst ausreichen zu sagen, dass das erste und vierte Szenario auf absehbare Zukunft unrealistisch erscheinen. Nach wie vor ist nationalstaatliches Government die entscheidende politische Ebene. Steuerungsprobleme und zunehmende Internationalisierung jedoch sind deutlich ersichtlich.

> **Infokasten 4-6: Literaturtipps zur Governance-Debatte**
>
> Eine gute Einführung in das Thema bietet das „Handbuch Governance" (Benz et al. 2007): Zu wichtigen Stichwörtern wie *Politischer Wettbewerb*, *Netzwerktheorien* oder *Local Governance* liefern hier verschiedene Autoren kurze und fundierte Kapitel. Zur weiteren Vertiefung ist das ebenfalls von Benz herausgegebene Einführungsbuch „Governance – Regieren in komplexen Regelsystemen" (2003) zu empfehlen. Trends, Wirkungen und Akteure der Globalisierung nimmt das englischsprachige „Governance in a Globalizing World" (Nye/Donahue 2000) unter die Lupe. Die oben bereits erwähnten Bücher von Zürn (1998) und Messner (1998) gehören mittlerweile zu Standardwerken in der Diskussion. Natürlich können an dieser Stelle nur einige wenige Literaturtipps ausgewählt werden – der Fundus ist enorm und enthält viele weitere empfehlenswerte Werke. Die ausführlichen Angaben zu unseren Literaturtipps finden sich hinten im Literaturverzeichnis.

4.4 Fallbeispiel: Akteure, Institutionen und Instrumente der Umweltpolitik

Mit diesem Fallbeispiel sollen die Inhalte dieses Kapitels – politische Akteure, Institutionen und Strukturen, Prozesse und Konflikte – anhand eines ausgewählten Politikfeldes veranschaulicht werden. Der Bereich Umweltpolitik scheint uns hierfür aus mehreren Gründen gut geeignet zu sein. Zum einen handelt es sich um ein Politikfeld, das zwar in einzelnen Bereichen auf sehr weit reichende Traditionen zurückblickt: Bereits im Mittelalter gab es etwa Vorschriften zur Gewässerreinhaltung. Als eigenständiges Politikfeld wurde der Umweltschutz jedoch erst sehr spät, nämlich in den 1970er Jahren verankert. Seither haben sich sowohl bei Akteuren, Institutionen wie auch Instrumenten der Umweltpolitik weit reichende Veränderungen vollzogen, die im Verlauf dieses Fallbeispiels nachvollzogen werden. Und nicht zuletzt trägt das Politikfeld in besonderem Maße der Erkenntnis Rechnung, dass Umweltschäden grenzüberschreitende Gefahren darstellen, die daher auch nur in grenzüberschreitender Zusammenarbeit behandelt werden können. Globalisierungs- wie auch Europäisierungstrends lassen sich daher in besonderem Maße konstatieren. Um diesen sich wandelnden Charakter des Feldes nachzuvollziehen, werden im Folgenden die Akteure, Institutionen und Instrumente in verschiedenen Phasen der umweltpolitischen Entwicklung (vgl. Jänicke et al. 2003: 34) behandelt.

Institutionalisierung des Politikfeldes seit den 1970er Jahren
Im Jahr 1971 verabschiedete die deutsche Bundesregierung ihr erstes Umweltprogramm, das den Begriff Umweltpolitik wie folgt definierte: „Umweltpolitik ist die Gesamtheit aller Maßnahmen, die notwendig sind, um dem Menschen eine Umwelt zu sichern, wie er sie für seine Gesundheit und für ein menschenwürdiges Dasein braucht, um Boden, Luft und Wasser, Pflanzen- und Tierwelt vor nachteiligen Wirkungen menschlicher Eingriffe zu schützen und um Schäden und Nachteile aus menschlichen Eingriffen zu beseitigen." Diese Definition ist einerseits recht umfassend (vgl. Simonis 2001: 520), indem die bis heute wesentlichen Umweltgüter sowie die Tier- und Pflanzenwelt vor Nachteilen aus menschlichen Eingriffen geschützt werden sollen. Andererseits weist die Definition, wie im Verlauf des Fallbeispieles noch deutlich werden wird, aus heutiger Sicht mehrere Schwachstellen auf. Zum

einen geht sie von einem anthropozentrischen Standpunkt aus: In erster Linie soll *dem Menschen* eine lebensnotwendige Umwelt gesichert werden und weniger wird die Natur selbst als schützenswert beschrieben. Zum anderen weist die Definition einen eher reaktiven denn präventiven Charakter auf, obgleich das erste Umweltprogramm bereits die bis heute gültige Prinzipientrias aus Vorsorge-, Kooperations- und Verursacherprinzip enthielt.

Institutionalisiert wurde das neue Politikfeld zu Beginn der 1970er Jahre durch die Einrichtung eines Kabinettsausschusses für Umweltfragen sowie mehrerer Beratungs- und Koordinierungsgremien, wie z.B. das Umweltbundesamt (1974). Auch das rechtliche Instrumentarium wurde durch Gesetzgebungen wie das Benzin-Blei-Gesetz (1971) oder das Abfallbeseitigungsgesetz (1972) rasch ausgebaut (vgl. Simonis 2001: 521). Innerhalb des föderalistischen Systems zeichnete sich hier bereits eine Stärkung der Bundeskompetenz ab, die durch Ausweitung der konkurrierenden Gesetzgebung auf die Bereiche Luftreinhaltung, Lärmbekämpfung und Abfallbeseitigung auch institutionell festgeschrieben wurde. Die Bundeskompetenzen im Bereich der Umweltpolitik wurden über die Jahre sukzessiv ausgedehnt.

Diese Kompetenzverschiebungen, wie auch mitunter auftretende Kompetenzunklarheiten sind Ausdruck des spezifisch föderalen Strukturprinzips der deutschen Umweltpolitik. Während der Bund in den oben genannten Bereichen zuständig ist, kann er in anderen (z.B. Landschaftspflege, Wasserhaushalt) lediglich Rahmenvorschriften setzen (Jänicke et al. 2003: 39). Diese Rahmenvorschriften werden dann von den Bundesländern umgesetzt und ausgeführt. Daneben steht den Bundesländern auch der Bundesrat als Ort offen, wo sie auf die umweltpolitischen Gesetzgebungsprozesse Einfluss auszuüben vermögen. Mit Bund und Ländern sind jedoch erst zwei Ebenen im komplexen „Mehrebenensystem" des deutschen Föderalismus genannt. Über ihre Selbstverwaltungsgarantie verfügen auf unterer Ebene auch die Kommunen über bestimmte umweltpolitische Kompetenzen, z.B. in der Wasser- und Energieversorgung, der Abfallentsorgung oder dem Verkehrsbereich (vgl. Jänicke et al. 2003: 40). Und auf der höheren Ebene sind gerade im Umweltbereich die Verantwortlichkeiten der Europäischen Union mittlerweile stark ausgebaut. Somit gilt es – auch im Verlauf dieses Fallbeispieles – zu beachten, dass der Föderalismus als institutionelles Prinzip seit der Institutionalisierung des

Politikfeldes eine stark strukturierende Wirkung auf die Entwicklung der deutschen Umweltpolitik ausübt.

Bezüglich der umweltpolitisch aktiven Akteure mag es überraschen, dass „die Initiative zur Gestaltung dieses neuen Politikfeldes nicht von außerparlamentarischen Kräften [ausging], sondern vom politischen System selbst" (Jänicke et al. 2003: 30): Die Bundesregierung war hier eindeutiger Initiator des umweltpolitischen Agenda Settings, während die Umweltbewegung erst im Verlauf der 1970er Jahre (und anfangs noch mit staatlicher Förderung) zu einem Motor der Umweltpolitik aufstieg. In der ersten umweltpolitischen Phase blieben also die relevanten Akteure weitgehend auf staatliche Institutionen beschränkt. In den westlichen Industrienationen war mit fortschreitender Industrialisierung die Belastung der Umweltgüter enorm gestiegen, ohne dass entsprechende Umweltschutzmaßnahmen ergriffen worden wären. Zu Beginn der 1970er Jahre war nun der Problemdruck offensichtlich so angestiegen, dass alle Industrienationen aktiv wurden. Die USA, Schweden und Japan nahmen hierbei eine Vorreiterrolle ein (vgl. Kern et al. 2003: 10).

Das umweltpolitische Instrumentarium blieb in dieser ersten Phase stark auf regulative Steuerungsinstrumente beschränkt. Stellvertretend hierfür stehen die bereits oben angesprochenen Gesetzgebungen sowie auch das Bundes-Immissionsschutzgesetz (1974). Diese Rechtsinstrumentarien waren überwiegend medial ausgerichtet, d.h. sie bezogen sich auf bestimmte Umweltmedien wie Boden oder Luft und suchten diese regulativ zu schützen (vgl. Jänicke et al. 2003: 31). Auf diesem Gebiet wurde die Umweltpolitik dann auch bis Mitte der 1970er Jahre rasch und stark ausgebaut, während andere Bereiche vorerst unterversorgt blieben. Teilweise zeigten sich in einer frühen Phase (insb. 1950er Jahre) sogar nachteilige Effekte durch umweltpolitische Maßnahmen, wie sie beispielhaft die sogenannte „Politik der hohen Schornsteine" aufwies: In industriestarken Regionen wurden die Industrieschornsteine schlichtweg höher gebaut, um die Luftqualität dieser Gegenden zu verbessern. Dies wurde auch in Ansätzen erreicht – allerdings zu dem hohen Preis, dass sich die Luftqualität in industriefernen Gebieten deutlich verschlechterte.

Bis Anfang der 1980er Jahre setzte aufgrund der Öl- und Wirtschaftskrisen eine deutliche Tempoverlangsamung der umweltpolitischen Entwicklung ein. Auf der einen Seite sahen sich die Regierungen starken Sparprogrammen verpflichtet und auf der anderen Seite sollte die Industrie auch nicht durch Umweltauflagen weiter belastet werden. Gleichzeitig nahm die Bedeutung der außerparlamentarischen Umweltbewegung fortwährend zu (vgl. Jänicke et al. 2003: 34). Mit Beginn der 1980er Jahre stellten nun Umweltverbände wie BUND oder Greenpeace zentrale Akteure für die umweltpolitische Entwicklung dar. Diese komplexen Akteure weisen heute mit mehr als vier Millionen Mitgliedern einen hohen Organisationsgrad auf (Simonis 2001: 521) und profitieren teilweise davon, im oben beschriebenen Sinne konzentrierte Interessen zu vertreten. Ähnliches gilt für die Umweltbewegung im weiteren Sinne als kollektiver Akteur. So gelangt es bspw. den Badisch-Elsässischen Bürgerinitiativen, einem Zusammenschluss aus 21 einzelnen Umweltbewegungen, Mitte der 1970er Jahre den Bau eines geplanten Atomkraftwerkes in Wyhl zu verhindern.

1983 betrat dann mit dem erstmaligen Bundestagseinzug der Grünen auch ein korporativer Akteur die große politische Bühne. Die übrigen Parteien sahen sich damit einer neuen thematischen Konkurrenz gegenüber. In der Folge akzentuierten auch sie das Thema Umwelt in ihren Programmen immer deutlicher. Vor diesem Hintergrund kam es in den 1980er Jahren zu einem erheblichen umweltpolitischen Ausbau (Jänicke et al. 2003: 36). Dies lag eben zum einen an der Stärke der neu hinzu gekommenen umweltpolitischen Akteure. Zum anderen traten aber auch insbesondere mit dem so genannten Waldsterben Umweltschäden immer deutlicher zu Tage. Im ersten Waldzustandsbericht wurde 1984 rund ein Drittel des Waldes für krank befunden. Das auch als Waldschadensbericht bezeichnete Beobachtungsinstrument wird seither jährlich eingesetzt. In Reaktion auf die Reaktorkatastrophe von Tschernobyl kam es dann mit Einrichtung des Bundesministeriums für Umwelt, Naturschutz und Reaktorsicherheit 1986 zur zentralen Institutionalisierung des Politikfeldes, zumal davon ausgegangen werden kann, dass mit der Einrichtung eines eigenständigen Ministeriums in der Regel auch ein Legitimitäts- und Bedeutungsgewinn zu verzeichnen ist. Dennoch war die Einrichtung des Umweltministeriums nicht unumstritten: Der Bereich des Umweltschutzes ist eine klassische Querschnittsmaterie, dem *alle* Ministerien in ihrer Politikgestaltung Rechnung zu tragen haben. Mit der Einrichtung eines eigenen Ministeriums kann daher auch die Sorge verbunden sein, dass der zuständige Minister fortan aus Politikprozessen ausgeschlossen und bspw. gegenüber dem Wirtschaftsminister benachteiligt sein kann.

In den kommenden Jahren zeigte sich jedoch eine enorme umweltpolitische Ausbauorientierung, so dass Deutschland insbesondere in der Amtszeit von Umweltminister Klaus Töpfer (1987-1994) zum internationalen Vorreiter in einigen umweltpolitischen Bereichen wurde (vgl. Simonis 2001: 521). Ausdruck dieser pionierartigen Entwicklung waren insbesondere die Großfeuerungsanlagen-Verordnung sowie die TA Luft (Technische Anleitung zur Reinhaltung der Luft). Ingesamt zeigt sich somit auf der instrumentellen Ebene nach wie vor der deutliche Vorrang regulativer, ordnungsrechtlicher Steuerungsinstrumente. Nicht zuletzt veränderten sich jedoch in der zweiten Hälfte der 1980er Jahre das Verhältnis und die Auseinandersetzungsprozesse zwischen den beteiligten Akteuren. Bislang waren umweltpolitische Regulationen in aller Regel gegen den Widerstand der betroffenen Wirtschafts- und Industriesektoren von staatlicher Seite durchgesetzt worden. Mit wachsendem Widerstand der Betroffenen zeichnete sich nun ein Übergang zu eher dialogorientierten Politikformen und damit auch einem Wandel in den verwendeten Steuerungsinstrumenten ab (vgl. Jänicke et al. 2003: 41).

Die Umweltpolitik vor der Jahrtausendwende
An früherer Stelle haben wir Steuerungsinstrumente definiert als alle Möglichkeiten, das Verhalten der beteiligten Akteure so zu beeinflussen, dass die gewünschten Ziele erreicht werden (vgl. Jann 1981: 60). Der Ausgangspunkt sind also die erwünschten Ziele – sie entscheiden zwar nicht automatisch über die zu wählenden Instrumente, aber zwischen beiden Punkten existieren starke Zusammenhänge. In der umweltpolitischen Institutionalisierungs- und Konsolidierungsphase Deutschlands stellte das Ordnungsrecht auch deshalb ein so vorrangiges und auch erfolgreiches Instrument dar, weil die Ziele zu weiten Teilen auf die nachrangige Bekämpfung bereits eingetretener Umweltschäden beschränkt blieben. Diese Zielsetzungen begannen sich um das Jahr 1990 grundlegend zu verändern.

Unter den Expertengremien nehmen neben dem Sachverständigenrat für Umweltfragen oder der Umweltministerkonferenz der Länder auch Enquete-Kommissionen des Bundestages eine wichtige Akteursrolle ein. 1987 setzte der Bundestag nun eine Enquete-Kommission zur Klimaschutzpolitik ein, die auch im internationalen Vergleich zu äußerst ehrgeizigen Zielen fand: Zwischen 1990 und 2005 sollten die CO_2-Emissionen um 25% reduziert werden. Seit 1992, als die

Brundtland-Kommission auf dem UN-Gipfel in Rio de Janeiro ihren Bericht darlegte, ist „Nachhaltige Entwicklung" das Leitbild der internationalen Umweltpolitik. Die Brundtland-Kommission definierte diese als „Entwicklung, die Bedürfnisse der Gegenwart befriedigt, ohne zu riskieren, dass künftige Generationen ihre eigenen Bedürfnisse nicht befriedigen können". Mit diesem starken Rückenwind kam es zur zunehmenden Erweiterung des reaktiven Umweltschutzes hin zu einer Strategie der präventiven ökologischen Modernisierung (Jänicke et al. 2003: 36).

Die Prozesse zeichneten sich daraufhin durch eine stärkere Dialog- und Netzwerkorientierung, auch unter Beteiligung der Umweltverbände, aus (Jänicke et al. 2003: 36). Auf der instrumentellen Ebene traten Steuerungsinstrumente der Finanzierung wie auch der Überzeugung neben regulative Maßnahmen. Ein typisches Beispiel hierfür bildet die Verpackungsverordnung von 1991: Die Bundesregierung hätte hier die Möglichkeit gehabt, Rücknahmepflichten von Verpackungsmaterialien für die Industrie festzulegen. Diese ordnungsrechtliche Maßnahme hätte klar der Instrumententradition der früheren, umweltpolitischen Institutionalisierungsphase entsprochen. Stattdessen stimmte die Regierung der Selbstregulierung durch das private Duale System zu, das seither den „Grünen Punkt" als Markenzeichen für Verkaufsverpackungen anwendet. Ein weiteres Beispiel liefert das Stromeinspeisegesetz (1991), in dessen Rahmen Mindestquoten für nachhaltige Energien festgelegt und somit verstärkte Anreize für technologische Modernisierung gesetzt wurden. Durch diesen Ausbau der Umweltindustrie gewann die Umweltpolitik auch neue Akteure hinzu – die Wirtschaft kann als Akteur ab nun nicht mehr generell als einheitlicher Gegner umweltpolitischer Maßnahmen gesehen werden: Mit einer wachsenden Zahl von Beschäftigten und einem hohen Exportvolumen ist der Umweltschutz in Deutschland zu einem beachtlichen Wirtschaftssektor geworden (Simonis 2001: 521).

Nachdem im Schatten der Wiedervereinigung Überregulierung und Investitionshemmnisse der deutschen Umweltpolitik kritisiert worden waren, begann man verstärkt auf kooperativ erzielte, freiwillige Selbstverpflichtungen der Industrie zu setzen (Pehle 2006). Diese waren jedoch nicht selten zum Scheitern verurteilt: Nach der Liberalisierung der Strom- und Gasversorgung für ganz Deutschland durch das Energiewirtschaftsgesetz von 1998 etwa lagen die Nutzungsentgelte bis zu 50% über denen anderer europäischer Staaten (Pehle 2006) –

der erhoffte Wettbewerb schien nicht zu funktionieren. So zeigt die Einrichtung der Bundesnetzagentur im Jahr 2005 die Schwachstellen dieses Steuerungsinstruments der Überzeugung, das in diesen Fällen ähnlich der Regulation nur durch Kontrolle oder Sanktionsandrohung ‚zieht'.

Im Zeichen der Wiedervereinigung, der hiermit verbundenen Kosten und spätestens nach der Bundestagswahl von 1994, kam es dann zu einer „erneuten Verlangsamung des umweltpolitischen Tempos" (Jänicke et al. 2003: 36). Deutschland fiel somit zu Mitte der 1990er Jahre im internationalen Vergleich zurück und wurde insbesondere im Hinblick auf die Umsetzung europäischer Richtlinien als umweltpolitischer Nachzügler kritisiert. Beispielhaft hierfür war die so genannte Flora-Fauna-Habitat-Richtlinie, die 1992 von der Europäischen Union beschlossen wurde. Vier Jahre zuvor war die Richtlinie im Europäischen Rat sogar unter deutschem Vorsitz entwickelt worden, doch zur Umsetzung kam es erst 1998 im Rahmen der Novelle des Bundesnaturschutzgesetzes. Zu diesem Zeitpunkt hatte der Europäische Gerichtshof bereits ein diesbezügliches Urteil gegen Deutschland erlassen. Dennoch wurden die Inhalte der Richtlinie offenbar nur unzureichend implementiert – 2006 sprach der Europäische Gerichtshof erneut ein Urteil wegen fehlender EU-Rechtskonformität gegen Deutschland aus. Dies alles steht beispielhaft für die nachlassenden umweltpolitischen Bestrebungen Deutschlands während dieser Phase.

Die Umweltpolitik im neuen Jahrtausend
Mit Amtsantritt der ersten rot-grünen Bundesregierung im Jahr 1998 wurde ein neuerlicher Aufschwung in der Umweltpolitik erwartet. Nachdem die umweltpolitische Entwicklung unter dem Eindruck der Wiedervereinigung und deren Kosten in den letzten Jahren ins Stocken gekommen war, verbanden viele nun große Hoffnungen mit den Grünen als der ersten „Öko-Partei", die sich auf Bundesebene in der Regierungsverantwortung beweisen konnte. Diese Hoffnungen wurden auch weitgehend erfüllt – in einigen Bereichen jedoch auch nachhaltig enttäuscht. Als Meilenstein der rot-grünen Umweltpolitik ist der bereits im Koalitionsvertrag festgehaltene Atomausstieg zu nennen, der nach zähen Verhandlungen schließlich durchgesetzt wurde. Nicht nur im Atomausstieg, sondern in der Energiepolitik insgesamt lag ein Schwerpunkt rot-grüner Umweltpolitik begründet. Das Erneuerbare-Energien-Gesetz (2000) führte zu einem Boom bei den regenerativen

Energieträgern, diente anderen Ländern als Vorbild und setzte Anreize für technische Innovationen (Kern et al. 2003). Ein weiteres wichtiges Element in dieser Strategie bildete die ökologische Steuerreform. Die ökologische Steuerreform steht stellvertretend für ein neues bzw. unter Rot-Grün verstärkt angewandtes marktwirtschaftliches Instrumentarium in der Umweltpolitik. Ein weiteres Beispiel hierfür liefert der Emissionshandel. Diesen Handel mit Verschmutzungsrechten starte auch die EU ab 2005, um damit ihr Kyoto-Ziel von insgesamt 8% weniger CO_2-Emissionen zwischen 2008 und 2012 im Vergleich zu 1990 zu erreichen. Dergleichen auf technische Innovationsanreize und ökologische Modernisierung setzende, marktwirtschaftliche Instrumente zeigen einen deutlichen Wandel in den Steuerungsinstrumenten auf. Von dem durch freiwillige Selbstverpflichtungen geprägten, konsensorientierten Stil der Vorgängerregierung wurde hingegen unter Rot-Grün weitgehend Abstand genommen (Pehle 2006). Nicht zuletzt waren Selbstverpflichtungen der Industrie (z.B. zu Mehrwegquoten, Altautos) wiederholt gescheitert und hatten das Vertrauen in die Steuerungskraft dieses Instruments diskreditiert.

Auch die ehrgeizigen Ziele des Klimaschutzprogramms von 1990 wurden fortgeführt – nunmehr im Rahmen des Kyoto-Protokolls. Das angegebene Ziel von 25% weniger CO_2-Emissionen von 1990 bis 2005 wurde beinahe erreicht. Im Klimaschutzbereich zeigte sich jedoch wiederholt eine gewisse „Pfadabhängigkeit" der ökologischen Modernisierung (Jänicke et al. 2002) – dies ist der deutsche Erfolgspfad in der Umweltpolitik. An umweltfreundlichen Mobilitätskonzepten im Verkehrsbereich mangelte es indes, so dass dessen Anteil an den CO_2-Emissionen zwischen 1990 und 2005 von 17% auf 21% anstieg (Kern et al. 2003). So wird die Verkehrspolitik als Manko rot-grüner Umweltpolitik bezeichnet: Der Bundesverkehrswegeplan (2003) sieht etwa ein Rekordniveau von Investitionen in den Straßenbau vor, während die Fördermittel für den Schienenverkehr zurückfielen.

Auch erwies sich der Bundesrat vermehrt als innerpolitische Hürde für umweltpolitische Fortschritte, z.B. wurde vor allem dort die Umsetzung der europäischen Flora-Fauna-Habitat-Richtlinie blockiert. In einem Gutachten aus dem Jahr 2004 übte der Rat von Sachverständigen für Umweltfragen eine „Föderalismusschelte" und sprach sich nachdrücklich für eine Stärkung der Bundeskompetenzen in diesem Bereich aus. Die Föderalismusreform von 2006 hat dieser Kritik jedoch nur teilweise entsprochen: Nach wie vor sind zwei Drittel der vom

Bund erlassenen Gesetze zustimmungspflichtig im Bundesrat. Auch in Zeiten der rot-grünen Koalition herrschte lange eine andere Mehrheit im Bundesrat, was die Politikgestaltung mitunter erschwerte. Diese institutionelle Hürde kann daher als ein Grund dafür gelten, weshalb in der zweiten Legislaturperiode allgemein eine Tempoverlangsamung der Umweltpolitik konstatiert wurde. Es existieren neben der Kompetenzverteilung im Mehrebenensystem noch weitere strukturelle Hemmnisse: Während einige umweltpolitische Bereiche bei der Bevölkerung äußerst populär sind, fehlt es in anderen (z.B. Flächenverbrauch) immens an öffentlicher Unterstützung (Jänicke et al. 2002). In Bereichen wie der anhaltenden Kohleförderung oder der fehlenden Besteuerung von Flugkerosin, zeigt sich der Einfluss starker Verursacherinteressen.

Mit dem Antritt der Großen Koalition 2005 waren aufgrund der stark gegensätzlichen Positionen von CDU/CSU und SPD in zahlreichen umweltpolitischen Belangen eher verhaltene Perspektiven verbunden. Legt man diese negative Einschätzung zugrunde, so ist die Umweltpolitik der Großen Koalition bislang eher von einer überraschenden Kontinuität mit der Vorgängerregierung geprägt. Einige umstrittene Themen – wie etwa der Atomausstieg – wurden mit dem Koalitionsvertrag vorerst auf Eis gelegt; um dann jedoch spätestens 2008 mit den enormen Steigerungen der Energiepreise aufzubrechen und den in den vergangenen Jahren etablierten Begriff eines „Atomkonsenses" zum Ausstieg zu unterhöhlen. Als einer der umweltpolitischen Erfolgsbereiche, der weiterhin Kontinuität wahrt, kann sicherlich die Klimaschutz- und Energiepolitik betrachtet werden. Hierzu dürfte der enorme Rückenwind des „Klimaschutzjahres" 2007 nicht unwesentlich beigetragen haben. Die düsteren Prognosen des Klimaberichts der Vereinten Nationen sorgten für hohe mediale und öffentliche Themenaufmerksamkeit – nicht zuletzt auch im Rahmen der Live-Earth-Konzerte. Dem gegenüber stand jedoch eine teils harsche Kritik an anderen Bereichen der Energiepolitik, die bspw. EU-Umweltkommissar Stavros Dimas an Deutschland übte: Eine Studie des WWF fand etwa heraus, dass sechs der zehn klimaschädlichsten Kohlekraftwerke Europas in Deutschland stehen.

> **Infokasten 4-7: Live-Earth-Konzerte**
>
> In Reaktion auf den globalen UN-Klimabericht und in Anlehnung an die Live-Aid- (1985) bzw. Live-8-Konzerte (2005) organisierten der ehemalige US-Vizepräsident Al Gore und Musikproduzent Kevin Wall am 7. Juli 2007 das größte Benefizkonzert aller Zeiten. Durch die Live-Earth-Konzerte, die auf allen sieben Kontinenten insgesamt 24 Stunden lang ausgetragen wurden, sollte die öffentliche Aufmerksamkeit für das Thema Klimaschutz erhöht und, so die Hoffnung Gores, eine neue Umweltbewegung gestartet werden. Zwischen den Auftritten wurden auf den Leinwänden Klimaschutztipps ausgestrahlt – dem gegenüber gerieten allerdings die hohen CO_2-Emissionen in die Kritik, welche durch die Konzerte und mehr als drei Millionen Besucher selbst ausgestoßen wurden. Zu den ohne Gage auftretenden Künstlern gehörten Bon Jovi (USA), Shakira (Hamburg) und Madonna (London), die sogar einen eigens komponierten Klimaschutzsong, „Hey you", präsentierte. Unser Filmtipp zum Thema: Al Gores Klimafilm „Eine unbequeme Wahrheit".

Mit diesem Ausblick stellt sich auch die Frage: Ist Deutschland eigentlich ein umweltpolitischer Pionier? Insgesamt stellt Deutschland mit seiner Umweltpolitik sicher eine der erfolgreicheren Industrienationen dar. Allerdings hat die deutsche Umweltpolitik auch eine bereits oben angesprochene Pfadabhängigkeit entwickelt: Wie Martin Jänicke (Jänicke et al. 2002) überzeugend argumentiert, ist der deutsche Erfolgsweg die ökologische Modernisierung. So ist es relativ gut gelungen, der Industrie Anreize für Innovationen, eine schadstoffärmere und insgesamt umweltfreundlichere Produktion zu geben. In nicht wenigen Bereichen jedoch ist dieser Pfad unanwendbar. Die deutsche Umweltpolitik kann mit diesem Weg überall dort erfolgreich sein, wo technische Lösungen (vom Filter bis zum effizienteren Kraftwerk) gefunden werden *können*. Wo hingegen strukturelle Änderungen (ob bei Verkehrsträgern, Siedlungsformen oder Lebensstilen) gefragt sind (Jänicke et al. 2002) – dort versagt dieser Erfolgsweg.

5 Prozesse – Der Policy-Cycle

In diesem Kapitel wird mit dem Policy-Cycle das wohl am häufigsten angewandte und einflussreichste Modell der Politikfeldanalyse behandelt. Dies soll einerseits Auskunft darüber geben, wie sich politische Prozesse sinnvoll untersuchen und analysieren lassen. Andererseits wollen wir uns über das Phasenmodell hinausgehend dem Ablauf und den Dynamiken politischer Prozesse zuwenden. Das vorangehende Kapitel hat hierzu bereits wesentlich beigetragen: In Kapitel 4.1 wurde diskutiert, welche Akteure ihre Interessen wie in politischen Auseinandersetzungen durchzusetzen suchen. In Kapitel 4.2 wurde besprochen, wie Strukturen und Institutionen die Politics-Dimension und die letztlich auf Politikfeldern erzielten Ergebnisse zu prägen vermögen. Und schließlich wurde in Kapitel 4.3 der Versuch unternommen, eine überschaubare Typologisierung von Instrumenten aufzustellen, die der Politik für Steuerungsziele zur Verfügung stehen. Dies gilt es im Verlauf dieses Kapitels stets mitzudenken, wenn entsprechende Bezugnahmen auf vorab diskutierte Begriffe erfolgen.

Der Policy-Cycle, dies sei gleich zu Beginn gesagt, ist ein heuristischer Orientierungsrahmen. In der Mathematik kommen Heuristiken zum Einsatz, um möglichst schnell und mit geringem Rechenaufwand eine Lösung zu erzielen. Dabei ist es zulässig, Schätzwerte, Faustregeln oder anderweitige Hilfsmittel einzusetzen, so dass das Ergebnis zwar keine optimale, aber eine hilfreiche Lösung für behandelte Probleme darstellt. Ähnlich verhält es sich mit dem Phasenmodell der Politiksetzung: Als Heuristik bietet es die Möglichkeit, zielgerichtet Erkenntnisse über politische Prozesse zu gewinnen. Gleichzeitig lassen sich die einzelnen Phasen eben nur innerhalb der Heuristik so klar voneinander abgrenzen: In der politischen Praxis nehmen sie mitunter andere Reihenfolgen ein, es kommt zu Überlappungen oder gar zum Wegfall einzelner Phasen (insb. Sabatier 2007). Den heuristischen Charakter des Policy-Cycle gilt es daher bei seiner Anwendung stets zu beachten; auch um die politische Empirie nicht stur in ein theoretisches Gehäuse zu pressen, sondern offensiv mit beobachteten Abweichungen vom idealtypischen Phasenmodell umzugehen.

Ausgangspunkt des Policy-Cycle ist dennoch die Beobachtung gewesen, dass politische Prozesse und Maßnahmen bestimmte typische Stadien durchlaufen (Jänicke et al. 2003: 53). Am Anfang steht häufig ein spezifisches politisches Problem oder Defizite, die auf einem (bestehenden) Politikfeld ausgemacht werden. Politische oder gesellschaftliche Akteure suchen dann – ihren jeweiligen Interessen entsprechend – das Problem zu thematisieren und auf der politischen Agenda zu verankern. Um das Problem lösen zu können, müssen daraufhin Policies formuliert, also konkrete Programme und Steuerungsinstrumente entwickelt werden. Ob diese angedachten Politiken tatsächlich gefahren werden, ist von den Phasen der politischen Entscheidung sowie der Implementierung durch Politik und Verwaltung abhängig. Schließlich sollte es zur Evaluierung der gewählten Policies kommen sowie daraufhin entweder zur Neuformulierung oder zur Terminierung des Politiksetzungsprozesses. Das folgende Schaubild zeigt die idealtypische, kreisförmige Anordnung dieser einzelnen Phasen.

Schaubild 5-1: Der Policy-Cycle

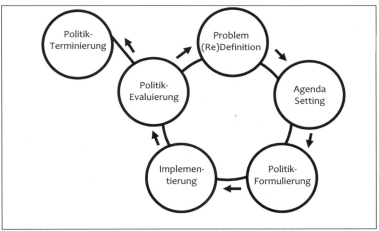

Quelle: Jann/Wegrich 2009

Die hier dargestellte Variante des Phasenmodells nach frühen Lehrbüchern von Jones (1970) und Anderson (1975) hat sich mittlerweile als die Gebräuchlichste durchgesetzt. Daneben existieren jedoch weitere Modelldarstellungen mit stets leichten Variationen. Es gibt keine Vorschriften für die Einteilung der Sequenzen oder Phasen. Die einfachste Darstellung ist eine Dreiteilung, z.B. Politikinitiierung – Politikdurchführung – Politikbeendigung (Schubert 1991: 69). Eine andere Dreiteilung macht als Hauptphasen wiederum Problemdefinition, Programmformulierung und Implementierung aus (Schneider/Janning 2006: 50). Im ersten unternommenen Versuch zur Untergliederung des Politiksetzungsprozesses identifizierte Harold Lasswell (1956) sieben sequentielle Phasen. Lasswell verfolgte nicht nur den Anspruch zu erklären, wie öffentliche Politik gemacht wird, sondern auch herauszustellen, wie sie gemacht werden *sollte* (Howlett/Ramesh 2003: 12). Seine im folgenden Infokasten vorgestellte Einteilung kann jedoch aus heutiger Sicht nicht ganz überzeugen (vgl. Jann/Wegrich 2009: 77): Insbesondere die Verortung der Politikevaluierung *nach* der Prozessbeendigung widerspricht Lasswells eigenem Gestaltungs- und Beratungsanspruch. Dieser Widerspruch wird dadurch verstärkt, dass Lasswells Modell noch nicht zyklisch angelegt ist, also nach der Bewertung nicht den erneuten Übergang zur ersten (oder einer anderen) Stufe integriert. Dennoch hat sich Lasswells Phasenmodell als höchst einflussreich erwiesen und den Grundstein für alle weiteren Modelle gelegt.

Infokasten 5-1: Phasenmodell nach Lasswell

1. *Intelligence*: Sammlung und Verarbeitung von Wissen
2. *Promotion*: Förderung und Unterstützung ausgewählter Alternativen
3. *Prescription*: Entscheidung für eine Politik
4. *Invocation*: Durchsetzung der gewählten Politik
5. *Application*: Anwendung durch die Verwaltung
6. *Termination*: Beendigung des Prozesses
7. *Appraisal*: Bewertung entlang der ursprünglichen Zielsetzungen

Quelle: Lasswell 1956 (vgl. Jann/Wegrich 2009)

Allen Einteilungen gemein ist der Fokus auf Politik als dynamischem Prozess der Problemverarbeitung (Mayntz 1982: 74). Der klassischen

Definition von Scharpf folgend, ist Politik der Prozess, „in dem lösungsbedürftige Probleme artikuliert, politische Ziele formuliert, alternative Handlungsmöglichkeiten entwickelt und schließlich als verbindliche Festlegung gewählt werden" (1973: 15). Wie in Kapitel 2 besprochen, kam Anfang der 1970er Jahre an der klassischen Politikwissenschaft die Kritik auf, die faktischen politischen Ergebnisse (z.B. Gesetze, Programme) sowie die davorliegenden Prozesse innerhalb des politisch-administrativen Systems vernachlässigt zu haben. In Reaktion auf diese Beanstandung kam es zu konzeptionellen Meilensteinen wie Eastons Systemmodell (vgl. Kap. 2). Der Policy-Cycle stellt eine Weiterentwicklung des Systemmodells dar und versucht, die darin enthaltene *black box* der Vorgänge im politischen System zu erhellen.

Das Systemmodell liegt dem Phasenmodell der Politikgestaltung auch insofern zugrunde, als dass die Problemlösungen des politisch-administrativen Systems als aufeinander bezogene Aktivitäten gesehen und analysiert werden können. Aus dieser Tradition heraus zeigt sich eine weitere Schwachstelle des ursprünglichen Phasenmodells nach Lasswell: Es fokussiert stark auf Prozesse innerhalb des politisch-administrativen Systems und weist eine generelle Vernachlässigung externer Umwelteinflüsse auf das Regierungshandeln auf (Howlett/Ramesh 2003: 12). Viele spätere Phasenmodelle suchten diesen blinden Fleck zu schließen: Zwar kann auch die Politik selbstständig und ohne öffentliches Zutun ein Thema auf die Agenda setzen. Häufig werden Probleme jedoch öffentlich diskutiert und daraus ein politischer Handlungsbedarf abgeleitet. In letzterem Falle sind die Phasen Problemdefinierung und Agenda Setting also stark durch den an das politische System herangetragenen *Input* bestimmt. Im Folgenden werden dann die öffentlichen Forderungen im politisch-administrativen System verarbeitet (Politikformulierung, Entscheidung) und schließlich als *Output* wieder an das System herangetragen (Implementierung). Das öffentliche *Feedback* kann dann wiederum eine zentrale Rolle für die Evaluierung, Neuformulierung oder Beendigung des Politikprozesses spielen.

Lasswells ursprüngliches Phasenmodell wies noch eine weitere Schwachstelle auf: Zwar kann Politikmachen (engl. *policy making*) sinnvoll als Prozess der Problemverarbeitung betrachtet werden. Man sollte sich jedoch vor dem Fehler hüten, es *nur* als Problemverarbeitungsprozess aufzufassen (Mayntz 1982: 74). Lasswells Phasenmodell läuft jedoch Gefahr, genau dies zu tun. Wie gesagt rekurriert es stark auf Vorgänge innerhalb des politisch-administrativen Systems und suggeriert darüber hinaus eine äußerst systematische und lineare Form der Politikgestaltung (Howlett/Ramesh 2003: 14): Gleichsam einem Produktionsprozess in den Wirtschaftswissenschaften wird die Problemlage erfasst, politische Outputs werden geplant, beschlossen und umgesetzt. In der Realität jedoch erfolgt die Identifizierung von Problemen, die Entwicklung und Implementierung von Lösungen sehr häufig aus dem Stegreif und auf idiosynkratische Weise (Howlett/Ramesh 2003: 14). Politikmachen kann daher besser als Herantasten und stetiges Annähern an die letztlich gewählte Lösung verstanden werden, bei dem auch Routinen und typische Ablaufmuster einzukalkulieren sind. Das Idealtypische dieser Abläufe wird durch die kreisförmige Darstellung des Politikprozesses (vgl. Schaubild 5-1) verdeutlicht: Weder weisen die Prozesse zumeist eindeutige Anfänge und Abschlüsse auf, noch kommt es weniger regelmäßig zu einer systematischen Evaluierung von eingeführten Politiken (Jann/Wegrich 2009: 83) als wünschenswert wäre.

Eingedenk dieser „Vorsichtsmaßnahmen" beim Gebrauch des Politikzyklus werden nun seine Hauptphasen im Detail diskutiert. Die Darstellung folgt dabei der obigen Variante des Phasenmodells, also Problemdefinition, Agenda Setting, Politikformulierung und Entscheidungsfindung, Politikimplementierung, Politikevaluierung sowie Neuformulierung bzw. Terminierung. Nach Durchlaufen dieser Phasen wird ein Resümee des Phasenmodells gezogen, seine Stärken, Schwächen und teils bereits angedeutete Kritik einbeziehend.

5.1 Problemwahrnehmung und Agenda Setting

Innerhalb des Modells sind die Sequenzen der Problemwahrnehmung sowie des Agenda Setting distinkt, die eine folgt auf die andere. Uns erscheint es jedoch sinnvoll, die beiden Phasen zwar nacheinander, jedoch innerhalb desselben Abschnitts zu betrachten. Denn ob bzw. wie ein Problem wahrgenommen wird und ob es anschließend auf die Agenda zur politischen Bearbeitung rückt, hängt nicht nur eng miteinander zusammen. Schwieriger noch als für die anderen Sequenzen fällt auch die Abgrenzung aus: Die Grenzen zwischen der öffentlichen Diskussion eines Problems und seines Vorrückens auf die Agenda sind fließend.

Problemwahrnehmung
Die erste Phase bezieht sich auf den Teil des politischen Prozesses, in dem erkannt wird, dass ein politisch zu lösendes sozioökonomisches Problem besteht. Probleme können „ökonomischer, ökologischer oder technischer Natur sein. Erst indem sie auf die Lebenschancen von Menschen wirken, werden sie zu sozialen Problemen" (Schneider/Janning 2006: 51). Damit diese sozialen Probleme politisch bearbeitet werden können, müssen sie natürlich erst einmal wahrgenommen werden. Es wurde im Verlauf dieses Buches bereits wiederholt angesprochen, dass die klassische Politikwissenschaft sich durch ein mechanistisches Verständnis der Politiksetzung auszeichnete. Entsprechendes galt auch für die Natur politischer Probleme: Frühe Arbeiten gingen davon aus, es gebe objektiv existierende Probleme, die nur darauf warteten, von der Regierung perzipiert zu werden (Howlett/Ramesh 2003: 121).

Doch Problemwahrnehmung, so erscheint es uns heute, ist ein sozial konstruierter Prozess (Howlett/Ramesh 2003: 121). Wie wenig ein objektiver Problemdruck über die wahrgenommene Relevanz eines Problems entscheidet, zeigt der Bereich der Umweltpolitik besonders eindrücklich. Erhebliche Umweltprobleme existierten bereits, bevor sie als solche wahrgenommen, artikuliert oder gar die Notwendigkeit eines politischen Handelns erkannt wurde. Für die Prozesse der Problemwahrnehmung existieren eigene Gesetzmäßigkeiten – aber auch Normen, die von Land zu Land unterschiedlich sein können. Während Umweltprobleme in den westlichen Industriestaaten weitgehend als zentrale Aufgabe erkannt und entsprechende Politiken auf den Weg gebracht wurden, ist die Problemwahrnehmung in den Entwicklungsländern nach wie vor durch Defizite geprägt. Mit Hilfe von Kampagnen und Maßnahmen zum *issue raising* suchen daher Umweltorganisationen oder politische Akteure der Industrienationen, die Wahrnehmung von Umweltproblemen in den Entwicklungsländern zu erhöhen. Dass im Rahmen dieses *issue raising* hohe Erfolge erzielt werden können, zeigt umso stärker, dass „Probleme immer auch im Kontext ihrer normativen Voraussetzung" (Schneider/Janning 2006: 51) betrachtet werden müssen: Nur, wenn nach normativen Grundsätzen eine Differenz zwischen Ist-Zustand und Soll-Wert auftritt, wird ein Sachverhalt als Problem wahrgenommen und reaktives Handeln gefordert.

Trotz oder auch gerade wegen der sozialen Konstruiertheit politischer Probleme können eine Reihe von Studien und Indikatoren dabei helfen, einen stärkeren Realitätsbezug herzustellen und zumindest teilweise auf „objektives" Faktenwissen zurückzugreifen. Der wichtigste Indikator des 2008 veröffentlichten und hitzig diskutierten Armutsberichtes der Bundesregierung besagt etwa, dass 13 Prozent der Bundesbürger in Armut leben. Auch eine Definition dieses Armutsbegriffes ist angegeben: Diese Bürger verfügen über weniger als 781 Euro netto im Monat. 13 weitere Prozent werden nur durch staatliche Hilfen und Zuschüsse vor der Armut bewahrt. Solche Indikatoren können in der Tat helfen, die Komplexität sozialer Probleme zu reduzieren und sinnvolle Lösungen zu finden. Aber auch statistische Indikatoren schützen nicht vor den Querelen unterschiedlicher Problemwahrnehmungen: Während der eine Politiker aus dem Armutsbericht dringenden politischen Handlungsbedarf herleitet, verweist der andere auf die Relationalität der Armutsdefinition. Arm ist laut Statistik, wem – je nach Abgrenzung – 60, 50 oder nur 40 Prozent des Durchschnittseinkommens zur Verfügung stehen. Bisweilen ist daher zu hören, in den reichen Industrienationen könne auch bei 40 Prozent des Durchschnittseinkommens nicht von wirklicher Armut die Rede sein.

Liegt *kein* mehr oder minder objektiv wahrnehmbares Problem vor, muss auch nicht gehandelt werden. So könnte man meinen. Doch hier suggeriert der Terminus „Problemwahrnehmung" zu Unrecht die Erstexistenz festgestellter Probleme. Zwar ist es häufig der Fall, dass *zuerst* Probleme wahrgenommen und *dann* dafür Lösungen entwickelt werden. Mit ihrem einflussreichen „Garbage-Can"-Modell haben Cohen, March und Olsen (1972) jedoch darauf hingewiesen, dass es manchmal auch entwickelte Lösungen sind, die nur auf geeignete Probleme warten. Der Begriff „Mülleimermodell" wird selten verwendet – vielleicht auch deshalb, weil im Deutschen der Begriff „Schubladenmodell" eigentlich besser geeignet wäre. Denn der theoretische Ansatz geht davon aus, dass in Organisationen (z.B. in Ministerien) viele Entwürfe und Programme für die Schublade produziert werden. Die entsprechenden Akteure haben jedoch ein ureigenes Interesse (z.B. aus ideologischen Gründen), diese Programme auch zur Anwendung kommen zu lassen. Wenn sich dann ein günstiges Problem anbietet, z.B. weil Defizite durch Interessenverbände artikuliert und von den Medien aufgegriffen werden, sehen diese Akteure ihre Zeit gekommen: Sie können die Lösung aus der Schublade bzw. aus dem Mülleimer ziehen. Lösungen betrachtet das „Garbage-Can"-Modell als grundsätzlich distinkt von den Problemen, zu deren Bearbeitung sie herangezogen werden. Wichtige Lösungen, so

Cohen, March und Olsen, werden immer Advokaten finden, die sie durchzusetzen suchen. Aus dieser Sichtweise heraus betrachten sie Organisationen als: "Collection of choices looking for problems, issues and feelings looking for decision situations in which they might be aired, solutions looking for issues to which they might be the answers, and decision makers looking for work" (Cohen et al. 1972: 2). Dem ist allerdings hinzuzufügen, dass das Modell in seinen Annahmen sicher nicht für alle Fälle der Politikgestaltung zutrifft und mitunter die Rolle des Zufalls überbetont.

In der Phase der Problemwahrnehmung haben wir es sozusagen mit einer bereits gefilterten Form der ursprünglichen „Problem-Ursuppe" zu tun (*primeval soup*; vgl. Kingdon 1995: 116): Einer Vielzahl von Problemen, die nun von politischen oder gesellschaftlichen Akteuren thematisiert werden. Die entsprechenden politischen Instanzen identifizieren den allgemeinen Kontext der Probleme und stellen Ziel- und Prioritätensetzungen auf. Hierin eingeschlossen sind Kontakte und Verhandlungen zwischen den Beteiligten des politisch-administrativen Systems und den relevanten sozio-ökonomischen Interessengruppen. Problemwahrnehmung ist zumindest in demokratischen Staaten ein in aller Regel öffentlich stattfindender Bereich (vgl. Jann/Wegrich 2009: 87): Themen und Problematiken werden in den Massenmedien diskutiert, Experten informieren über ihre Sicht der Dinge, Politiker beziehen Stellung. Mit dem Übergang in die Phase des Agenda Setting geht eine „Entöffentlichung" der Problemdiskussion einher: Häufig findet das Setzen der Agenda „innerhalb eines Zirkels von Experten, Interessengruppen und/oder der Ministerialbürokratie statt" (Jann/Wegrich 2009: 87) und die Öffentlichkeit bleibt ausgeschlossen. Doch längst nicht alle Probleme, die von irgendwelchen Akteuren wahrgenommen werden, rücken auch auf die Agenda. Der nächste Abschnitt wendet sich den Faktoren zu, die für eine Agenda-Positionierung formulierter Probleme von Bedeutung sind.

Agenda Setting
Während in der ersten Phase politische Probleme auf den Tisch kommen, müssen sie nun Handlungsrelevanz erhalten, um überhaupt in die zweite Phase des Politikzyklus einzutreten. Die zentrale Frage an die Phase des Agenda Setting lautet daher: „Why do some issues appear on the governmental agenda for action and not others?" (Howlett/Ramesh 2003: 120) Warum gelingt es einigen Themen, Relevanz für ein

Regierungshandeln zu entfalten, während andere im Morast der Ursuppe verbleiben? Für die Phase des Agenda Setting wird der schwierige Versuch unternommen, Antworten auf diese oder auch die folgende Frage zu finden: Warum entwickeln einige Probleme zwar auf der inoffiziell-öffentlichen Agenda (Massenmedien und Fachöffentlichkeit) hohe Bedeutung, nicht aber auf der offiziell-politischen? Nach Cobb und Elder (1972: 85) besteht die öffentliche Agenda aus: „All issues that are commonly perceived by members of the political community as meriting public attention and as involving matters within the legitimate jurisdiction of existing governmental authority." Dies können natürlich unzählige Themen sein – doch nur ein Bruchteil von ihnen gelangt tatsächlich auf die offizielle Regierungsagenda.

John Kingdon (1984, 1995) hat wohl die bis heute einflussreichsten Arbeiten zu dieser Phase des Politikzyklus unternommen und die Agenda als Liste von Themen oder Problemen definiert, denen die Regierung und ihr weiteres Umfeld zu einem bestimmten Zeitpunkt hohe Aufmerksamkeit schenkt (1984: 3-4). Besonderes Gewicht hat Kingdon hierbei immer auf den folgenden Punkt gelegt: „Out of the set of all conceivable subjects or problems to which officials could be paying attention, they do in fact seriously attend to some rather than others. So the agenda-setting process narrows this set of conceivable subjects to the set that actually becomes the focus of attention" (Kingdon 1984: 3-4).

Kingdon betont, dass politische Entscheidungsträger ihre Aufmerksamkeit zu bestimmten Zeitpunkten immer nur einer begrenzten Anzahl von Themen widmen können: Aufmerksamkeit ist ein knappes Gut. Umso wichtiger erscheint die Suche nach Faktoren, die darüber bestimmen, welchen Themen sich politische Entscheidungsträger zuwenden und wer diese Themen auf der politischen Agenda verankert. Howlett/Ramesh (2003: 14) unterscheiden nach Cobb, Ross und Ross (1976) zwischen vier möglichen Typen des Agenda Setting, die im Schaubild 5-2 dargestellt sind.

Schaubild 5-2: Typen des Agenda Setting

Initiative	Öffentliche Unterstützung	
	Hoch	Gering
Staatliche Akteure	(1) Konsolidierung	(3) Mobilisierung
Gesellschaftliche Akteure	(2) von Außen initiiert	(4) von Innen initiiert

Quelle: Howlett/Ramesh 2003: 140

Diese vier Modelle des Agenda Setting sollten noch einmal im Detail betrachtet werden: (1) Wenn staatliche Akteure ein Thema auf die Agenda setzen, das ohnehin eine hohe öffentliche Unterstützung verzeichnet, so markiert dies die einfachste Form einer „Problemkarriere" (Schneider/Janning 2006: 54). Als Beispiel hierfür kann die Etablierung des eigenständigen Feldes Umweltpolitik im Deutschland der frühen 1970er Jahre dienen: Studien haben gezeigt, dass das Politikfeld keineswegs seitens der Umweltbewegung (die erst ab Mitte des Jahrzehnts an Bedeutung gewann), sondern allein aus dem politisch-administrativen System heraus etabliert wurde (vgl. Jänicke et al. 2003). (2) Wenn hingegen die Umweltbewegung ein Problem von Außen an das politisch-administrative System heranträgt, so handelt es sich hierbei aufgrund der hohen öffentlichen Popularität von Umweltthemen um einen Fall von Außeninitiierung. Dieser Fall des Agenda Setting entspricht den klassischen *Input*-Forderungen im Systemmodell nach Easton. (3) Eine vergleichsweise schwierige „Problemkarriere" steht Themen bevor, die seitens staatlicher Akteure initiiert werden und (noch) keine öffentliche Unterstützung erfahren. Um diese Unterstützung zu mobilisieren, könnten etwa Steuerungsinstrumente der Überzeugung zum Einsatz kommen. Ein Beispiel hierfür wäre die Einführung der PKW-Maut auf Autobahnen, bei der wohl vor allem über Umweltschutzgründe versucht werden könnte, im Nachhinein eine öffentliche Legitimierung zu erreichen. (4) Dass gesellschaftliche Akteure Themen ohne hohe politische Aufmerksamkeit im Gesetzgebungsprozess initiieren, erfolgt weitaus seltener, ist aber etwa im Bereich der Agrarpolitik durchaus zu beobachten (Jann/Wegrich 2009: 87).

Zusätzlich zu diesen vier Typen des Agenda Setting gilt es zu beachten, dass auch die Entscheidung, *nichts* zu unternehmen, ein wichtiger politischer Akt sein kann (Bachrach/Baratz 1977). Wenn die Bundesregierung z.B. im Asylrecht „zur Zeit keinen Handlungsbedarf" erkennt, sagt das wenig über die tatsächlich existierenden Probleme in diesem Bereich. So genannte Nicht-Entscheidungen (*non decisions*) als systematisches Ignorieren gesellschaftlicher Probleme durch das politisch-administrative System können als Ergebnis von Machtverteilungen im Akteurssystem konzipiert werden (Jann/Wegrich 2009: 86-87): Entweder existieren gar keine Interessenvertreter des spezifischen Problems, oder aber die Gegenspieler sind derart mächtig, dass das Thema unter Umständen auf der öffentlichen, aber jedenfalls nicht auf der politischen Agenda diskutiert wird. Diese Art Ignoranz kann auch Ergebnis bestehender „Policy-Monopole" sein (Baumgartner/Jones 1991: 1047): Dies bedeutet, dass auf manchen Politikfeldern Machverhältnisse vorherrschen, die bestimmen, wie spezifische Probleme wahrgenommen, diskutiert und entsprechend behandelt werden. So haben etwa Studien zur Geschlechterdiskriminierung für die 1970er und 1980er Jahre gezeigt, dass Entscheidungen, sich mit einem Problem *nicht* zu beschäftigen, oft typisches Resultat fest verwurzelter Akteure sind, die mit dem Status Quo zufrieden sind und keinerlei Interessen an dessen Änderung haben (vgl. Howlett/Ramesh 2006: 141).

Die in Schaubild 5-2 dargestellte Typologisierung legt ihren Schwerpunkt auf die Rolle von politischen bzw. gesellschaftlichen Akteuren und somit auf den absichtsvollen Charakter des Agenda Setting. Nicht immer ist jedoch den auf die Tagesordnung rückenden Themen eine solche hohe Plan- und Steuerbarkeit gegeben: Nach der Brandkatastrophe im Mont-Blanc-Tunnel von 1999 entwickelte sich eine heftige Diskussion: Die Politik müsse handeln, um eine höhere Sicherheit in Autotunneln zu erreichen. Und erst die Reaktorkatastrophe von Tschernobyl führte 1986 in der Bundesrepublik zu einem signifikanten Bedeutungszuwachs der Umweltpolitik. Wenige Wochen später und in Reaktion auf das Unglück kam es mit der Einrichtung des Bundesministeriums für Umwelt, Naturschutz und Reaktorsicherheit sogar zu institutionellen Veränderungen. So können auch Unfälle, Naturkatastrophen oder Kriege bestimmte Themen von einem Tag auf den anderen auf die Agenda bringen. Denkt man zurück an die Annahmen des „Garbage-Can"-Modells, so bieten diese unkalkulierbaren Ereignisse eine Möglichkeit, entsprechende Pläne aus der Schublade zu ziehen. So existierten in Deutschland auch vor der Tschernobyl-Katastrophe bereits Pläne zur Einrichtung eines eigenständigen Umweltministeriums. Aber erst mit den nunmehr offenbaren zukünftigen umweltpolitischen Herausforderungen war die Zeit dieser Idee gekommen.

Neben diesen blitzartigen, unkalkulierbaren Agendasprüngen gibt es auch solche Themen, die zyklisch wiederkehren. Anthony Downs hat diese ablaufenden Reformkonjunkturen politischer Probleme als *issue attention cycle* bezeichnet. Er zweifelt generell daran, dass ein Thema über lange Zeit hinweg Aufmerksamkeit erhalten kann: „Public attention rarely remains sharply focused upon any one domestic issue for very long – even if it involves a continuing problem of crucial importance for society" (Downs 1972: 38). Stattdessen steuere der „Kreislauf der Themenaufmerksamkeit" systematisch die Einstellungen zu den nationalen Schlüsselproblemen: Diese träten plötzlich in Erscheinung, um für einen gewissen Zeitraum zu verweilen und dann – immer noch zum größten Teil ungelöst – wieder aus der öffentlichen Aufmerksamkeitsspanne zu verschwinden.

Für eine zyklische Themenwiederkehr kann es verschiedene Ursachen geben. Zum einen finden sich Zusammenhänge mit dem wirtschaftlichen Konjunkturverlauf: In Rezensionszeiten prägen Themen wie Abbau der Arbeitslosigkeit, zu hohe Freigiebigkeit wohlfahrtsstaatlicher Leistungen oder die notwendigen Opfer eines jeden Einzelnen die Debatten. In Zeiten wirtschaftlichen Aufschwungs finden sich verstärkt Themen wie gerechte Teilhabe aller an den Erfolgen zu sichern, aber auch gerade jetzt weitreichende Reformen nach dem Motto durchzuführen: „Reformiere in der Zeit, dann hast du in der Not." Eine weitere Ursache für zyklische Agenden können Termine sein, zu denen etwa regelmäßig neue Statistiken oder Daten veröffentlicht werden. Ein Beispiel hierfür ist die Publikation des jeweils aktuellen Jahresberichts durch die Bundesagentur für Arbeit.

Spannend gestaltet sich auch die Frage, ob bestimmte Merkmale ausgemacht werden können, die es einem Problem erleichtern bzw. erschweren, auf die politische Agenda zu rücken. Hier wären also nicht nur die strukturellen Machtverhältnisse, die öffentliche Unterstützung oder die Gunst der Stunde entscheidend, sondern zum Beispiel die folgenden Eigenschaften des Themas selbst (Schneider/Janning 2006: 56):

⇨ Eindeutigkeit vs. Mehrdeutigkeit
⇨ Starke vs. marginale gesellschaftliche Betroffenheit
⇨ Dringlichkeit vs. Verschiebbarkeit
⇨ Einfachheit vs. Komplexität
⇨ Routineangelegenheit vs. Novum
⇨ Große vs. geringe symbolische Bedeutung.

Für Probleme mit hoher symbolischer Bedeutung könnten z.B. recht gute Chancen vermutet werden, auf die gesellschaftliche und politische Agenda zu rücken; für Themen mit marginaler gesellschaftlicher Betroffenheit hingegen vergleichsweise schlechte.

5.2 Politikformulierung und Entscheidungsfindung

Hat ein Problem es bis hierhin geschafft, so musste es, wie wir gesehen haben, bereits zahlreiche Hürden nehmen bzw. Stärken beweisen: Es wurde wahrgenommen; es verfügte über große öffentliche Unterstützung oder mächtige politische bzw. gesellschaftliche Anwälte; situative Ereignisse oder die Merkmale des Themas selbst waren einer politischen Bearbeitung zuträglich. Welche dieser möglichen Gründe auch immer ausschlaggebend waren: In der Phase der Politikformulierung werden nun bestimmte Ziele, Mittel und Wege für das zur Bearbeitung ausgewählte Problem entwickelt. Ob diese dann letztendlich zur Implementierung freigegeben werden, bestimmt sich in der Phase der Entscheidungsfindung. Diese beiden Phasen werden nun im Detail betrachtet.

Politikformulierung
Die fließenden Grenzen vom Agenda Setting hin zur Politikformulierung zeigt der Phasenbegriff „Estimation", der in früheren Phasenmodellen weitgehend analog zu letzterer Sequenz verwendet wurde (vgl. Schubert 1991: 72): In dieser Phase geht es darum, die Problemsituation einzuschätzen, wie sie sich aus dem Agenda Setting ergibt, und um die daraus abgeleitete Entwicklung von Handlungsalternativen und konkreten Handlungsvorschlägen. Zunächst muss also festgestellt werden, was genau an dem aufgetretenen Problem der Lösung bedarf. Wenn in dieser Phase etwa eine falsche Problemreduktion stattfindet, kann das dazu führen, dass falsche Ziele angestrebt werden und wahrscheinlich auch keine Verbesserung des Ausgangsproblems eintritt. Gleiches gilt auch für die Phase der Politikformulierung in unserem Modell. Wie ein Problem wahrgenommen wurde; von wem, wie und wann es auf die politische Agenda rückt: All das entscheidet bereits darüber, welche Ziele, Mittel und Wege letztlich in der Politikformulierungsphase (wieder aufgegriffen und) konkretisiert werden.

In dieser Phase können nach wie vor die zahlreichen Akteure mitwirken, die in den vorherigen Phasen des Politikzyklus aktiv waren, z.B. Parteien, Interessenverbände oder Wirtschaftsunternehmen. Üblicherweise nimmt jedoch die Zahl der engagierten gesellschaftlichen und politischen Akteure in dieser Phase bereits ab, während dem Parlament und insbesondere der Regierung ab diesem Zeitpunkt wichtigere Funktion zukommt. Denn bei der Politikformulierung „werden aus artikulierten Problemen, Vorschlägen und Forderungen staatliche Programme" (Jann/Wegrich 2009: 89). Zahlreiche Studien haben jedoch ebenfalls gezeigt, dass dieses Argument vor allem die *formale* Beteiligung an der Politikformulierung betrifft: Parlament und Regierung sind natürlich die zuständigen politischen Entscheidungsinstanzen. Darüber, welche Politiken letztlich formuliert werden, bestimmen jedoch häufig Interessengruppen und vor allem die Ministerialbürokratie (Jann/Wegrich 2009: 90). Regelmäßig einigen sich Interessengruppen und Ministeriumsvertreter in informellen Austausch- und Verhandlungsgesprächen auf bestimmte Policies, die dann in der parlamentarischen Arena entweder umgesetzt oder noch substanziell verändert werden. Substanzielle Veränderungen einer Politik können, wie wir in Kapitel 4 bereits gesehen haben, noch durch andere Akteure (z.B. Parlament) oder institutionelle Vetospieler (z.B. den Bundesrat) erwirkt werden.

In der Regel existieren vor dem eigentlichen Kabinettsentwurf bereits mehrere Vorentwürfe, von denen jeder unterschiedlichen Interessen Rechnung trägt (Jänicke et al. 2003: 59). Ein in dieser Hinsicht markantes Beispiel bilden die so genannten Hartz-Arbeitsmarktreformen, die der ehemalige VW-Vorstand Peter Hartz wohl im Nachhinein ungern hätte nach sich benennen lassen (zumindest wenn man die Popularität des Begriffs in der Öffentlichkeit zugrunde legt). Aus der damals einberufenen Hartz-Kommission war zu hören, ihre ursprünglich formulierte Politik sei letztlich zu stark verändert worden. Politisch werden für einen solchen Vorgang häufig die Begriffe „verwässert" bzw. „weichgespült" verwendet, denen bereits eine negative Bewertung inhärent ist. Davon abgesehen ist es jedoch ein üblicher Vorgang, dass politische Programme nicht Eins zu Eins umgesetzt, sondern entsprechend der Zugeständnisse an beteiligte Interessen verändert werden – meist zum Unmut der Ministerialbeamten, Kommissionen oder auch Wissenschaftler, die für die ursprünglichen Pläne verantwortlich zeichneten. Im Fall des Arbeitslosengelds II war von einem solchen Zugeständnis an die Fraktionslinken die Rede: Entgegen ursprünglicher Pläne werden 200 Euro pro Lebensjahr nicht angetastet, sofern diese von den Hartz-IV-Empfängern für die eigene Altersvorsorge angespart werden. Dieses Beispiel, in dem abweichende Gruppierungen innerhalb der gleichen Partei womöglich nur über Zugeständnisse auf die gewählte politische Linie gebracht werden können, zeigt, weshalb sich die Politikformulierungsphase von nur einigen Wochen bis hin zu mehreren Jahren erstrecken kann: Mitunter ist vorher keine Einigung auf eine gemeinsame Handlungsalternative möglich.

Am Ende der Politikformulierungsphase stehen konkrete Maßnahmen des politisch-administrativen Systems, also gewählte Steuerungsinstrumente oder Programme. Die inhaltliche Substanz dieser Policy-Outputs kann faktisch gegeben und hoch oder auch nur rein symbolischer Natur sein. Exemplarisch für hohe Substanz können Programme „präzise operationalisierte Problemlösungsversuche sein, mit eingebundenen Zeitplänen, Erfolgskontrollen etc." (Jänicke et al. 2003: 59). Beispielhaft für hohe Symbolik sind die mitunter vorgenommenen Umbezeichnungen in Ministerien- oder Ämternamen. So soll z.B. die Umbenennung der „Bundesanstalt für Arbeit" in „Bundesagentur für Arbeit" eine verstärkte Dienstleistungs- und Kundenorientierung zum Ausdruck bringen. Und die Namenserweiterung zum „Bundesministerium für Jugend, Familie, *Frauen* und Gesundheit" sollte 1986 eine stärkere Verknüpfung der Bereiche Frauen- und Familienpolitik demonstrieren. Zwar ändern sich allein durch das Umbenennen noch nicht die Inhalte der Politik. Allerdings kann auch nicht gesagt werden, dass sogenannte „Symbolpolitik" keine großen Wirkungen entfalten kann.

Ein weiteres Mal haben die bisherigen Ausführungen zur Politikformulierungsphase jedem mechanistischen Verständnis des „Politikmachens" den Boden entzogen. In dieser Phase werden Kosten und Nutzen einer Problemlösungsstrategie abgeschätzt. Darüber hinaus muss eine Optimierung der Lösungsalternativen stattfinden, die wie oben beschrieben immer auch den beteiligten Interessen Rechnung trägt. Sowohl Alternativität als auch Verhandlungscharakter zeigen ganz klar, dass kein direkter Zusammenhang zwischen „Problem" und „Lösung" existiert: Es gibt i.d.R. nicht *die* richtige Lösung (wenn auch mehr und weniger passende), sondern viele Handlungsalternativen, welche in der Politikformulierungsphase vertieft diskutiert werden, bis es schließlich zur Festlegung auf eine dieser Strategien kommt. Nun sind in diesem Abschnitt bereits viele verschiedene Merkmale angesprochen worden, die es bei der Analyse von Politikformulierungsphasen zu beachten gilt: Von den beteiligten Akteuren und Interessen über die Dauer der Sequenz bis hin zur Substanz der gewählten Alternativen. Einen Versuch zur Systematisierung dieser verschiedenen Punkte hat Jones (1984: 78) unternommen und Charakteristika der

Politikformulierung aufgestellt. Der folgende Infokasten zeigt die von ihm zusammengefassten Fragen an diese Sequenz in der Übersicht.

Infokasten 5-2: Charakteristika der Politikformulierung nach Jones

- Festlegung der Anzahl der Akteure
- Problemdefinition klären
- Rolle von Institutionen
- Dauer der Formulierungsphase
- Konsensbildung und Konfliktregelung
- Gewinner und Verlierer

Quelle: Jones 1984: 78

Nach dieser „Bestandsaufnahme" der Politikformulierung interessiert uns als Politikfeldforscher vor allem die Frage nach dem „warum". Wieso fällt die Auswahl auf diese Alternative und nicht auf eine andere? Weshalb dauerte die Politikformulierungsphase in unserem Untersuchungsfall überdurchschnittlich lang? Warum intervenierte der Bundesrat und erwirkte eine substanzielle Veränderung der Policy? Die Antworten zu diesen Fragen werden für unterschiedliche Politikformulierungen sehr unterschiedlich ausfallen, weshalb Einzelfallstudien hier eine wichtige politikwissenschaftliche Methode darstellen (vgl. Howlett/Ramesh 2003: 145). Um jedoch allgemeine Aussagen über Sequenzabläufe treffen zu können braucht es theoretische Ansätze, die in ihrer erklärenden Kraft über das heuristische Phasenmodell hinausgehen.

Einen solchen theoretischen Ansatz haben Howlett und Ramesh (2003) auf der Basis von Erkenntnissen entwickelt, die zuvor von anderen Policy-Forschern erzielt wurden. Sie gehen davon aus, dass verschiedene *Stile* der Politikformulierung (*policy formulation styles*) existieren. Welcher dieser Stile verfolgt wird, hängt davon ab, wie offen ein bestimmtes Policy-Subsystem gegenüber neuen Akteuren und neuen Ideen ist. So hatten unter anderem Marsh und Rhodes (1992) bereits zuvor festgestellt, dass die Interessenhomogenität und Geschlossenheit von Politikfeldern erheblich zu beeinflussen vermag, mit welcher Wahrscheinlichkeit neue und innovative Ideen entwickelt werden. Denken wir zurück an die in Kapitel 4 behandelten Akteursnetzwerke: Auch dort wurde festgestellt, dass bei nach Außen hin geschlossenen Netzwerken die Gefahr der Abschottung gegenüber alternativen Ideen und Sichtweisen besteht. Auf dieser Grundlage entwickelten Howlett und Ramesh (2003: 158) die im folgenden Schaubild dargestellte Typologie von Politikformulierungsstilen. Bei diesem Modell handelt es sich im Gegensatz zum Policy-Cycle nicht um eine Heuristik, sondern um einen theoretischen Ansatz.

Schaubild 5-3: Stile der Politikformulierung

		Eintritt neuer Akteure	
		Ja	Nein
Eintritt neuer Ideen	Ja	Policy-Erneuerung (offene Subsysteme)	Programm-Reform (auseinandersetzungsreiche Subsysteme)
	Nein	Policy-Experimentieren (widerstandsfähige Subsysteme)	Instrumenten-Bastelei (geschlossene Subsysteme)

Quelle: Howlettt/Ramesh 2003: 158

Denn das Modell ermöglicht es, Hypothesen abzuleiten, die dann an einer untersuchten Politikformulierungsphase getestet werden können. Eine mögliche ableitbare Annahme wäre: Je geschlossener das Politikfeld gegenüber dem Eintritt neuer Akteure ist, desto eher wird es lediglich zu Änderungen an den Instrumenten und nicht zu substanziellem Politikwandel kommen. Der Ansatz erlaubt demnach nicht nur Aussagen über die Parameter, welche die Politikformulierungsphase entscheidend prägen. Er gibt auch Auskunft über das zu erwartende Ausmaß des Politikwandels. Howlett und Ramesh gehen davon aus, dass vor allem Art und Motivation der im Subsystem vertretenen Akteure darüber entscheiden, welche Handlungsalternativen auf die politische Agenda rücken, als machbar oder wünschenswert bewertet werden und schließlich in die Phase der Entscheidungsfindung vorrücken.

Entscheidungsfindung
In dieser Phase wird die abschließende Entscheidung über die bisher diskutierten Problemlösungen getroffen. In der Regel wird nun nicht mehr über verschiedene Handlungsalternativen abgestimmt, sondern über diejenige, die sich wie oben beschrieben in der Politikformulierung

durchsetzen konnte. Zwar ist auch die Entscheidungsfindungsphase nach wie vor durch Aushandlungsprozesse geprägt, doch sind diese anderer Natur: Im Zentrum steht nun weniger die spezifische Ausgestaltung der gewählten Policy als die Rolle der Beteiligten im politisch-administrativen System. Dabei muss unter anderem geklärt werden, auf welcher staatlichen Ebene und von welcher Behörde oder welchem Ministerium die Verhandlungen geführt werden, welche anderen Akteure einbezogen werden (z.B. Parteien) sowie auch welche Finanzausstattung vorgesehen ist. Diese Aushandlungspunkte indizieren, dass sich mit dem Übergang zur Entscheidungsphase die Anzahl der beteiligten Akteure auf die politischen Entscheidungsträger reduziert hat: "When it comes time to decide on a particular option [...], the relevant group of policy actors is almost invariably restricted to those with the capacity and authority to make binding public decisions" (Howlett/Ramesh 2003: 163). Nach wie vor sind zwar in dieser Phase Lobbyisten aktiv. Es hängt aber vom Willen der im Zentrum stehenden Entscheidungsträger ab, ob sie diesen noch Einfluss gewähren.

Schaubild 5-4: Entscheidungstypen

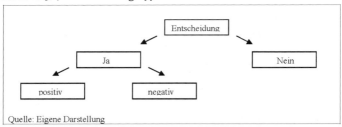

Quelle: Eigene Darstellung

Bezogen auf den Policy-Cycle sind dieser Sequenz alle unmittelbar zur politischen Entscheidung führenden Schritte und Auswahlprozesse zuzurechnen. Die Entscheidung muss nicht darauf fallen, die ausgewählte Problemlösung tatsächlich zu implementieren. Sie kann auch darin liegen, nichts zu unternehmen. In letzterem Fall kommt es i.d.R. auch nicht zu einer Policy-Formulierung, sondern es handelt sich um eine so genannte *non-decision*: Das Thema rückt gar nicht erst auf die politische Agenda. Im Schaubild 5-4 sind die verschiedenen möglichen Entscheidungstypen dargestellt: In einem ersten Schritt wird die Entscheidung gefällt, ob ein bestimmtes Thema überhaupt politisch behandelt wird oder ob es zu einer Nicht-Entscheidung kommt, d.h. ein

Problem (u.U. sogar aus rationalen Beweggründen) ausgesessen wird oder gar nicht erst wahrgenommen wird.

In einem zweiten Schritt unterscheidet die Policy-Forschung zwischen „positiven" und „negativen" Entscheidungen. Maßnahmen werden als positiv bezeichnet, wenn sie zu einer Veränderung der Ausgangslage führen. Als negativ werden Entscheidungen hingegen charakterisiert, wenn aus ihnen keine Änderung des Status Quo resultiert (Howlett/Ramesh 2003: 129). Negative Entscheidungen sind ein äußerst spannendes Phänomen. Hier besetzen Themen zwar die Agenda, es wird unter Umständen bereits eine konkrete Politik formuliert, doch dann bleibt der Policy-Cycle gewissermaßen stehen: Er blockiert. Obwohl die Politikfeldanalyse die Relevanz dieser Erscheinung hervorgehoben hat, existiert wenig Forschung zum Bereich der negativen Entscheidungen (Howlett/Ramesh 2003: 165). Ein Beispiel wird im folgenden Infokasten gegeben.

Infokasten 5-3: Negative Entscheidungen in der Praxis

1996 verabschiedete die Europäische Union eine Elternzeit-Richtlinie, die von den Mitgliedsstaaten innerhalb von zwei Jahren implementiert werden musste. Die Phasen Problemdefinierung, Agenda Setting und Politikformulierung hatten also gar nicht auf Ebene der Nationalstaaten (wenngleich auch mit deren Beteiligung), sondern vor allem unter Leitung der Sozialpartner auf europäischer Ebene stattgefunden. Bereits bei Verabschiedung der Richtlinie kündigte die konservativ-liberale Regierung Deutschlands an, sie werde keine Änderungen der nationalen Rechtslage durchführen. Auch als die Europäische Kommission zwei Jahre später in einem formellen Brief nachfragte, weshalb die Richtlinie noch nicht implementiert worden sei, kam von Berlin die Antwort, an der „negativen Entscheidung" werde festgehalten (Falkner et al. 2002: 13). Die Inhalte der europäischen Richtlinie passten nicht zu den familienpolitischen Vorstellungen der Kohl-Regierung.

Zur Entscheidungsfindung gehört auch die Frage, wer letztlich das weitere Vorgehen festlegt. Es ist zu klären, ob etwa ein Gesetz erforderlich ist oder ob eine Verordnung o.ä. genügt. Ersteres bedingt, dass der Gesetzgeber, in der Regel ein Parlament, eingeschaltet wird. Letztere ist eine administrative Entscheidung, die keinen Gesetzesakt erfordert. In beiden Fällen legt die Entscheidung „eine Reihe von Operationen fest, mittels derer unter Einsatz sachlicher und personeller Ressourcen ein spezifiziertes Ziel erreicht werden soll" (Schneider/Janning 2006: 57). Kriterien wie Effektivität und Effizienz, die Auskunft geben, wie das behandelte Problem möglichst wirksam bzw. möglichst kostenarm bekämpft werden kann, spielen bei der Entscheidung für eine Handlungsalternative eine wichtige Rolle. Zum einen können jedoch normative Überlegungen einer Orientierung an diesen rationalen Merkmalen entgegenstehen. Und zum anderen verfügen politische Entscheidungsträger oft gar nicht über das entsprechende Wissen zur Anlegung dieser Bewertungsmaßstäbe (Schneider/Janning 2006: 57).

Für die Politikformulierungsphase ist bereits angesprochen worden, dass erst über das Phasenmodell hinausgehende theoretische Ansätze es ermöglichen, allgemeine Aussagen zu treffen, Annahmen zu bilden oder Kausalitäten herzustellen. Von allen Phasen des Politikzyklus sind Politikformulierung und Entscheidungsfindung am stärksten theorieorientiert untersucht worden (vgl. Jann/Wegrich 2009: 93). Ein in den USA äußerst einflussreiches und im zweiten Kapitel bereits kurz erwähntes Modell wurde von John Kingdon (1984) erdacht und von Nikolaos Zahariadis (2007) weiterentwickelt: Ihr *Multiple-Streams*-Ansatz greift zwar auch schon für die zuvor behandelten Phasen des Policy-Cycle. So will er in erster Linie Erklärungen dafür liefern, weshalb bestimmte Themen und Probleme auf die politische Agenda rücken. Der Ansatz zeigt jedoch auch, weshalb es in der Entscheidungsphase zur Auswahl einer bestimmten Lösung kommt, weshalb er im Folgenden detailliert betrachtet werden soll.

Die Bezeichnung *Multiple Streams* bezieht sich auf drei Ströme, die nach Annahme des Theorieansatzes parallel und unabhängig voneinander durch das politische System fließen (Kingdon 1984: 92). Der erste Strom besteht aus den öffentlich wahrgenommenen *Problemen*, die nach einer politischen Bearbeitung verlangen. Im zweiten Strom befinden sich die *Policies*, die zur Lösung dieser Probleme entwickelt werden. Der dritte Strom enthält die *Politics*, also die auftretenden Konflikte und Interessenlagen. Als entscheidende Faktoren für letzteren Strom führt Kingdon die öffentliche Stimmung, Regierungswechsel oder Kampagnen von Interessengruppen an. Die Hauptannahme des Ansatzes besteht darin, dass Politikwandel nur dann erfolgen kann, wenn die drei Ströme aufeinander treffen bzw. gekoppelt werden. Nur sofern für ein geeignetes Problem passende Lösungsvorschläge gefunden werden und überdies die politischen Konstellationen und Interessen günstig sind, öffnet sich ein *window of opportunity*: ein Möglichkeitsfenster, um eine spezifische Politik durchzubringen. Diese Chance muss genutzt werden, denn: „So wie sich Zeitfenster öffnen, so schließen sie sich auch wieder. [...] Die Aufmerksamkeit verlagert sich dann auf andere Sachverhalte, die nun als dringender betrachtet werden." (Rüb 2009: 367)

Der *Multiple-Streams*-Ansatz beruht auf ähnlichen Grundannahmen wie das weiter oben behandelte *Garbage-Can*-Modell. Auch Kingdon und Zahariadis gehen davon aus, dass oft günstige Gelegenheiten darüber entscheiden, ob sich ein Möglichkeitsfenster öffnet oder nicht. Solche Gelegenheiten können sich durch *focusing events* ergeben (z.B. der 11. September für die Sicherheitspolitik; vgl. Meyer 2006), aber auch durch die Veröffentlichung von Indikatoren oder die Evaluierung von früheren politischen Programmen (Zahariadis 2007: 71). Darüber hinaus führt das *Multiple-Streams*-Modell jedoch den Begriff der Policy-Unternehmer (*policy entrepreneurs*) ein. Diese individuellen oder korporativen Akteure wirken auf politische Entscheidungsträger ein und suchen so, bestimmte Policies durchzusetzen. Umschrieben wird dies mit dem im Deutschen recht negativ konnotierten, im Englischen jedoch neutraler verwendeten Begriff „Manipulation". Das ständige Bestreben der Policy-Unternehmer ist es, die drei Ströme miteinander zu koppeln. Denn wenn auch die politischen Entscheidungsträger in dem Ansatz als relativ unideologisch bzw. unambitioniert präsentiert werden: "The primary concern of decision makers – policy makers, business executives, or top civil servants – is to manage time rather than to manage tasks. [...] These people often do not have the luxury of taking their time to make a decision" (Zahariadis 2007: 68). Für die Policy-Unternehmer (die gleichzeitig natürlich auch politische Entscheidungsträger sein können), gilt das genaue Gegenteil. Sie sind hoch motiviert und ständig bestrebt, ihre *pet solutions* durchzubringen – ein schwer zu übersetzender Begriff, der im Deutschen vielleicht am ehesten als „Lieblingslösungen" wiedergegeben werden kann.

Damit ergänzen sich die Entscheidungsträger und die Unternehmer allem Anschein nach ideal: Erstere sind wenig motiviert und haben vor allem keine Zeit, sich mit den anstrengenden Details der politischen Probleme und Lösungen auseinanderzusetzen. Das macht sie umso empfänglicher für das ständige Bestreben letzterer, die Gunst eines geöffneten *windows of opportunity* zu nutzen und ihre *pet solutions* an die Politik zu bringen. Allerdings: Hiermit überzeichnet der Ansatz seine „Charaktere" und vermag nicht zu erklären, weshalb unambitionierte Entscheidungsträger plötzlich auch zu hoch engagierten Unternehmern werden können (neben Interessengruppen, Wissenschaftlern oder Journalisten, die als *policy entrepreneurs* fungieren). Dennoch kann das Modell entscheidend zu einem besseren Verständnis der Agenda-Setting-Dynamiken und der weiteren Phasenverläufe beitragen. Geht man mehr in die Tiefe, können aus dem *Multiple-Streams*-Ansatz Hypothesen abgeleitet werden. Näher an der Empirie kann er aber auch als Heuristik verwendet werden, indem man aus dem Modell geeignete Fragen ableitet, die an einen politischen Prozess zu richten sind: Wer hat das Problem wahrgenommen und auf die politische Agenda gebracht? Woher stammten die Handlungswege, die zur Lösung des Problems empfohlen wurden? Welche politischen Interessenlagen führten dazu, dass eine spezifische Handlungsalternative letztlich tatsächlich beschlossen wurde?

Mit der endgültigen politischen Entscheidung ist die nächste Phase der Implementierung erreicht, in der die konkrete Maßnahme oder das Programm nun durch Politik und Verwaltung umgesetzt werden müssen.

5.3 Politikimplementierung

1973 veröffentlichten Pressmann und Wildavsky ein Buch mit dem berühmten Titel: „Implementation: How Great Expectations in Washington are Dashed in Oakland; Or Why it's amazing that Federal Programs Work at all...". Der erste Teil dieses Untertitels enthält eine interessante Feststellung: Politische Programme, die Washington zentral beschließt, werden in Oakland gar nicht bzw. unzureichend implementiert. Bei den untersuchten Fällen handelte es sich interessanterweise um die wohlfahrtsstaatlichen Reformprogramme unter Präsident Johnson, zu deren Durchführung erstmals die junge Disziplin der Policy-Forschung herangezogen wurde. Der zweite Teil des Untertitels enthält eine glatte Provokation: Er unterstellt, dass die unzureichende bzw. gar nicht erfolgende Implementierung keinen raren Ausnahmefall darstellt, sondern vielmehr die Regel: Es sei erstaunlich, dass Bundesprogramme überhaupt funktionieren.

Bis in die 1970er Jahre wurden entsprechende Problematiken überhaupt nicht diskutiert und die Implementationsphase daher auch nicht als eigenständige Sequenz des Politikzyklus konzipiert. Gesetze, Standards oder Verwaltungsvorschriften wurden beschlossen, „und damit war das Problem für den Gesetzgeber im Prinzip erledigt" (Jann/Wegrich 2009: 94). Erst jetzt, im Rahmen der offenkundigen Umsetzungsprobleme bei den durchgeführten Wohlfahrtsreformen, wendete sich auch die Policy-Forschung stärker dieser entscheidenden Stufe zu. Implementierung ist die Phase, in der politische Absichten in messbare Taten umgesetzt werden. Bislang existieren die Steuerungsinstrumente, Gesetze oder Regulationen nur auf dem Papier – nun müssen sie in der Praxis angewandt werden. Eigentlich ist es erstaunlich, dass die Steuerungsprobleme im Staat, also „parlamentarisch legitimierte Politik im bürokratischen Apparat effektiv durchzusetzen" (Jänicke et al. 2003: 63), so spät erkannt wurden. Denken wir nur zurück an das Getränkedosen-Beispiel: Die Steuerungsgrenzen des Instruments Regulierung sind schnell sichtbar geworden. Ein gesetzliches Verbot, Aludosen in die Landschaft zu werfen, bewirkt im schlechtesten Fall gar nichts.

Das Faktum der vorherrschenden Meinung bis in die 1970er Jahre, dass alles, was der Staat beschließt auch umgesetzt wird, verweist auch auf das bereits mehrfach angesprochene mechanistische Politikverständnis der älteren Politikwissenschaft. Nachdem die Implementationsproblematik erkannt worden war und sich diese Sichtweise zu Beginn der 1980er Jahre allgemein durchgesetzt hatte, begann die Politikfeldanalyse nach Faktoren zu suchen, die eine effektive Umsetzung von Programmen begünstigen bzw. behindern. Doch über den analytischen Fokus, welcher bei der Suche nach diesen Faktoren eingenommen werden sollte, brach innerhalb der Policy-Forschung eine Debatte aus, die sich schon bald zum Forschung hemmenden Streit verhärtete (Howlett/Ramesh 2003: 186). Die eine Seite vertrat einen *Top-down*-Ansatz: Man müsse die Mechanismen erörtern, die der Politik eine effektivere Implementierung ihrer Programme ermöglichen würden. Die andere Seite hielt mit einem *Bottom-up*-Ansatz dagegen: Um die auftretenden Schwierigkeiten zu verstehen, müssten vielmehr die am Umsetzungsprozess beteiligten Akteure analysiert werden.

Mit zunehmendem Fortschritt der Implementationsforschung wurde jedoch deutlich, dass wie so oft ein Einbezug *beider* Perspektiven hilft, auftauchende Umsetzungsprobleme zu verstehen (und unter Umständen auch abzumildern bzw. zu lösen). Die *Top-down-*, mitunter auch als Gesetzgeberperspektive bezeichnet, verfolgt die Umsetzung zentralstaatlich festgelegter Ziele durch die Instanzen. Somit kann sie Antwort auf die Fragen finden, an welcher Stelle der verwaltungsinternen Prozesse es zu Abweichungen vom Zielkatalog kommt. Der *Bottom-up-*Ansatz beginnt einfach nur am anderen Ende der Implementierungskette (Howlett/Ramesh 2003: 190). Er kann zum einen besser das Vorgehen der Vollzugseinheiten auf den unteren Ebenen erklären. Diesbezüglich ist der Terminus der *Street Level Bureaucracy* geprägt worden (vgl. Infokasten). Er kann zum anderen auch besser die teils informellen Interaktionen und Netzwerkbildungen von Akteuren auf verschiedenen Vollzugsebenen analysieren. Diese beiden Sichtweisen auf Implementierungsschwierigkeiten sind sehr unterschiedlich und ergänzen sich doch gegenseitig. Somit können *Top-down-* und *Bottom-up-*Ansatz zusammengenommen tieferen Einblick in die Policy-Implementierung gewähren als einer der Ansätze allein es vermag (Sabatier 1986).

Infokasten 5-4: Street Level Bureaucracy

Lipsky entwickelte das Konzept der *Street Level Bureaucracy* (1980) mit der Begründung: "Policy Implementation in the end comes down to the people who actually implement it." Und dies seien eben die konkret Ausführenden, z.B. Polizisten, Lehrer, Richter oder Sozialarbeiter. Ein Beispiel hierfür liefert Roland Kochs Ruf nach härterem Strafmaß für jugendliche Kriminelle im hessischen Wahlkampf 2008. Er argumentierte, die Gesetzeslage müsse verschärft werden und nahm somit eine hierarchische *Top-down-*Perspektive ein. Kritiker hielten dagegen, die Rechtslage gebe ein genauso hartes Strafmaß wie von Koch gefordert her (abgesehen davon, ob es sinnvoll sei dies einzusetzen): Die ausführenden Richter jedoch verhängten dieses Strafmaß in aller Regel nicht. Die Gründe für niedrige Strafmaße waren also nicht in der zentralstaatlichen Rechtslage zu suchen, sondern auf der konkreten Ausführungsebene.

Nachdem der Streit zwischen *Top-down*- und *Bottom-up*-Verfechtern somit weitgehend überwunden war, konnte wieder eine konstruktivere Beschäftigung mit den Faktoren erfolgen, die eine zielführende Umsetzung begünstigen bzw. behindern. Sowohl Gesetzgeberperspektive als auch die Perspektive der Ausführungsebene hatten darauf verwiesen, dass während der Implementierung häufig eine Lücke zwischen den ursprünglichen politischen Zielen und der realen administrativen Praxis aufklafft. Diesen Umstand, der als wichtiger Grund für das Scheitern von Policies angeführt wurde, suchte die *Principal-Agent*-Theorie zu erklären. Dieser aus den Wirtschaftswissenschaften stammende Ansatz versucht, das Handeln von Menschen innerhalb einer Hierarchie zu erklären. Die Hauptannahme hierbei ist, dass bei Delegierung des Handelns an untere Ebenen immer Informationen verloren gehen, was somit zu einer Informationsasymmetrie führt. Dieser Umstand wird auch als *Principal-Agent*-Dilemma bezeichnet. Hinzu kommt: Wenn der Gesetzgeber (*Principal*) die Implementierung eines Programms an die Verwaltung (*Agent*) überträgt, so ist letztere durchaus mit dem Thema vertraut, hat eigene Interessen und Vorstellungen über die Programmdurchführung. Man bedenke, dass 80% der Gesetzesinitiativen aus der ministeriellen Referatsebene stammen. Dieses Wissen suchen Bürokraten bei der Implementierung einzusetzen und können somit die vom Prinzipal geplante Umsetzung noch wesentlich verändern.

Ein weiterer Faktor, der effektive bzw. effiziente Implementierung beeinflusst, nimmt Rückbezug auf die Instrumente politischer Steuerung: Die Umsetzung einer Politik beinhaltet immer auch die Wahl eines geeigneten Steuerungsinstruments und wie diese Wahl ausfällt, kann großen Einfluss auf die Implementierungsmuster haben (Howlett/Ramesh 2003: 194). Wie sich bereits in Kapitel 4.3 gezeigt hat, bringen die einzelnen Instrumente auch spezifische Probleme mit sich (vgl. insbesondere Schaubild 4-4). Und nicht zuletzt kann das Politikfeld bzw. das behandelte Problem selbst Einfluss auf die auftretenden politischen Konflikte und letztlich auch auf die Umsetzungsphase haben, wie der im zweiten Kapitel behandelte Policy-Arenen-Ansatz nach Lowi gezeigt hat. Insgesamt zeigt sich, dass äußerst viele Faktoren Einfluss auf die Implementationsphase haben *können*, welche es jedoch tatsächlich tun, gilt es für diese Phase des Policy-Cycle herauszufinden. Auf dem Implementierungserfolg eines Programms liegt überdies ein wesentliches Augenmerk der sich anschließenden Evaluierung.

5.4 Evaluierung

Wie sich gezeigt hat, widersprach Jones erstes Phasenmodell seinem eigenen Gestaltungs- und Beratungsanspruch: Es platzierte die Evaluierungsphase nach der Politikbeendigung. Von heutigen Phasenmodellen hingegen wird die Evaluation stets davor gesetzt, denn sie soll schließlich zur Neuformulierung oder, bei entsprechend positiver Bewertung, zur Beendigung des Politikprozesses führen. Bei allen sonstigen Differenzen sind sich die heute gebräuchlichen Phasenmodelle in diesem Punkt doch einig. Nichtsdestotrotz enthält dieser Evaluierungsfokus eine gewisse idealtypische, vielen wünschenswert erscheinende Überzeichnung: Denn nicht immer haben die mit der Aus- und Durchführung von Programmen Beauftragten überhaupt ein Interesse daran zu wissen, wie ihre Instrumente greifen und ihre Maßnahmen wirken.

Dies gilt zum einen für die allgemeine, öffentliche Evaluierung von Politiken, wie sie etwa vor Wahlen stattfindet: Die Bürger bewerten sowohl die in der Vergangenheit umgesetzten als auch die zukünftig geplanten Policies verschiedener Parteien, treffen hiernach ihre Wahlentscheidung oder stellen der amtierenden Regierung eine „Quittung" aus. Wie letzteres zeigt, handelt es sich bei Wahlen um eine „pauschale Evaluierung": Hier werden eben keine einzelnen politischen Maßnahmen bewertet. Somit lassen sich auch keine eindeutigen Schlussfolgerungen darüber ziehen, in welchen Punkten diese Maßnahmen im Einzelnen verbessert werden sollten. Evaluation im Sinne des Phasenmodells geht jedoch hierüber hinaus: Sie ist „im Kern die Prüfung der Effektivität und Effizienz sowie der Wirkungsbedingungen politischer Maßnahmen und Programme" (Jänicke et al. 2003: 64). Im politikwissenschaftlichen Sinne meint Evaluierung die Bewertung staatlicher und anderer Maßnahmen, zu deren Zwecke Maßstäbe, Standards und Methoden entwickelt werden. Ziel ist es, die Wirkung und die Zielerreichung politischer Programme zu erfassen und zu beurteilen.

In der Evaluationsphase wird also nicht nach dem bloßen Tätigwerden der Politik gefragt, sondern nach den Resultaten und tatsächlichen Wirkungen. Denken wir zurück an die grundlegende Fragestellung der Politikfeldanalyse: Sie fragt danach, *was* politische Akteure tun, *warum* sie es tun und was sie letztlich damit *bewirken*. Dass die Differenzierung zwischen diesen verschiedenen Erkenntnisinteressen nicht ganz unproblematisch ist, verdeutlicht der folgende Infokasten.

Infokasten 5-5: Output und Outcome

Als *Output* werden die unmittelbaren faktischen Ergebnisse politischer Entscheidungen bezeichnet – sie geben Antwort auf die Fragestellung, *was* politische Akteure tun. *Outcomes* hingegen sind die Folgen und auf den Politikfeldern freigesetzten Wirkungen politischer Entscheidungen – sie geben zu der Frage Auskunft, was politische Akteure letztlich *bewirken*. Das Problem: *Outcomes* resultieren nicht ausschließlich aus den politischen *Outputs*, sondern können im Ergebnis durch vielfältige, teils unbekannte Faktoren geprägt sein. Dies verweist auch auf die begrenzte Steuerungsfähigkeit der Politik: Sie kann nicht sämtliche Ursachen und Wirkungen in einem rationalen Prozess abwägen und dementsprechend den perfekten *Output* planen. Ein Beispiel liefert das BAföG: Die Transferleistung soll unter anderem die Studierendenquote aus Haushalten mit geringem Einkommen erhöhen. Evaluierend wäre dann zu prüfen, inwieweit die *Outcomes* vom Erfolg des Steuerungsinstruments zeugen und welche anderen Faktoren zu berücksichtigen sind.

Systematisch betriebene Evaluierungen politischer Maßnahmen bieten die Möglichkeit des politischen Lernens, der Verbesserung und höheren Zielerreichung politischer Programme. Politik und Verwaltung können über Evaluierungen Kenntnisse über die konkreten Folgen ihres Handelns gewinnen, so dass die Verantwortung nicht mit der Inkraftsetzung von Maßnahmen endet. Hierfür ist es jedoch notwendig, genaue Kriterien zu formulieren, die darüber entscheiden, ob ein Programm „gut", „schlecht", „gerecht", „erfolgreich" oder „gescheitert" ist (Jänicke et al. 2003: 65). Der Nutzen eines Programms kann beispielsweise entweder an der Höhe der Kosten gemessen werden oder am Grad der Zielerreichung. Es gibt also ganz unterschiedliche Kriterien und Dimensionen, die zur Evaluierung herangezogen werden können. Die bekanntesten Effizienzkriterien stammen aus der Wohlfahrtsökonomie und evaluieren z.B., wie ein spezifisches politisches

Programm die Nutzenverteilung verändert hat (Schneider/Janning 2006: 62): Sind alle Betroffenen bessergestellt als zuvor? Geht es zwar einigen schlechter, den meisten aber besser? Oder sind gar alle schlechter gestellt? Im ersten Fall würde die Evaluierung das gewählte Programm bestätigen. Der zweite Fall sollte Anlass zur Umformulierung und Wirkungsanalyse geben. Im dritten Fall scheint die Zurücknahme der eingeführten Policy eine sinnvolle Option zu sein.

In einem ersten Schritt lässt sich zwischen der *internen* und der *externen* Evaluierung unterscheiden. Bei der internen Evaluierung führt die Einrichtung eine Eigenbewertung durch, z.B., indem universitäre Fachbereiche systematische Evaluierungen ihrer Lehrveranstaltungen vornehmen lassen. Bei der externen Evaluierung hingegen nehmen außen stehende Gutachter eine Bewertung vor, z.B. indem sie das Lehrangebot des universitären Fachbereichs begutachten oder Lehrproben durchführen. Wie letztlich das genaue Evaluationsdesign aussieht, auf welche Art und Weise die Evaluierung durchgeführt wird: Hierüber entscheiden *Ziel und Zweck* der Evaluierung. Welche Kriterien angelegt werden hängt aber immer auch davon ab, *wer* die Bewertung des Programms vornimmt. Eine Bewertung kann z.B. (1) inner-administrativ, (2) politisch oder (3) wissenschaftlich vorgenommen werden. Die folgenden Ausführungen zeigen, dass die entsprechend an ein Programm zu richtenden Fragen sich deutlich unterscheiden. (1) Eine rein *inner-administrative Evaluierung* kann z.B. durch Vorgesetzte innerhalb der durchführenden Behörde erfolgen. Inner-administrative Handlungskriterien werfen unter anderem folgende Fragen auf: Konnte das Programm ohne zusätzliches Personal durchgeführt werden? Konnte der Finanzplan eingehalten werden oder sind zusätzliche Ausgaben entstanden? (2) Eine *politische Evaluation* hingegen müsste ganz anders ausfallen: Wurde ein Maximum an möglichen Wählern erreicht? Assoziiert die Zielgruppe die (positiven) Ergebnisse mit der politischen Entscheidung? Diese ersten beiden Evaluierungsformen existierten bereits lange bevor eine systematische Evaluation entwickelt wurde. (3) Die *wissenschaftliche Bewertung* politischer Programme ist Gegenstand der Evaluationsforschung, die sich seit Beginn der 1960er Jahre in den USA, ab Mitte der Dekade dann auch in Deutschland ausbreitete. Ihr Ziel ist es in erster Linie, „die Wirkungen von Politiken und deren Bestimmungsfaktoren zu erfassen" (Wollmann 2009: 386).

Mit der Evaluierungsphase schließt sich der Kreis des Phasenmodells. Die öffentliche, inner-administrative, politische oder wissenschaftliche Bewertung einer Maßnahme befindet darüber, ob der Prozess erfolgreich gewesen ist und somit abgeschlossen werden kann oder ob nach wie vor Defizite festgestellt werden. Ist letzteres der Fall, kommt es erneut zu einer Phase, in der die eingeführte Maßnahme verändert und umformuliert wird. Der Politiksetzungskreislauf geht somit weiter, indem eine neue Phase der Problemdefinierung oder auch bereits der Politikformulierung einsetzt. Eine Programmbeendigung kann allerdings nicht nur in dem Fall erfolgen, dass ein bestehendes Problem zufriedenstellend gelöst wurde. Der Prozess kann ebenfalls beendet werden, weil der Versuch, das Problem überhaupt lösen zu wollen, aufgegeben wird. Eine weitere Möglichkeit ist, dass aus Effektivitäts- bzw. Effizienzüberlegungen, finanziellen oder ideologischen Gründen eine Ausführung der Maßnahme nicht länger wünschenswert erscheint (Schneider/Janning 2006: 62). So wurden beispielsweise die steuerlichen Kinderfreibeträge 1975 von der sozialliberalen Bundesregierung vorübergehend abgeschafft, da sie ein Instrument der horizontalen Umverteilung darstellen: Bei hohem Einkommen zahlen sich Freibeträge am meisten aus, während bei entsprechend niedrigem Einkommen überhaupt kein Steuervorteil vorhanden ist.

Damit ist nun das Ende des Politiksetzungsprozesses und somit auch des Phasenmodells erreicht. Bevor abschließend die Stärken und Schwächen des Policy-Cycle diskutiert werden, gibt der folgende Infokasten noch drei Filmtipps. Die empfohlenen Streifen behandeln auf unterhaltsame Weise viele Aspekte, die zwar nicht im engeren Sinne einen Politiksetzungsprozess darstellen, aber viele Aspekte behandeln, die in diesem Zusammenhang diskutiert wurden.

> **Infokasten 5-6: Filmtipps zum Politikmachen**
>
> Das Phasenmodell sieht Politik als Handwerk, als Politik-Machen. Das Ziel, diese Wirklichkeitsnähe mit einer Politik jenseits des Scheinwerferlichts zu verknüpfen hatte auch das österreichische Polit-Film-Festival 2002. Es empfahl folgende Filme, die Auskunft über viele Punkte des „Politik-machens" geben: Im Spielfilm *Wag the Dog* (1997) stürzt der US-Präsident kurz vor der Wahl in einen Sex-Skandal, woraufhin sein Berater einen Hollywood-Produzenten engagiert, um einen Krieg gegen Albanien zu inszenieren. Näher an der deutschen Politik suchten die Regisseure Aust, Kluge, Schlöndorff und von Eschwege mit *Der Kandidat* (1980), einen Sieg

Johann Strauß bei der Bundestagswahl gegen Helmut Schmidt zu verhindern. Der Dokumentarfilm *The War Room* (1993) zeigt den demokratischen Vorwahlkampf 1992 aus Sicht des Wahlkampf-Mitarbeiters Burton – der Filmtitel ist nach Bill Clintons Wahlkampfbüro benannt.

5.5 Analytische Stärken und Schwächen des Phasenmodells

Gleich zu Beginn des Kapitels haben wir angesprochen: Der Policy-Cycle ist eine Heuristik. Er bildet einen Orientierungsrahmen, um die verschiedenen Phasen des Politiksetzungsprozesses zu betrachten. Doch diese Strukturierung und Orientierung beruht auf der Annahme, dass politische Maßnahmen spezifische Stadien durchlaufen: Problemdefinierung, Agenda Setting, Politikformulierung, Entscheidung, Evaluierung und Terminierung. Mittlerweile ist jedoch nicht nur offensichtlich geworden, dass sich die einzelnen Phasen nicht klar voneinander abgrenzen lassen, sich überlappen oder gänzlich wegfallen. Es ist sogar bezweifelt worden, ob der vom Phasenmodell vorgegebene Ablauf überhaupt als typisch gelten kann oder ob nicht vielmehr diese Art des Politikmachens die Ausnahme darstellt. Der Policy-Cycle, so meint etwa Sabatier (2007: 7), leidet an deskriptiver Ungenauigkeit: So beeinflusst die Evaluation bestehender Programme das Agenda Setting, Evaluierungen politischer Programme werden mitunter gänzlich ausgelassen und einige Politikprozesse vielleicht niemals terminiert.

Eine Stärke des Phasenmodells ist sicherlich seine Abkehr vom strikten Institutionen- oder Akteursbezug. An mehreren Stellen ist deutlich geworden, dass auch die Subdisziplin der Politikfeldanalyse sich stets mit diesem Dualismus konfrontiert sieht: Sind es nun die politischen Akteure, die frei auf soziale Missstände reagieren und diese zu steuern suchen, oder ist ihr Handeln stets eingebettet und geprägt durch die sie umgebenden Ordnungen und Strukturen? Durch seine Problemorientierung und Prozessbetrachtung überwindet der Policy-Cycle diese Debatte ein Stück weit. Paul Sabatier hat das Phasenmodell wohl am schärfsten kritisiert und hieraus abgeleitet, die Policy-Forschung benötige dringend bessere Theorien. Aber auch er erkennt an, dass der Policy-Cycle zur Thematisierung vieler Fragen geführt hat, die innerhalb der institutionalistisch fokussierten, älteren Politikwissenschaft unbeantwortet blieben. Dazu gehöre insbesondere die Fokussierung politischer *Impacts*, also des Grads der Zielerreichung politischer Maßnahmen und Programme.

Ein großer Nachteil des Policy-Cycle entstammt abermals seinem heuristischen Charakter: Er vermag keine Kausalitäten aufzuzeigen. Im dritten Kapitel zu politikfeldanalytischen Theorien und Methoden wurde gezeigt, dass es das Ziel sein muss, Ursachen (unabhängige Variable) für bestimmte Wirkungen (abhängige Variable) zu finden. Dies erfolgt unter Zuhilfenahme von theoretischen Ansätzen. Das Phasenmodell aber ist kein theoretischer Ansatz, denn es verknüpft keine aufeinander bezogenen Aussagen und ermöglicht es nicht, Annahmen und Hypothesen zu formulieren. Es werden keine Angaben dazu getroffen, *wieso* ein Politikprozess beispielsweise nach der Problemformulierungsphase plötzlich abbricht, *weshalb* bei der Entscheidungsfindung noch eine substanzielle Veränderung des Programms erfolgt oder *warum* die negativen Ergebnisse der politischen Evaluation nicht zur Re-Formulierung des Problems geführt haben.

Insofern ist es richtig, wenn Sabatier (2007: 7) formuliert: "It is not really a causal theory since it never identifies a set of causal drivers that govern the policy process within and across stages." Andererseits sollten theoretische und methodische Ansätze als Hilfsmittel angesehen werden, die entsprechend der Fragestellung und des Erkenntnisinteresses herangezogen werden. Es ist also gar nicht *notwendig*, dass das Phasenmodell Antwort auf all diese Fragen gibt. Denn es will als Heuristik lediglich ordnen, strukturieren und Komplexität reduzieren. Erst durch die Einteilung in Sequenzen ermöglicht es der Policy-Cycle, „die Komplexität und Heterogenität der Politikgestaltung zu reduzieren und sinnvoll in handhabbare Segmente aufzuteilen und der Forschung zugänglich zu machen" (Schneider/Janning 2006: 62). Es kann also argumentiert werden, dass erst die Konzentrierung auf die einzelnen Phasen die zahlreichen theoretischen Ansätze inspiriert und gefördert hat, die etwa zu den Bereichen des Agenda Setting (z.B. *Multiple Streams*) oder der Implementierung (z.B. *Principal-Agent-Dilemma*) existieren.

Problematisch ist daran allerdings, dass die mehr oder minder scharfe Trennung der einzelnen Phasen auch dazu geführt hat, dass die theoretischen Ansätze zu distinkt voneinander bleiben. Entsprechend kritisiert auch Sabatier: „Work within each stage has tended to develop on its own, almost totally without reference to research in other stages" (Sabatier 2007: 7). Ein theoretischer Ansatz wie der von

Cobb, Ross und Ross (1976), der sehr gut erklärt, wann und von wo aus bestimmte Themen auf die politische Agenda rücken, sagt nichts darüber aus, nach welchen Kriterien dann in der anschließenden Sequenz die Politikformulierung erfolgt. Das übergeordnete Ziel, nämlich Politikwandel bzw. die Frage zu beantworten, *warum* politische Akteure tun, *was* sie tun, kann ein auf eine Phase beschränkter Ansatz daher auch immer nur partiell erreichen.

Die Reduzierung der Komplexität hat neben ihren Vorteilen auch einen entschiedenen Nachteil: Das *policy-making* erscheint hierdurch leicht als zu einfach, zu problemlos. Dies entstammt der Tatsache, dass das Pferd oft von hinten aufgezäumt wird: Häufiger ist eine erfolgreich verabschiedete Policy Anlass, einen politischen Prozess zu untersuchen, als ein gescheitertes Programm. Natürlich fragen manche Studien auch danach, weshalb bspw. ein Land umweltpolitisch ein Nachzügler ist oder woran eine konkrete Gesundheitsreform scheiterte. Zahlenmäßig bleiben sie aber nicht nur hinter der Untersuchung erfolgreich implementierter Programme zurück. Auch die Phasensuggestion, dass „es nur darauf anzukommen scheint, Programme zu entwickeln und am Laufen zu halten" (Jann/Wegrich 2009: 103) enthält ein unrealistisches Weltbild. Hinzu kommt eine weitere fehlerhafte Suggestion: Angewandt wird der Policy-Cycle vor allem auf neue Probleme und neue Lösungen. Dabei ist Politik im Wesentlichen damit beschäftigt, bestehende Themen routinemäßig zu behandeln oder an existierenden Instrumenten kleinere Stellschrauben zu verdrehen (vgl. Jann/Wegrich 2009: 103). Dem muss allerdings hinzugefügt werden, dass es sich hierbei um eine wissenschaftliche Entscheidung handelt, die nicht dem Phasenmodell als solchem angekreidet werden kann.

Ein weiterer Kritikpunkt von Sabatier (2007: 7) ist die zu starke *Top-down*-Fixierung des Phasenmodells: "The stages heuristic has a very legalistic, top-down bias in which the focus is typically on the passage and implementation of a major piece of legislation." Dieser Kritik kann zumindest nicht kommentarlos zugestimmt werden. Zwar ist es richtig, dass das Phasenmodell letztlich den Schwerpunkt auf die *Outputs* politischer Prozesse legt und somit eine gewisse „Gesetzgeberperspektive" einnimmt. Von der Problemwahrnehmung ausgehend, die so häufig gesellschaftlich erfolgt und dann in die Politik getragen wird, können jedoch alle Phasen die starke Rolle verschiedener öffentlicher und politischer Akteure integrieren. Die mögliche *Bottom-up*-Fokussierung kann daher umgekehrt auch als Pluspunkt des Phasenmodells verbucht werden. Darüber hinaus ist es möglich, Verschiebungen in den Schwerpunktsetzungen bei den Politikinhalten im Verlauf politischer Prozesse unmittelbar nachzuvollziehen.

Von dieser Kritik des Phasenmodells und unseren Schlussfolgerungen ausgehend, scheint auch die obige, sehr gebräuchliche Darstellung des Policy-Cycle (Schaubild 5-1) nicht mehr ganz zutreffend zu sein. Die erste Kritik bezieht sich hierbei auf die Darstellung als „geschlossener" Kreis. Zwar ist natürlich mit der Terminierung ein „Ausweg" aus diesem Kreis möglich. Der Kreis selbst jedoch bleibt, gleich einem Stromkreis, in sich geschlossen und stellt auch in der in aller Regel eintretenden erneuten Problemdefinierungsphase keine neuen Inputs und Einflüsse dar. Die zweite Kritik bezieht sich auf die zeitliche Dimension, die dem Policy-Cycle in seiner traditionellen Darstellung vollkommen fehlt. Wenn der Politikprozess nicht terminiert wird, sondern in eine neue Problemdefinierung, ein neues Agenda Setting, eine neue Politikformulierung etc. eintritt, so findet dies alles zu einem viel späteren Zeitpunkt statt. Im Schaubild 5-1 hingegen wirkt es, als würde vom Faktor „Zeit" abstrahiert und inhaltlich die gleiche Phase, als wäre es ein *Groundhog Day*, einfach noch einmal durchschritten. Dies trifft überdies nicht nur auf zwei aufeinander folgende Politikprozesse zu, sondern auch innerhalb eines Prozesses findet natürlich die Evaluierungsphase bspw. später statt als die Politikformulierungsphase, so dass mittlerweile schon neue Erkenntnisse über die behandelte Problematik gewonnen sein könnten oder sich die vorherrschende Problemwahrnehmung verändert haben könnte. Das folgende Schaubild 5-5 zeigt dieser Kritik entsprechend einen Versuch, den Policy-Cycle offen und unter Einbezug der zeitlichen Dimension darzustellen.

Neben den oben genannten bietet diese Darstellung des Policy-Cycle noch einige weitere Vorteile. Sie lässt sich bspw. beliebig ergänzen oder reduzieren, d.h. es ist möglich, dass die Phasen tatsächlich nur ein einziges Mal durchschritten und der Prozess terminiert wird. Oder es können sich wiederholte Male, unter Umständen auch mit dazwischen liegenden zeitlichen „Pausen", Politikprozesse vollziehen. Mit anderen Worten: Wir haben uns hier für die Darstellung von zwei Phasendurchläufen entschieden, es hätten aber ebenso gut drei oder auch nur einer sein können. Außerdem trägt diese Darstellung des Policy-Cycle der oben genannten Tatsache Rechnung, dass sich die Zahl und Breite der beteiligten Akteure und Themen in der Regel von

Phase zu Phase verringert. Dies wird durch die kleiner werdenden Kreise symbolisiert.

Schaubild 5-5: Der offene Policy-Cycle

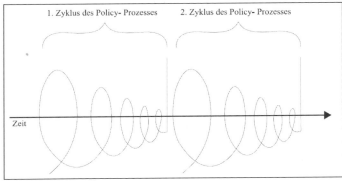

Quelle: Eigene Darstellung

Die „Terminierung" hingegen wird in ihrer Bedeutung vielleicht sogar noch weiter zurückgestuft als sie es in der regulären Darstellung des Policy-Cycle ist. Somit wird die vielleicht größte Stärke des Phasenmodells noch weiter hervorgehoben: Nämlich seine zyklische Anlegung, seine Kreisform, die Politikmachen eben nicht mehr als rationalen und endlichen, finalen Produktionsprozess darstellt, sondern als vielfach verflochtenen Problemlösungsprozess, der doch prinzipiell nie zum Abschluss kommen und Probleme immer nur für eine gewisse Zeit lösen kann.

5.6 Fallbeispiel: Der Politiksetzungsprozess zum Rauchverbot in Gaststätten

Mit diesem zweiten Fallbeispiel wird das Modell des Policy-Cycle bei einem konkreten Fall angewendet. Der sequentiellen Phasenabfolge, wie sie im Kapitel besprochen – und auch kritisiert – wurde, schließen wir uns zu diesem Zweck an. Als Fallbeispiel werden die Rauchverbote in Gaststätten gewählt, die spätestens zum Juli 2008 in allen deutschen Bundesländern in Kraft getreten sind. Dieses Beispiel verdeutlicht nicht nur die Phasen der Problemwahrnehmung, des Agenda

Setting, der Politikformulierung und Entscheidung, der Implementierung sowie Evaluierung. Es gibt darüber hinaus auch Auskunft über die supranationalen Einflüsse der Europäischen Union, die Vorbildfunktion und die Lernmöglichkeiten von anderen Ländern, den über lange Zeit hemmend wirkenden Einfluss von starken Interessenverbänden sowie existierende Vetomöglichkeiten innerhalb des institutionellen Gefüges der Bundesrepublik.

Die Tabakkontrollpolitik kann inzwischen als ein Politikfeld bezeichnet werden, auf dem sich vergleichsweise gut ein „objektiver Problemdruck" konstatieren lässt: Die stark gesundheitsschädigenden Wirkungen des Rauchens wie auch des Passivrauchens sind weitgehend unumstritten. Zahlreiche Studien haben für den deutschen Fall belegt, dass die jährlichen medizinischen und sozialen Kosten beinahe 20 Milliarden Euro betragen und bis zu 140.000 Todesfälle pro Jahr direkt auf die Folgen des Tabakkonsums zurückzuführen sind (Schwäbische Zeitung 1.8.2008). Auch das technische Wissen über die Steuerungsmöglichkeiten zur politischen Bearbeitung dieses Problems ist vergleichsweise hoch: Frühe Prävention in Form von Überzeugungs- und Aufklärungskampagnen bei Kindern und Jugendlichen, ein striktes Werbeverbot für jegliche Form von Tabakprodukten, hohe Steuern als finanzielles Abschreckungsinstrument sowie Rauchverbote in allen öffentlichen Gebäuden und Plätzen – dies sind nur einige der zur Verfügung stehenden Steuerungsinstrumente.

Dennoch hatte Deutschland in den vergangenen Jahren nicht nur selbst keine Anstalten zur Implementierung eines effektiveren Nichtraucherschutzes getroffen. Als einer der einflussreichsten Mitgliedsstaaten opponierte Deutschland auch wiederholt gegen europäische Bestrebungen für eine stärkere Tabakkontrollpolitik (z.B. Werbeverbote, Rauchverbote) (Grüning et al. 2008: 140). Von der Policy-Forschung sind für diese Form der negativen bzw. Nicht-Entscheidungen vor allem zwei Ursachen identifiziert worden: Zum einen stellt die Tabaksteuer eine nicht unwesentliche Einnahmequelle dar; ebenso wie die in regelmäßigen Abständen entrichteten Spendenzahlungen der Tabakkonzerne an die politischen Parteien (Cooper/Kurzer 2003). Und zum anderen wird das Widerstreben gegenüber einer stärkeren Tabakkontrollpolitik auch teilweise auf die Anti-Raucher-Kampagnen der Nationalsozialisten zurückgeführt: Grüning, Strünck und Gilmore (2008: 141) weisen jedoch in ihrer Analyse richtigerweise darauf hin, dass wohl weniger die (ohnehin ambivalenten) Nazi-Kampagnen gegen das Rauchen ausschlaggebend waren, als die semantische Verknüpfung von Nichtraucherschutzpolitik mit „faschistischer Raucherdiskriminierung" seitens der Tabakkonzerne. Hinzu nennen sie weitere Gründe wie bspw. die Lobby-Strategien der Tabakindustrie in Problemwahrnehmung und Agenda Setting.

Vor diesem Hintergrund stellen die Rauchverbote der Jahre 2007 und 2008 in gewissem Maße ein *puzzle* dar: eine bislang aufgrund der zeitlichen Nähe noch kaum wissenschaftlich untersuchte, überraschende politische Veränderung. Im Folgenden wird entlang des Phasenmodells beschrieben, wie dieser Politiksetzungsprozess ablief.

Problemwahrnehmung
Als erstes Land der Welt führte Irland zum 29. März 2004 ein striktes Rauchverbot in sämtlichen Restaurants und Kneipen ein. Spiegel Online (2004) sprach vom „Beginn einer neuen Ära". Die Nichtrauchervereinigung ASH (Action on Smoking and Health) gratulierte der irischen Regierung: Sie sei zuversichtlich, dass dem irischen Vorbild bald auch andere Staaten folgen werden (Spiegel Online 2004). Dies war auch der Fall: Nur zwei Monate später folgte ein entsprechendes Rauchverbot in Norwegen und der irische EU-Kommissar für Gesundheit und Verbraucherschutz, David Byrne, sagte, er begrüße eine solche Gesetzesvorlage für die gesamte EU. Das einhellige deutsche Medienecho zum irischen Rauchverbot lautete noch, im liberalen Deutschland sei die Durchsetzung eines Rauchverbots in der Gastronomie nicht vorstellbar. Indes dauerte es gerade mal vier Jahre, bis das entsprechende Verbot im letzten deutschen Bundesland in Kraft trat.

Die Phase der Problemwahrnehmung zum später folgenden Rauchverbot in Gaststätten, lässt sich für Deutschland etwa auf die Einführung des Rauchverbots in Irland festlegen. Natürlich waren die stark gesundheitsschädigenden Wirkungen sowohl des Rauchens wie auch des Passivrauchens schon seit Jahrzehnten in zunehmender Intensität bekannt. Nach und nach kam es zu entsprechenden politischen Maßnahmen, wie etwa dem Verbot der Fernseh- und Radiowerbung für Tabakprodukte (1975), der Einführung von Rauchverboten in einzelnen öffentlichen oder privaten Gebäuden, verstärkt durchgeführten Aufklärungs- und Vorbeugekampagnen für Kinder und Jugendliche. Die mögliche Einführung eines flächendeckenden Verbots wie in Irland wurde in Deutschland zuvor jedoch nicht ernsthaft diskutiert. Verstärkend kamen zu den Erfahrungen anderer Länder mit einem

Rauchverbot neue wissenschaftliche Studien hinzu: Im Jahr 2005 veröffentliche das Deutsche Krebsforschungsinstitut eine Studie zu den Folgen des Passivrauchens: Die Studienergebnisse, dass jährlich 3.300 Nichtraucher an den Folgen des Passivrauchens sterben, wurden auch in den Medien breit rezipiert (Grüning et al. 2008: 157). Es kann angenommen werden, dass die Studienergebnisse wie auch die Vorbildfunktion anderer Länder in der deutschen Öffentlichkeit zu einer verstärkten Problemwahrnehmung und auch verstärkten Akzeptanz eines Nichtraucherschutzgesetzes geführt haben: Die öffentliche Zustimmung zu einem Rauchverbot in Gaststätten stieg von 52,9% im Jahr 2005 auf 63,8% im Jahr 2006 (Deutsches Krebsforschungsinstitut 2006).

Agenda Setting
Seit Mitte der 1990er Jahre hatte die EU ihre Aktivitäten in der Raucherpolitik intensiviert, insbesondere durch die verordneten Warnhinweise auf den Verpackungen (2003): Dazu gehörte „Rauchen kann tödlich sein" bzw. im Englischen noch unter Weglassung des Konjunktivs „Smoking kills". In Deutschland folgten außerdem mehrere und teils drastische Tabaksteuererhöhungen. Diese negativen finanziellen Anreize sowie Instrumente der Überzeugung und Bewusstseinsbildung blieben jedoch weitgehend wirkungslos: Seit Mitte der 1990er Jahre hat sich die Zahl der Raucher kaum verringert. Allerdings – dies gehört auch zur Phase der Problemwahrnehmung – war sie damals schon nicht mehr besonders hoch: „Die Bevölkerung schätzt, dass etwa 46 Prozent der Bevölkerung rauchen. Der tatsächliche Raucheranteil ist dagegen mit 29 Prozent inzwischen auf seinem niedrigsten Stand" (Allensbach 2008).

Wie im vorigen Kapitel diskutiert wurde, sind die Zusammenhänge zwischen einem existierenden Problemdruck und dem wahrgenommenen Handlungsbedarf nicht starr – teilweise können sich beide sogar völlig konträr verhalten. Eben dies ist in der Tabakkontrollpolitik der Fall. Anfang der 1950er Jahre lag der Raucheranteil bei 88% der männlichen Bevölkerung, während er von 39% zu Mitte der 1990er Jahre auf heute nur noch 35% sank. Der Anteil von Raucherinnen unter der weiblichen Bevölkerung hat hingegen seit 1950 zugenommen: Damals lag er bei 21%, erreichte dann Mitte der 1970er Jahre mit 29% einen Höchststand und sank bis heute wieder auf 24% ab (Allensbach 2008). Die Daten zeigen, dass der „objektiv" höchste Problemdruck für Anti-Rauch-Kampagnen bzw. Nichtraucherschutzgesetze tatsächlich in den 1950er Jahren bestanden hätte – damals allerdings kaum wahrgenommen wurde. Dies lässt sich nur teilweise mit den medizinischen Erkenntnissen zur starken Gesundheitsschädigung durch Rauchen erklären. Auch wenn dieses Wissen selbstverständlich zugenommen hat, bestanden bereits ab den 1930er Jahren Erkenntnisse über Zusammenhänge mit Lungenkrebs und anderen schweren Krankheiten. Dennoch rückte ein Rauchverbot zum Nichtraucherschutz erst 2005 nachhaltig auf die politische Agenda.

Als eine der Ursachen kann sicherlich der Einfluss der Europäischen Union gelten. Deren irischer Gesundheitskommissar Byrne wollte sich mit der Regelung seines Heimatlandes profilieren. Er trat nun verstärkt für ein europäisches Engagement in Nichtraucherschutz und Tabakkontrollpolitik ein. Und tatsächlich intensivierte die EU in den kommenden Jahren ihre entsprechenden Unternehmungen. Im Januar 2007 stellte der neue EU-Gesundheitskommissar Markos Kyprianou in Brüssel ein Strategiepapier vor, welches vorsah, das Rauchen an allen öffentlichen Orten und Gaststätten zu untersagen. Kyprianou verwies auf die erfolgreichen Erfahrungen, die bislang in Irland, Norwegen, Italien, Schweden oder Malta mit einem solchen Rauchverbot gemacht wurden. Die Gastronomie habe in diesen Ländern nicht gelitten und die Bürger sich sehr schnell an das Rauchverbot gewöhnt. Nachdem die Bundeskompetenzen zum Erlass eines Rauchverbots angezweifelt worden waren, beschlossen die Gesundheitsminister der Länder auf einem sogenannten „Nichtrauchergipfel" im Februar 2007 (also nur einen Monat nach Veröffentlichung des europäischen Strategiepapiers), Rauchverbote in Gaststätten zu erlassen (vgl. Grüning et al. 2008: 158). Wie sich noch zeigen sollte, birgt eine solche Implementierung auf Länderebene die Gefahr eines so genannten „Flickenteppichs", in der einige föderale Einheiten sehr weit reichende, andere hingegen eher zurückhaltende Regulativen erlassen.

Politikformulierung und Entscheidungsfindung
Bereits im Dezember 2006 hatte die Bundesregierung ein Rauchverbot in der Öffentlichkeit vorgeschlagen, das allerdings stark verwässert worden war: In Nachtclubs sollte das Rauchverbot zwar gelten, nicht aber in Bars und Kneipen. Der darauf folgende Streit entbrannte nicht nur über diese (teils als unverständlich wahrgenommenen) Ausnahmeregelungen, sondern generell über die Kompetenzen von Bund und

Ländern – ein bundeseinheitliches Raucherschutzgesetz konnte nicht durchgesetzt werden (Berliner Zeitung 30.1.2007). Einen Monat später, im Januar 2007, intervenierte die EU. Anlässlich der Veröffentlichung ihres Strategiepapiers für einen besseren Nichtraucherschutz in der Gastronomie, drohte Brüssel mit Blick in Richtung Deutschland: Man setze auf die Einsicht der Mitgliedsstaaten. Anderenfalls müsse die EU ein gesetzliches Rauchverbot erlassen (Berliner Zeitung 30.1.2007). Die Bundesregierung änderte daraufhin ihren Kurs: Sie tritt seither für ein generelles Rauchverbot ohne Ausnahmen ein – die Entscheidung darüber lag jedoch nun bei den Ländern. Im Februar 2007 einigten sich dann die deutschen Bundesländer darauf, dass – gegebenenfalls mit Ausnahme separater Raucherräume – ein generelles Rauchverbot in den Gaststätten herrschen sollte. Am strengsten fiel schließlich das Rauchverbot in Bayern aus, dort gilt es uneingeschränkt in sämtlichen Restaurants, Gaststätten und sogar Bierzelten. In Nordrhein-Westfalen hingegen waren bspw. Gaststätten mit separatem Raucherraum von dem Verbot ausgenommen. Selbige Regelung wurde auch in Berlin erlassen.

Implementierung und Evaluierung
Die Ausnahmeregelungen brachten die kleinen „Eckkneipen" auf den Plan: Sie verfügen in aller Regel über keinen zweiten Raum, den sie zum Raucherraum deklarieren könnten und sahen sich daher gegenüber größeren Gastronomiebetrieben benachteiligt. Das Bundesverfassungsgericht sah dies ebenso. Nach den Klagen zweier Kneipenbesitzer aus Berlin und eines Diskothekenbetreibers aus Baden-Württemberg, verkündete das Karlsruher Gericht am 29. Juli 2008 eine Entscheidung, die zwar – aufgrund der Herkunft der Kläger – erstmal nur für Baden-Württemberg und Berlin ausgesprochen wurde. Aufgrund ihres Grundsatzcharakters standen jedoch auch die meisten anderen Bundesländer vor der Aufgabe, ihr geltendes Recht zu überarbeiten. In dem oben beschriebenen Sinne kann die Entscheidung des Verfassungsgerichts als rechtliche Evaluierung gelten, die nicht zur Terminierung, sondern zur erneuten Politikformulierungsphase des Politiksetzungsprozesses führte.

In dieser erneuten Politikformulierung standen den Bundesländern zwei Alternativen zur Verfügung: Zum einen konnten sie sich für eine allgemeine Lockerung des Rauchverbots in Gaststätten entscheiden, um so einer möglichen Diskriminierung von Einraumgaststätten oder Diskotheken zu entgehen. Zum anderen wies auch Verfassungsgerichtspräsident Hans-Jürgen Papier ausdrücklich darauf hin, dass nichts dagegen spricht, ein generelles Verbot ohne Ausnahmen zu erlassen. Sein Richterkollege Johannes Masing hingegen, der auch bei dem Urteil eine abweichende Meinung vertreten hatte, mahnte: „Damit wird das gesellige Beisammensein bei Tabak, Speise und Trank völlig aus dem öffentlichen Raum und dem gewerblichen Angebot verbannt." Immerhin seien ein Drittel der Erwachsenen Raucher. Diese konträren Meinungen zeigen, welche Änderungen für die Politikformulierung sich durch die Problemdefinierungsphase ergeben können, je nachdem welches Gut letztlich höher gesetzt wird: Geselliges Rauchen in Freiheit vor gesetzgeberischen Eingriffen, oder der Gesundheitsschutz von Nicht- bzw. unfreiwilligen Passivrauchern.

Aufgrund der ungewissen Zukunft kann eine weiterführende Evaluierung des Nichtraucherschutzgesetzes für Deutschland zum jetzigen Zeitpunkt noch nicht vorgenommen werden. Eine Einschätzung darüber, inwiefern die mit dem Rauchverbot intendierten Zielsetzungen erreicht werden, kann allerdings über die in anderen Ländern gemachten Erfahrungen versucht werden. Wie wir oben festgestellt haben, müssen für jede Form der Evaluierung zuerst einmal Kriterien angelegt werden. Wird bspw. für den Zielerreichungsgrad die „Verbesserung der Gesundheit" als Kriterium angelegt, so ergibt sich aus dem Vergleich mit anderen Ländern ein optimistischer Wert. Seit etwa in Italien 2005 das öffentliche Rauchverbot in Kraft trat, wurden dort von den 35- bis 64-Jährigen ganze 11% weniger von einem Herzinfarkt ereilt. In Schottland ist sogar die Rede von 17% weniger Herzinfarkten nur zehn Monate nach Inkrafttreten des Rauchverbots. Dies sind signifikante Werte, die verdeutlichen, dass eine Evaluierung in der Tat in allen Politiksetzungsphasen ansetzen kann: Schließlich bilden die Daten aus anderen Ländern ein gewichtiges Argument in den nun anstehenden Re-Formulierungsphasen.

6 Ursachen und Erklärungen für politische Veränderungen

Anknüpfend an die auf den letzten Seiten formulierte, positive wie negative Kritik am Phasenmodell der Politiksetzung, kann festgehalten werden: Der Policy-Cycle bietet Orientierung und Strukturierung, aber Ursachen und Erklärungen für politischen Wandel liefert er nicht. Werfen wir einen Blick zurück auf die grundlegende Fragestellung der Policy-Forschung: Die Politikfeldanalyse fragt danach, was politische Akteure tun, warum sie es tun, und was sie letztlich damit bewirken. Im vorigen Kapitel wurde diesbezüglich bereits festgestellt: Was politische Akteure tun, also der erste Teil dieser Frage, lässt sich mithilfe des Phasenmodells sinnvoll analysieren. Für den letzten Teil der Fragestellung wiederum – was politische Entscheidungsträger mit ihrem Handeln letztlich bewirken – muss auf das Handwerkszeug der Implementations- und Evaluationsforschung zurückgegriffen werden. In diesem Kapitel werden verschiedene Ansätze zur Beantwortung des mittleren Frageteils behandelt: *Warum* tun politische Akteure, was sie tun?

Vorab ist hierzu festzuhalten, dass ständig Alltagsannahmen zu den Ursachen des Handelns politischer Akteure formuliert werden. Diese Vermutungen werden in sogenannten „Stammtischdiskussionen" geäußert, was auch Gespräche unter Politikwissenschaftlern einschließen kann, sofern diese keine theoretische und/oder empirische Fundierung der geäußerten Thesen beinhalten. So könnten etwa folgende Mutmaßungen formuliert werden: George W. Bushs wahre Gründe, den Irakkrieg zu führen, lagen in der Person Saddam Husseins als „the guy who tried to kill my dad". Roland Kochs Plakate im hessischen Wahlkampf zielten darauf, Stimmen am rechten Rand zu fischen („Ypsilanti, Al Wazir und die Kommunisten stoppen"). Oder allgemeiner: „Im Wahlkampf verabschieden politische Entscheidungsträger keine unpopulären Maßnahmen mehr, um ihre Chancen auf Wiederwahl nicht zu schmälern."

All dies sind Annahmen, die zwar subjektiv mehr oder weniger plausibel erscheinen mögen. In der hier geäußerten Form entbehren sie jedoch jeglicher Begründung bzw. Beweisführung. An dieser Stelle kommen, wie im dritten Kapitel besprochen, die theoretischen Ansätze und Methoden der Policy-Forschung zum Einsatz. Im Rahmen einer geeigneten Operationalisierung müssten die oben formulierten „Stammtisch-Hypothesen" getestet und verifiziert oder falsifiziert werden. Die Frage nach den Ursachen und Erklärungen für politische Veränderungen ist eine der wichtigsten in der Policy-Forschung. Dieses Kapitel wendet sich zwei ausgewählten theoretischen Ansätzen zu, die auf die Erklärung von Politikwandel zielen: Kapitel 6.1 behandelt verschiedene „Policy-Stile", von denen angenommen wird, dass sie die Ergebnisse politischer Prozesse beeinflussen. Dieser Ansatz inkorporiert zahlreiche Erkenntnisse aus der bisherigen Policy-Forschung und liefert somit auch einen gewissen Überblick über mögliche Erklärungsansätze. Kapitel 6.2 wendet sich den gerade in jüngster Zeit verstärkt verwendeten Erklärungsansätzen des „Politischen Lernens" zu.

6.1 Policy-Stile

Im Rahmen der Politikformulierungsphase wurden bereits verschiedene Policy-Stile angesprochen (vgl. Kap. 5.2): Howlett/Ramesh (2003: 158) gehen davon aus, dass verschiedene *policy formulation styles* verfolgt werden, je nachdem wie offen ein bestimmtes Policy-Subsystem gegenüber neuen Akteuren und neuen Ideen ist. Kombiniert man die denkbaren Kombinationen dieser zwei Variablen in einer Tabelle, so ergeben sich vier mögliche Stile der Politikformulierung (vgl. Schaubild 5-3). Die beiden Wissenschaftler präsentieren hiermit ein Kausalmodell, denn der Politikformulierungsstil wird als Wirkung (abhängige Variable), die Offenheit bzw. Geschlossenheit des Subsystems hingegen als Ursache (unabhängige Variable) gesetzt. Zu diesen Annahmen gelangen Howlett/Ramesh, indem sie Erkenntnisse von verschiedenen Policy-Forschern kombinieren – in diesem Fall insbesondere Marsh/Rhodes (1992).

Die Ansätze zu verschiedenen Policy-Stilen bekräftigen die im vorigen Kapitel geäußerte Vermutung, dass der Policy-Cycle durch seine Strukturierung und Komplexitätsreduzierung die Möglichkeiten erhöht, tiefer gehende theoretische Ansätze zu den einzelnen Phasen zu formulieren. In Zusammenhang hiermit steht jedoch gleichzeitig eine Schwäche, die insbesondere Paul Sabatier (2007) stets am Phasenmodell bemängelt hat: Die scharfe und empirisch nicht zu haltende Trennung in verschiedene Sequenzen führt auch zu einer Trennung der theoretischen Ansätze. In der Konsequenz bleiben Untersuchungsdesigns wie auch Erklärungen zu stark auf einzelne Punkte der Politiksetzung beschränkt, als dass sie ein ganzheitliches Bild ergeben könnten. Howlett/Ramesh suchen diese Schwäche zu überwinden, indem sie ihre Annahmen zu verschiedenen Politikstilen nicht nur für die Phase der Politikformulierung entwickeln. Vielmehr formulieren die beiden amerikanischen Wissenschaftler für *jede* Phase der Politiksetzung mögliche Stile, die sie dann anschließend zu einem theoretischen Ansatz zu integrieren suchen. Im Folgenden werden die einzelnen Phasen bezüglich der dort identifizierten Politikstile durchgegangen. Anschließend soll allgemeiner diskutiert werden, ob und wenn ja wie sich diese Policy-Stile der einzelnen Phasen zu einem ganzheitlicheren Erklärungsansatz integrieren lassen.

Kapitel 5.1 behandelte die Phasen „Problemwahrnehmung" und „Agenda Setting". Auch die von Howlett/Ramesh (2003: 140) identifizierten Stile wurden darin bereits angesprochen, allerdings entsprechend ihrer ursprünglichen Entwicklung durch Cobb, Ross und Ross (1976) als Agenda-Setting-*Typen* bezeichnet. Um kurz den Erklärungsanspruch dieser Einteilung zu betrachten: Beleuchtet werden soll die Art und Weise, wie Themen auf die Agenda gesetzt werden und welche Vor- und Nachteile jeweils zu erwarten sind. Es werden zwei Variablen zur Erklärung herangezogen (was sich übrigens im Folgenden bei den für jede Phase identifizierten Policy-Stilen wiederholen wird). Zum einen kann die Problemdebatte entweder durch gesellschaftliche oder durch staatliche Akteure initiiert werden – dies bildet die erste Variable. Und zum anderen kann die öffentliche Themenaufmerksamkeit und Unterstützung hoch oder niedrig ausfallen – dies bildet die zweite Variable. Entsprechend gelangt man zu vier möglichen Agenda-Setting-Typen bzw. -Stilen (vgl. Schaubild 5-2).

Die möglichen Policy-Stile der Phasen Agenda Setting und Politikformulierung wurden bereits im fünften Kapitel behandelt und daher an dieser Stelle nur kurz wiederholt. Gehen wir nun weiter zu den übrigen Phasen der Politiksetzung. Die Entscheidungsfindungsphase blickt auf eine vergleichsweise intensive theoretische Behandlung zurück. Insbesondere in den 1960er Jahren lieferten zwei kontroverse Lager von Policy-Forschern sich eine hitzige Debatte: Rationalisten standen dabei auf der einen und Inkrementalisten auf der anderen Seite. Die Rationalisten nahmen an, politische Entscheidungen seien am Nutzen orientierte Lösungen von komplexen Problemen. Durch Informationsbeschaffung und Kosten-Nutzen-Abwägungen könne die beste aller möglichen Alternativen ausgewählt werden. Zwar schränkte vor allem Herbert Simon (1957) diese Annahmen dahingehend ein, dass politische Entscheidungsträger nur über eine „begrenzte Rationalität" verfügen. Die rationalistische Lösungssuche zweifelte er dadurch jedoch im Kern nicht an. Die Inkrementalisten argumentierten hingegen, es gehe nicht um rationale oder technische, sondern um *politische* Machbarkeit. Verhandlungen, Gesprächsführungen und das Feilschen um politische Zugeständnisse prägen eine politische Entscheidung stärker als jede Kosten-Nutzen-Abwägung. Einen „dritten Weg" zwischen diesen beiden Alternativen beschritten später das Garbage-Can-Modell bzw. der Multiple-Streams-Ansatz: Entscheidungen können hiernach nicht nur rationalen oder inkrementellen Logiken entsprechen, sondern auch von nicht-kalkulierbaren Kriterien abhängen.

Stile der Entscheidungsfindung
Diese Debatte liefert uns wichtige Hintergrundinformationen für die von Howlett/Ramesh entwickelten Entscheidungsfindungsstile. Aus der bisherigen Forschung leiten sie die Annahme ab, dass im Wesentlichen zwei Variablen darüber entscheiden, welche Form der Entscheidungsfindung auftritt: die Stärke der Hemmnisse sowie die Komplexität des Policy-Subsystems. Hemmnisse nehmen bspw. zu, wenn das Problem äußerst komplex ist, wenig technisches Wissen zu seiner Lösung zur Verfügung steht oder die politischen Entscheidungsträger unter hohem zeitlichem Druck agieren. Die Komplexität des Policy-Subsystems kann bspw. steigen, wenn viele Akteure, konfligierende Interessen oder viele politische Ebenen an der Entscheidungsfindung beteiligt sind. Fasst man wiederum alle denkbaren Kombinationen dieser beiden Variablen zusammen, so ergeben sich hieraus vier mögliche Entscheidungsfindungsstile, die in der folgenden Tabelle dargestellt sind.

Schaubild 6-1: Entscheidungsfindungsstile

		Komplexität des Policy-Subsystems	
		Hoch	Niedrig
Stärke der Hemmnisse	Hoch	Inkrementelle Anpassung	Zufriedenstellende Suche
	Niedrig	Optimierende Anpassung	Rationale Suche

Quelle: Howlett/Ramesh 2003: 183

Es wird deutlich, dass Howlett/Ramesh die Rationalismus- vs. Inkrementalismus-Debatte nicht weiterführen möchten. Sie suchen vielmehr Antwort auf die Frage zu finden, *warum* es eher zu rational oder eher zu inkrementell orientierten Entscheidungen kommt – beide Formen sind schließlich in der Realität aufzufinden. Unter anderem kann die folgende Annahme abgeleitet werden: Wenn das Policy-Subsystem hoch komplex ist und hohe Hemmnisse vorhanden sind, dann wird nur eine inkrementelle Anpassung bestehender Programme erfolgen, während rationale Kriterien eine geringere Rolle einnehmen.

Implementationsstile
Ist die Entscheidung für ein politisches Programm gefallen, so muss es im nächsten Schritt implementiert, also in die Praxis umgesetzt werden. Im vorigen Kapitel wurde bereits behandelt, wie der Fortschritt der Implementationsforschung einige Zeit durch die *Top-down*- vs. *Bottom-up*-Debatte blockiert wurde. Erst die stärkere Verknüpfung beider Perspektiven, wie sie etwa die *Principal-Agent*-Theorie beinhaltete, führte zur Überwindung dieser Blockade. In den 1990er Jahren hat sich der Forschungsschwerpunkt stärker auf die zur Implementierung gewählten Instrumente und die damit verbundenen Umsetzungsschwierigkeiten verschoben. Im vierten Kapitel wurden bereits die Implementationsproblematiken verschiedener Instrumententypen diskutiert (vgl. Schaubild 4-4). Im Hinblick auf Policy-Stile geht es Howlett/Ramesh jetzt um die Frage, *wann* bzw. weshalb politische Entscheidungsträger welche Instrumente auswählen.

In den 1970er Jahren haben Bruce Doern und einige seiner kanadischen Kollegen hierzu eine interessante These aufgestellt: "Assuming that all instruments are *technically substitutable* – that is, that at least in theory any instrument could be bent, shaped, and twisted to perform any task – they argued that in a liberal democratic society governments would simply *prefer* to use the least coercive instruments available" (Howlett/Ramesh 2003: 198). Diese These Doerns und seiner Kollegen ist häufig zitiert worden, denn sie stellt die implizit oder explizit vorausgesetzte Annahme in Frage, dass zur Lösung bestimmter politischer Probleme je spezifische Instrumente benötigt werden. Zwar wurde im Kapitel zu Steuerungsinstrumenten ebenfalls festgehalten, dass prinzipiell mit der Natur des Problems noch nichts über das ausgewählte Instrument gesagt ist. Jedoch kann die beliebige *Austauschbarkeit*, wie sie Doern propagierte, aus heutiger Sicht bezweifelt werden. Seine These lenkte nichtsdestotrotz Aufmerksamkeit auf die Tatsache, dass die Instrumentenwahl stark durch das politische System, seine Kultur und eben bestimmte politische *Stile* geprägt wird.

Doerns These ist von Christopher Hood in den 1980er Jahren weiter bekräftigt worden. Auch er widersprach jeglicher ökonomischen Auffassung, bei der Instrumentenwahl handele es sich um eine technische Aufgabe. Tatsächlich sei die Wahl bestimmter Umsetzungsprogramme „a matter of faith and politics" (Hood 1986: 9) – eine Sache des Glaubens, politischer Auseinandersetzungen und Winkelzüge. Linder und Peters (1989) fassten die bisherigen Überlegungen von Doern, Hood und anderen zusammen und entwickelten eine Liste von vier Merkmalen, deren Stärke bzw. Schwäche über die Instrumentenwahl entscheide.

Infokasten 6-1: Faktoren der Instrumentenwahl nach Linder/Peters

1. *Ressourcenstärke*: z.B. administrative Kosten und Schwierigkeitsgrad;
2. *Zielgerichtetheit*: z.B. Zielgenauigkeit und Selektivität;
3. *Politisches Risiko*: z.B. Unterstützung/Ablehnung, öffentliche Meinung, Wahrscheinlichkeit des Scheiterns;
4. *Hemmnisse staatlichen Handelns*: z.B. Schwierigkeiten, die bei Zwangsanwendung auftreten würden sowie ideologische Hemmnisse.

Quelle: Linder/Peters 1989

Howlett/Ramesh wiederum wählen zwei dieser Faktoren aus, von denen sie annehmen, dass sie die Instrumentenwahl in besonderem Maße zu erklären vermögen: die Eigenheiten des politischen Ziels sowie die für den Staat bestehenden Hemmnisse. Wie üblich fassen sie die vier daraus folgenden Implementierungsstile im folgenden Schaubild zusammen. Es gilt natürlich zu beachten, dass diese Kategorisierung viele Faktoren, wie z.B. individuelle Entscheidungen, außer Acht lässt und daher zahlreiche Instrumentenwahlen nicht erklären kann. Die Annahme gewisser Trends jedoch erscheint plausibel: Wenn etwa breit angelegte Ziele und geringe Hemmnisse bestehen, so werden politische Entscheidungsträger eher auf Finanzmittel zurückgreifen und gleichzeitig den Wünschen spezifischer Interessengruppen Rechnung tragen. Wenn hingegen ebenfalls breite Ziele verfolgt werden, die staatlichen Hemmnisse jedoch sehr hoch sind (bspw. durch eine angespannte Haushaltslage), so werden verstärkt kostengünstige Instrumente wie Überzeugung oder Auslagerung der Aufgabenwahrnehmung an den zivilgesellschaftlichen Sektor gewählt.

Schaubild 6-2: Implementierungsstile

		Eigenheiten des politischen Ziels	
		Breit	Eng
Stärke der Hemmnisse des Staates	Hoch	Institutionalisierter Voluntarismus/ Zivilgesellschaft	Maßgeblicher Legalismus/Regulation
	Niedrig	Gezielte Subventionierung	Gezielte Bereitstellung

Quelle: Howlett/Ramesh 2003: 204

Evaluierungsstile
Bislang findet nur für eine Minderheit politischer Programme eine systematische Wirkungskontrolle und wissenschaftliche Evaluierung statt – allerdings mit steigender Tendenz. Wie in Kapitel 5 erläutert wurde, kann es neben der wissenschaftlich-technischen noch andere Formen der Evaluation geben, seien sie öffentlich, politisch, inneradministrativ oder auch juristisch. Während der Evaluierungsphase gelangt der Policy-Cycle an eine Wegkreuzung: Entweder das politische Programm wird als so erfolgreich bzw. misslungen bewertet, dass der Prozess terminiert werden kann bzw. muss. Oder es werden Fehler und Verbesserungsbedarf am Programm diagnostiziert, so dass eine Phase folgt, in der das Problem oder die gewählte Policy neu definiert werden. Von höchster Relevanz ist in diesem Zusammenhang die Frage, wann welche Form der Evaluierung zu einer Änderung des fraglichen Programms führt und welches Ausmaß die durchgeführte Änderung hat. Sind die Änderungen etwa nur inkrementeller Natur, weisen sie eine hohe Pfadabhängigkeit auf oder verändern sie das Programm grundlegend (vgl. Howlett/Ramesh 2003: 217)?

Aus der bisherigen Lern- und Evaluationsforschung leiten Howlett/Ramesh die Annahme ab, dass zwei Variablen im Besonderen über das Lern- und Veränderungspotential entscheiden. Dies sind zum einen die organisatorischen Kapazitäten des Staates und sein technisches

Wissen auf dem jeweiligen Politikfeld; zum anderen das Wesen des Policy-Subsystems und die Art der Beziehungen zwischen staatlichen und gesellschaftlichen Akteuren (Howlett/Ramesh 2003: 223). Aus diesen zwei Variablen ergeben sich wiederum vier mögliche Evaluierungstypen. Howlett/Ramesh gehen davon aus, dass politisches Lernen in hohem Maße von den administrativen Kapazitäten des Staates abhängt. So können etwa gewählte Programme nur dann verbessert werden, wenn sie einer systematischen Evaluation unterliegen. Bleibt diese Evaluierung jedoch auf die staatlichen Akteure beschränkt, so wird es dem Modell nach nur zu begrenztem Lernen kommen. Das Lernen bliebe dann beispielsweise auf die Erkenntnisse der oben beschriebenen inner-administrativen Wirkungsstudien beschränkt.

Die in der Tabelle angesprochenen Lerntypen (Social Learning, Lesson-Drawing) werden im nächsten Abschnitt (6.2) ausführlich behandelt. Dort wird auch offensichtlich, dass die Verortung des politischen Lernens in der Evaluierungsphase eine starke Verkürzung enthält. Paul Sabatier hat diese Kritik folgendermaßen zum Ausdruck gebracht: "The stages metaphor fails to provide a good vehicle for integrating [...] *policy-oriented learning throughout the public policy process*. The metaphor tends to confine [it] to the evaluation stage." (Jenkins-Smith/Sabatier 1993: 4) Policy-Lernen beschränkt sich – wie wir sehen werden – in der Realität jedoch nicht auf die Evaluierung, sondern kann prinzipiell in jeder Phase der Politikgestaltung erfolgen. Die Lernbegriffe der folgenden Tabelle orientieren sich jedoch in erster Linie an den Veränderungen, die sich aus verschiedenen Formen der Evaluation ergeben können.

Schaubild 6-3: Evaluierungsstile

		Dominante Akteure im Subsystem	
		Gesellschaftliche Akteure	Staatliche Akteure
Verwaltungskapazität des Staates	Hoch	Social Learning	Instrumentelles Lernen (Lesson-Drawing)
	Niedrig	Nicht-Lernen (Politische Evaluation)	Begrenztes Lernen (Technische Evaluation)

Quelle: Howlett/Ramesh 2003: 222

Hiermit ist nun wiederum das Ende des Phasenmodells erreicht. Es gelingt Howlett/Ramesh somit, für jede Phase nachvollziehbare Erklärungsmodelle aufzustellen (die natürlich dennoch etliche Vorgänge der

Politikgestaltung nicht zu erklären vermögen und aufgrund ihrer Komplexitätsreduzierung wichtige Kriterien unberücksichtigt lassen). Hiermit reagieren die beiden Policy-Forscher auf die am Phasenmodell formulierte Kritik, es stelle kein Kausalitätsmodell dar und lasse daher keinen Hypothesentest zu. Allerdings wurden im vorigen Kapitel noch weitere Kritikpunkte am Phasenmodell besprochen. Einer davon war der Vorwurf, dass das Modell durch seine scharfe Differenzierung zwischen den einzelnen Sequenzen auch zu einer fehlenden Synthese der einzelnen theoretischen Ansätze geführt habe: Erklärungsmodelle zum Agenda Setting, zur Entscheidungsfindung oder zur Implementierung bleiben häufig zu distinkt voneinander und sagen nichts über den Politiksetzungsprozess als Ganzes aus.

Dieser Kritik entgeht auch der Policy-Styles-Ansatz bis hierhin nicht. Dessen sind sich auch Howlett/Ramesh bewusst (2003: 228): „While disaggregation permits the detailed examination of each stage of the policy process, it begs the question of what that process looks like when all its constitutive pieces are reassembled." Eine in der bisherigen Forschung stets hoch gehandelte Frage war daher, ob verschiedene Länder je bestimmten Policy-Stilen folgen. Richardson, Gustafsson und Jordan (1982: 13) definierten das Konzept der Policy-Stile sehr früh als den von der Regierung gewählten Problemlösungsansatz zuzüglich der Beziehung zwischen Regierung und anderen Akteuren innerhalb des Politikprozesses. Aus diesen zwei Variablen folgerten die Wissenschaftler vier nationale Politikstile, die sie je spezifischen Ländern zuordneten.

Schaubild 6-4: Nationale Policy-Stile

		Vorherrschender Problemlösungsansatz	
		Antizipierend	Reaktiv
Beziehung zwischen Regierung und Gesellschaft	Konsens vermittelnd	Deutscher Stil „Rationalistischer Konsens"	Britischer Stil „Verhandlung"
	Pflichten zuweisend	Französischer Stil „Konzertierung"	Niederländischer Stil „Verhandlung und Konflikt"

Quelle: Richardson/Gustafsson/Jordan 1982

Nach diesem Modell bleiben also Politikstile *nicht* auf einzelne Phasen beschränkt, sondern bezeichnen allgemein eine typische Form des Ablaufs von Interaktionsprozessen bei der Formulierung und Implementierung von Policies. Mit der Zeit stellte sich das in der Tabelle aufgeführte Modell der nationalen Politikstile zwar als sinnvoll, aber viel zu vereinfachend heraus. Kein Land folgt durchgängig und auf allen Politikfeldern ein und demselben Politikstil. Howlett/Ramesh (2003: 231) plädieren vor diesem Hintergrund dafür, anstelle der nationalen die verschiedenen sektoralen Ebenen innerhalb eines Landes bzw. im Ländervergleich zu fokussieren. Die typischen Stile müssen also nicht unbedingt für ein Land, sondern können auch für verschiedene Politikfelder innerhalb eines Landes gelten. Darüber hinaus ist es natürlich auch möglich, bestimmten Regierungen oder bestimmten Personen je spezifische politische Stile zuzuordnen. Da dieses Verständnis von „Politikstil" jedoch deutliche Unterschiede zu dem hier erläuterten aufweist, wird dieser Gedanke mit einem kleinen Exkurs im folgenden Infokasten verfolgt.

Infokasten 6-2: Politikstile der deutschen Bundeskanzler

„Bundeskanzler Konrad Adenauer verbrachte Wahlnächte wie jede andere: Er ging zu Bett" (Korte 2001: 113). Das Gewinner-Duo Schröder und Lafontaine hingegen konnte dank fortschrittlicher Auswertetechnik bereits um 19.15 Uhr seinen Wahlsieg verkünden. Die deutlichen Umfrageergebnisse aus der Wahlkampfzeit hatten dieser Nachricht ohnehin ihren Überraschungscharakter genommen. Daher, so Korte, ging es bei der Verkündung eher um Fragen der Darstellung, des Timings und der Inszenierung als der Information. Vor diesem Hintergrund analysiert Korte (2001) die Politikstile der deutschen Bundeskanzler im Kontext ihrer Zeit. Hierbei erachtet er stets zwei Dimensionen als notwendig: *Umsetzung* sowie *Darstellung* von Politik. Provinziell oder staatsmännisch? Amtsinhaber oder Staatsmann? Medienmann gegen Parteimann? In Hinblick auf diese und ähnliche Fragen analysiert Korte die Stile der deutschen Kanzler und gelangt dabei zu interessanten und unterhaltsamen Schlüssen wie dem folgenden: „Politik fand bei Kohl eher wie in der Geheimküche statt. Meistens mit ihm am Herd. Was bei Schmidt noch als überschaubares Kleeblatt bei der Entscheidungsfindung analysierbar war, schien bei Kohl eher wucherndes Gestrüpp." Es wird jedoch offensichtlich, dass die Analyse individueller Politikstile keinem so hohen Erklärungsanspruch folgt wie diejenige nationaler bzw. politikfeldspezifischer Politikstile.

Howlett/Ramesh (2003: 232) plädieren, wie wir gesehen haben, dafür, die politikfeldspezifische Analyse von Policy-Stilen entlang des Phasenmodells zu verfolgen. An jede Sequenz könnten dann die von ihnen formulierten Fragen gestellt und überprüft werden, welchem Stil des Agenda Setting, der Politikformulierung etc. die Länder folgen. Diesem Vorschlag muss allerdings die Kritik auf dem Fuße folgen, dass die Anzahl der möglichen Typen ein sinnvolles Maß überstiege. Für sechs Phasen der Politiksetzung gibt es je vier mögliche Ausprägungen von Politikstilen: Die demnach denkbaren Kombinationen von nationalen bzw. sektoralen Politikstilen würden „den Rahmen jedes brauchbaren klassifikatorischen Systems sprengen" (Maier 2001: 525).

Bleiben wir daher abschließend bei den nationalen Politikstilen und veranschaulichen diese am Bereich der Umweltpolitik. Es zeigt sich, dass sich auch sektorale Eigenheiten im Laufe der Zeit deutlich verändern können. So war das Feld der Umweltpolitik bei seiner Etablierung Anfang der 1970er Jahre durch einen stark reaktiven Charakter geprägt. Heute hingegen ist das „Vorsorgeprinzip" in der europäischen Umweltpolitik verankert und es wird ein eher antizipierender Politikstil betrieben. Gleichzeitig wurde in der Diskussion um politische Steuerungsinstrumente bereits angesprochen, dass die in der Umweltpolitik ursprünglich vorherrschende Zuweisung von Pflichten und Auferlegung von bestimmten Standards sich mittlerweile zugunsten eines anderen Politikstils gewandelt hat. Im Deutschland der 1990er Jahre waren dies häufig freiwillige Selbstverpflichtungen seitens der Wirtschaft. Mittlerweile liegt der Fokus eher auf konsensual getroffenen Vereinbarungen, marktwirtschaftlichen Anreizstrukturen sowie dem Einsatz von Überzeugungsinstrumenten. In der Zukunft wird für die Analyse von Politikstilen wohl vor allem die Frage von Bedeutung sein, ob es durch fortschreitende Prozesse der Europäisierung und Globalisierung (bereits) zu einer internationalen Angleichung von Politikstilen gekommen ist.

6.2 Politisches Lernen

Das Konzept des politischen Lernens ist vergleichsweise jung und äußerst populär, wenn auch nicht unumstritten. Nähern wir uns diesem Konzept zunächst über den Lernbegriff unserer Alltagssprache an. Beispielsweise können Kinder sprechen lernen: Sie eignen sich mit wachsender Erfahrung und Übung, aber auch durch Nachahmung der Erwachsenen diese Fähigkeit an. Menschen können auch „aus etwas lernen": In der Vergangenheit gemachte Erfahrungen bringen sie dazu, ihr Verhalten in Zukunft zu ändern und – zumindest der subjektiven Einschätzung nach – zu verbessern. Bei genauerer Prüfung fällt jedoch auf, dass man mit der selbst konstatierten Verbesserung des eigenen Handelns bisweilen allein auf weiter Flur steht. Denn die Ansichten darüber, ob das „Gelernte" eine Verbesserung oder eine Verschlechterung darstellt, können weit auseinander gehen. Dennoch wird im umgangssprachlichen Lernbegriff der Aspekt der Verbesserung immer unterstellt.

Vor diesem Hintergrund kann sich nun dem politikfeldanalytischen Lernbegriff zugewendet werden. Eine recht weite Definition beschreibt politisches Lernen folgendermaßen: „Lernen in der Politik [bezieht] sich auf die dauerhaften Verhaltensänderungen, die auf neuen Informationen beruhen" (Biegelbauer 2007: 232). Damit knüpft der österreichische Politikwissenschaftler direkt an eine ältere Definition an, die Peter Hall (1993: 278) wie folgt zusammenfasst: "Learning is conventionally said to occur when individuals assimilate new information, including that based on past experience, and apply it to their subsequent actions." Politisches Lernen ist also auch nach dieser Definition eine auf neuen Informationen beruhende Verhaltensänderung. Wie sich noch zeigen wird, wird damit jedoch zumeist auch eine Veränderung in den Wahrnehmungen, Überzeugungen und/oder politischen Zielen von Akteuren verknüpft. Ein wesentlicher Unterschied zum umgangssprachlichen Lernbegriff ist, dass Policy-Lernen nicht grundsätzlich mit politischen Verbesserungen konnotiert wird. Auf diesen Punkt wird an späterer Stelle noch einmal eingegangen.

Denken wir zurück an die klassischen theoretischen Ansätze der Policy-Forschung, wie sie in Kapitel 3 diskutiert wurden: Lerntheoretische Ansätze bieten hierzu eine Ergänzung bzw. eine Alternative. Sie stellen weder institutionelle Rahmen (Vetospieler, Pfadabhängigkeit), sozioökonomische Bedingungen noch Machtressourcen politischer Akteure in den Mittelpunkt, um politische Veränderungen zu erklären. Vielmehr fokussieren sie auf die Rolle von Ideen, Überzeugungen und Anschauungen. Der analytische Mehrwert von lerntheoretischen Ansätzen zeigt sich vor allem bei der Anwendung auf „normativ geprägten und wissensbasierten Feldern und in Bereichen, bei denen großer Dissens der Akteure über mögliche Folgen politischer Entscheidungen besteht" (Bandelow 2003b: 324). Dies leuchtet ein: Bei Themen wie dem Abtreibungsrecht, der Gentechnologie- oder Familienpolitik stellen die politischen Grundüberzeugungen der Akteure einen wichtigen Erklärungsfaktor dar. Jedoch hat die bisherige Forschung gezeigt, dass sich lerntheoretische Ansätze auf sehr vielen und sehr verschiedenen Politikfeldern gewinnbringend einsetzen lassen. In der Bildungspolitik etwa macht es einen Unterschied, ob die relevanten Akteure an Einheitsschulen nach skandinavischem Vorbild oder an ein früh nach Leistung segregierendes Schulsystem „glauben". Auch die Wirtschaftspolitik wird dadurch geprägt, ob sich politische Akteure mit neoliberalen oder pragmatischen Überzeugungen durchsetzen.

Zu Beginn der 1990er Jahre gewannen lerntheoretische Ansätze innerhalb der Politikfeldanalyse derart an Bedeutung, dass bisweilen von einer „kognitiven Wende" oder einem *argumentative turn* (vgl. Schneider/Janning 2006: 171) gesprochen wurde. Diese Wertung ist insofern überzogen, als Ideen und Überzeugungen in der Policy-Forschung insgesamt nach wie vor eine nachgeordnete Rolle zukommt (vgl. Bandelow 2003a: 98). Außerdem reichen die Wurzeln der lerntheoretischen Ansätze viel weiter als bis zum Jahr 1990 zurück: Bereits 1974 machte Hugh Heclo in seinem Vergleich britischer und schwedischer Sozialpolitik *Ideen* als wesentliches Element politischen Wandels aus. Zu einiger Berühmtheit gelangte innerhalb der Policy-Forschung Heclos Satz: "Governments not only power [...] they also puzzle." (Heclo 1974: 305-306) Zwar ist auch er der Auffassung, dass politische Prozesse durch Konflikte zwischen verschiedenen (Macht-)Interessen, durch Ressourcenstärke und Verhandlungslösungen geprägt sind (*power*). Aber er fügt dieser traditionellen Sichtweise eine wesentliche Ergänzung hinzu: Politische Akteure fragen sich auch ständig, was in einem komplexen sozialen Umfeld zu tun sei. Und ihre Antworten auf diese Frage verändern sich, sie können lernen (*puzzle*).

Auch wenn also die politikfeldanalytischen Ursprünge der lerntheoretischen Ansätze weiter zurückreichen, wurden sie erst zu Beginn der 1990er Jahre fest in der Disziplin verankert. Als „Ankerwurf" kann hier insbesondere Peter Halls Modell zur Erklärung wirtschaftspolitischer Paradigmenwechsel, das *Social Learning* gewertet werden (Hall 1993). Dieses Modell erfährt bis heute eine breite Anwendung und Rezeption. Gleichermaßen zur Weiterentwicklung der lerntheoretischen Ansätze beigetragen hat auch ihre Einbeziehung in politikfeldanalytische Standardwerke seit Beginn der 1990er Jahre (insb. Héritier

1993). Dennoch ist es teils problematisch, von *den* lerntheoretischen Ansätzen zu sprechen, als ob es sich hierbei um eine homogene Menge von Modellen und Theorien handle. Tatsächlich unterscheiden sich die Ansätze in ihren Annahmen und den zugrunde gelegten Lernbegriffen sehr deutlich voneinander. Insbesondere geben sie je verschiedene Antworten auf die folgenden drei Fragen (vgl. Bandelow 2009).

(1) *Wer lernt?* In der Politikfeldanalyse kann zwischen individuellen und komplexen Akteuren unterschieden werden (vgl. Kap. 4). Dieser Differenzierung folgend nehmen einige Lernansätze an, dass letztlich nur Individuen, Personen, die Fähigkeit besitzen, zu lernen. Diese Auffassung wird insbesondere in den aus der Lernpsychologie entlehnten Ansätzen vertreten. Andere Ansätze hingegen schreiben auch komplexen Akteuren und Organisationen eine eigene Lernfähigkeit zu (z.B. Jachtenfuchs 1993). Neben dieser Frage nach der Akteurs*qualität* von Lernsubjekten konzentrieren sich die einzelnen Ansätze auch auf ganz unterschiedliche Akteurs*typen*. Während in Heclos Studie (1974) Regierungen als Lernsubjekte auftauchen, stellen die bereits mehrfach angesprochenen Advocacy-Koalitionen nach Sabatier und Jenkins-Smith (1993) eine spezielle Form von Policy-Netzwerken dar. Als Teil der soziologischen Organisationsforschung setzen Argyris/Schön (1978) hingegen komplexe Akteure als Lernsubjekte. Bei der Rezeption von Studien, die mit lerntheoretischen Ansätzen arbeiten, oder gar bei der eigenen Anwendung selbiger, ist daher stets darauf zu achten, welches Akteursverständnis zugrunde gelegt wird.

(2) *Was wird gelernt?* Wenn angenommen wird, dass sich ein Lernprozess vollzogen hat, ist eine wesentliche Frage, welcher Lerninhalt am Ende dieses Vorgangs steht. So ist es möglich, dass ausschließlich politische *Strategien* erlernt werden: Peter May bezeichnet diesen Vorgang als „political learning" (May 1992). In diesem Fall erlernen etwa Lobbyisten bessere Strategien, um von ihnen favorisierte Themen auf der politischen Agenda zu verankern. In den meisten Fällen wird jedoch nur dann von politischem Lernen gesprochen, wenn die Lerninhalte über pure Ränke- und Strategiespiele hinausgehen. In einem weiten Teil der Lernansätze betreffen die Lerninhalte grundlegende Überzeugungen, Paradigmen oder Ideen. Dies gilt sowohl für Peter Halls *Social Learning* als auch für Sabatiers Advocacy-Koalitionen. Lerninhalte können jedoch auch, wie es beim Ansatz der Policy-

Transfers (Dolowitz/Marsh 2000) der Fall ist, konkreterer Natur sein. Die Lerninhalte bestehen hierbei in konkreten Maßnahmen, Gesetzen oder Programmen, die von anderen Ländern erlernt und übernommen werden.

(3) Wie und warum wird gelernt? Unter den hier genannten Fragen ist diejenige nach dem Verlauf und den Ursachen für politisches Lernen vielleicht von höchster Bedeutung. Lernen politische Entscheidungsträger aus der schlechten Evaluierung bestehender Programme? Lernen Regierungen aus der fehlenden Akzeptanz ihrer Politik bei der Bevölkerung? Lernen politische Akteure, weil der Problemdruck schlichtweg übermächtig wird? Antworten auf diese Fragen vermögen nicht nur Aufschluss auf die grundlegende politikfeldanalytische Fragestellung zu geben, warum politische Akteure tun, was sie tun. Darüber hinaus sind hieraus auch Annahmen für die Zukunft ableitbar: Wird es, sofern bestimmte Faktoren erfüllt sind, zu politischem Lernen kommen oder nicht? In diesem Kontext wurde auch die Frage aufgeworfen, ob sich die allgemein als nicht sehr hoch eingestufte Lernfähigkeit der Politik verbessern ließe. Dies verweist auf die eingangs genannte Bedingung, dass Policy-Lernen im Gegensatz zum umgangssprachlichen Lernbegriff zwar nicht grundsätzlich eine Verbesserung des Status Quo voraussetzt, diese mitunter aber durchaus hiermit verknüpft wird.

Wonach aber unterscheidet es sich, ob lerntheoretische Ansätze eine Verbesserung durch Lernen voraussetzen oder ob sie dies nicht tun? Allgemein lässt sich zwischen zwei Gründen unterscheiden, weshalb Policy-Forscher lerntheoretische Ansätze entwickeln und verwenden (vgl. Bandelow 2003a: 100). Diese beiden Gründe schließen sich natürlich nicht gegenseitig aus, sondern können auch beide zutreffen bzw. nicht zutreffen. Zum einen werden Lernansätze zur besseren Erklärung von Politikergebnissen herangezogen. Dies ist etwa in der oben genannten Analyse von Hugh Heclo der Fall, in der er feststellt: „Governments not only power [...] they also puzzle." (Heclo 1974: 305-306) Es leuchtet ein, dass in manchen Fällen Policy-Analysen, die nur die erste dieser beiden Kategorien beleuchten (z.B. eine reine Machtressourcenanalyse) zu weniger guten Erklärungen gelangen können, als solche Analysen, die auch die zweite Kategorie betrachten. Zum anderen werden lerntheoretische Ansätze jedoch auch aus dem Beratungsanspruch der Politikfeldanalyse heraus verwendet: Bezogen auf Policy-Lernen wird dann bspw. danach gefragt, wie durch die systematischere Evaluierung die inneren Strukturen der Verwaltung verbessert oder der Zielerreichungsgrad politischer Programme erhöht werden können: „Politisches Lernen wird in dieser Perspektive nicht als unabhängige sondern als abhängige Variable behandelt" (Bandelow 2003a: 100).

Im Folgenden werden wir drei der bekanntesten Lernansätze der Policy-Forschung vorstellen. Die Auswahl wurde hierbei so getroffen, dass in den theoretischen Ansätzen je verschiedene Antworten auf die gerade vorgestellten Fragen gegeben werden (*Wer lernt? Was wird gelernt? Wie und warum wird gelernt?*). (1) Richard Roses Ansatz des *Lesson-Drawing* geht von eher rationalistischen Lernprozessen aus. (2) Der Ansatz des *Social Learning* von Peter Hall hingegen beruht auf der Annahme, dass politische Veränderungen besser anhand der Überzeugungen und Paradigmen der Akteure erklärt werden können als anhand von rationalistischen Kriterien wie Kosten und Nutzen. (3) Dolowitz und Marsh kombinieren mit ihrem Policy-Transfer-Ansatz diese beiden gegensätzlichen Sichtweisen miteinander. Sie nehmen an, dass die Übertragung von Politiken aus verschiedenen Gründen erfolgen kann.

6.2.1 Lesson-Drawing

Als grundlegende Bedingung für politisches Lernen erachtet Richard Rose (1993), dass politische Entscheidungsträger *unzufrieden* mit dem Status Quo sind. Wenn die gewählten Programme ihre Ziele erreichen, die verabschiedeten Maßnahmen bei der Bevölkerung populär sind und z.B. wissenschaftliche Evaluierungen eine hohe Effizienz der Steuerungsinstrumente bestätigen, gibt es keinen Grund für Veränderungen. Ist dies hingegen nicht der Fall, so sollte nach Alternativen gesucht werden. Rose geht davon aus, dass diese Suche nach Alternativen entlang von (a) *Zeit* und/oder (b) *Raum* erfolgen kann. (a) Politische Entscheidungsträger können durch die Evaluierung (im weiteren Sinne) von Policies lernen, die derzeit in Kraft sind oder es zu einem früheren Zeitpunkt einmal waren. Dieser Vorgang stellt sogar die Regel dar, denn Rose erachtet es als äußerst selten, dass Politiker wirkliche Innovationen (d.h. losgelöst von Erfahrungen der Vergangenheit) entwickeln. (b) Eine weitere Möglichkeit zum *Lesson-Drawing* besteht darin, Alternativen bei anderen politischen Einheiten zu suchen: Dies können andere Länder sein, aber auch föderale Gliedstaaten oder Kommunen.

Rose beschreibt den Ablauf von Lernprozessen als vierstufigen Prozess. (1) In einem ersten Schritt suchen politische Entscheidungsträger nach geeigneten Erfahrungen und Policy-Alternativen: Sie tun dies entweder in der eigenen Vergangenheit (Zeit) oder in anderen Ländern bzw. Regionen (Raum). (2) Aus diesen Erkenntnissen bilden Politiker dann in einem zweiten Schritt ein eigenes Modell. Sie versuchen die Erkenntnisse dadurch auf die derzeitige Entwicklungslage ihres Landes zu übertragen. In der Regel ist es nicht möglich, die politischen Instrumente anderer Länder eins zu eins zu übernehmen. Institutionelle Rahmenbedingungen müssen beachtet, sozioökonomischen Lagen Rechnung getragen werden. (3) Ist dieser Abgleich erfolgt, so wird in einem dritten Schritt das Gelernte angewendet. Nun werden etwa die Instrumente eines anderen Landes kopiert oder als Inspiration für eigene neue Programme genutzt. (4) Als letzten Schritt des Lernprozesses erachtet Rose eine vorausschauende Bewertung des gewählten Programms. Hier könnten bspw. wissenschaftliche Studien in Auftrag gegeben werden, welche die Funktionsweise des Programms im Ursprungsland und die genauen Rahmenbedingungen für eine mögliche Übertragung analysieren.

Infokasten 6-3: Lesson-Drawing beim Elterngeld

Das 2007 in Deutschland eingeführte Elterngeld orientierte sich am schwedischen Vorbild. Seine Übertragung lässt sich anhand des vierstufigen Lesson-Drawing-Prozesses nach Rose folgendermaßen beschreiben: In einem ersten Schritt waren die politischen Entscheidungsträger in Deutschland unzufrieden mit dem bestehenden System. Auf der Suche nach Alternativen stießen sie auf das schwedische Elterngeldmodell. Das Familienministerium gab bei der Prognos AG eine Machbarkeitsstudie in Auftrag: Funktionsweise und Wirkungen des schwedischen Programms wurden hierin genau analysiert und Empfehlungen für eine mögliche Übertragung ausgesprochen. Nicht alles konnte kopiert, sondern musste an die deutschen Bedingungen angepasst werden: Während etwa in Schweden die allgemeine Lohnersatzrate bei den Sozialversicherungen 80% beträgt, liegt sie in Deutschland nur bei 67%. Entsprechend musste auch das Elterngeld diese niedrigere Ersatzrate betragen.

Dieses vierstufige Prozessmodell verdeutlicht, dass die exakte Kopie eines andernorts bestehenden Programms eher den Ausnahmefall darstellt. Täte sie dies nicht, so wären zumindest die zweite und vierte Stufe obsolet: Es müsste nur eine andernorts gut wirkende Alternative gefunden und diese dann in einem weiteren Schritt angewendet werden. Da sich jedoch während der Übernahme eines Programms noch weit reichende Veränderungen vollziehen können, unterscheidet Rose (1993: 30) zwischen fünf Ergebnissen, die am Ende eines *Lesson-Drawing*-Prozesses stehen können.

1. *Kopie*: Die bis ins kleinste Detail reichende Kopie eines Programms hält Rose nur innerhalb eines politischen Systems für möglich. Er wählt das Beispiel der US-amerikanischen Staaten; gleiches lässt sich jedoch auch für den deutschen Föderalismus bestätigen. Der Föderalismus eröffnet die Möglichkeit, ein Instrument zuerst in einem Bundesland auszuprobieren, anstatt es gleich auf dem gesamten Bundesgebiet anzuwenden – und dabei womöglich zu scheitern. Tatsächlich könnte Hessen bspw. eine Maßnahme vom Saarland übernehmen ohne den Gesetzestext dabei verändern zu müssen.
2. *Adaption*: Häufiger jedoch ist es so, dass die Ausgangslage in Hessen sich von derjenigen im Saarland unterscheidet. Auch wenn die Unterschiede noch so gering sind, müssen Änderungen im Gesetzestext vorgenommen werden. Adaption stellt im Vergleich mit einer exakten Kopie den sehr viel wahrscheinlicheren Fall dar. Die Übereinstimmung mit dem „Original" ist hierbei jedoch immer noch sehr groß – grundlegende Änderungen an dem Programm werden nicht vorgenommen.
3. *Hybridbildung*: In diesem Fall erfolgt eine stärkere Anpassung, indem die importierte Policy mit eigenen Programmen kombiniert wird. Als Beispiel nennt Rose die Übertragung einer Maßnahme von einem föderalen Gliedstaat auf einen Bundesstaat. Wenn etwa das in Thüringen bereits existierende Betreuungsgeld für Eltern, die ihre Kinder zuhause erziehen, wie geplant 2013 auch auf Bundesebene in Kraft träte, so könnte dies eine Hybridbildung darstellen: Das Programm bliebe gleich, aber die Administration würde sich ändern, indem bspw. die oberste Fachaufsichtsbehörde nicht mehr das in Thüringen für Familienpolitik zuständige Mi-

nisterium wäre, sondern das zuständige Ministerium auf Bundesebene.
4. *Synthese*: Nicht immer bleibt das *Lesson-Drawing* auf *eine* Alternative beschränkt. Synthese beschreibt den Fall, dass einzelne Elemente aus verschiedenen Programmen kombiniert werden. Richard Rose nennt hierfür das Beispiel neuer demokratischer Systeme. In diesen Fällen wird nicht das politische System eines anderen Landes in seiner Gesamtheit übertragen, sondern entsprechend eigener kultureller und politischer Traditionen bestimmte Elemente verschiedener Wahl-, Gesetzgebungs- und Rechtssysteme ausgewählt.
5. *Inspiration*: Schließlich können andernorts bestehende Programme auch lediglich als Inspiration für die Entwicklung eigener Policies dienen. Rose (1993: 107) weist darauf hin, dass manche Länder für bestimmte historische Erfolge bekannt sind, z.B. Schweden für seine Sozialpolitik, Deutschland für seine Inflationspolitik und die USA für ihre Innovationspolitik. Auf diesen Feldern gelten die Länder international als Vorbild. Andere Staaten können daraus lernen, indem sie nicht gesamte Politiken kopieren, sondern sich hierdurch zur Entwicklung eigener Programme inspirieren lassen.

Auch wenn das oben erwähnte Beispiel der Elterngeldübertragung von Schweden stark vereinfacht beschrieben wurde, zeigt es, dass sich Roses Modell des *Lesson-Drawing* in vielen Fällen sinnvoll einsetzen lässt. Es provoziert jedoch auch Kritik: James/Lodge (2003) haben etwa darauf hingewiesen, dass Rose *Lesson-Drawing* als einen stark rationalistischen Prozess beschreibt. Länder suchen andernorts nach geeigneten Programmen, kopieren diese oder entwickeln sie entsprechend ihrer nationalen Ausgangslage weiter, um sie dann schließlich nach einer vorausschauenden Evaluierung zu implementieren. Wenn dies der Ablauf von Lernprozessen sei, so James und Lodge, sei kein analytischer Vorteil von Lernansätzen gegenüber Rationalismustheorien mehr erkennbar. Denn diese Prozesse ließen sich mithilfe rationalistischer Ansätze ebenso gut, wenn nicht sogar besser analysieren. Im Folgenden wird daher mit Peter Halls *Social Learning* ein Ansatz diskutiert, dessen Unterschiede zu traditionellen Theorien stärker hervortreten.

6.2.2 Social Learning

Am Anfang von Peter Halls Überlegungen stand ein konkretes empirisches Problem: Er warf die Frage auf, weshalb nach der Weltwirtschaftskrise der 1930er Jahre und verstärkt noch in den Jahrzehnten nach dem Zweiten Weltkrieg die Wirtschaftspolitik sich so stark am Keynesianismus ausrichtete. Insbesondere wunderte ihn die Tatsache, dass diese Hinwendung in vielen westlichen Ländern parallel ablief, in einigen Ländern jedoch vollkommen ausblieb (vgl. Bandelow 2003a). Und schließlich suchte er zu erklären, weshalb der Keynesianismus zwischen 1970 und 1989 in Großbritannien durch einen rigiden Monetarismus abgelöst wurde. Es handelte sich offensichtlich um politische Paradigmen: Das Leitbild des Keynesianismus wich dem des Monetarismus. Hall knüpfte daher an den Arbeiten Thomas Kuhns zu naturwissenschaftlichen Paradigmenwechseln an.

Infokasten 6-4: Wissenschaftliche Paradigmenwechsel nach Kuhn

In seinem wichtigsten Werk, „The Strucure of Scientific Revolutions" (1970) argumentiert der amerikanische Wissenschaftstheoretiker Thomas Kuhn, dass wissenschaftliche Revolutionen stets mit Paradigmenwechseln einhergehen. Neue Paradigmen setzen sich durch, wenn überraschende Entdeckungen gemacht werden oder an zentralen Stellen der bisherigen Leitbilder regelmäßig Ungereimtheiten und Probleme auftauchen. Diese Ungereimtheiten bezeichnet er als „Anomalien". Als bekanntestes Beispiel einer wissenschaftlichen Revolution nennt Kuhn die Kopernikanische Wende vom geozentrischen zum heliozentrischen Weltbild. Als Anomalie kann hierbei Tycho Brahes Entdeckung eines Kometen gelten, der sich außerhalb der Mondbahn befand: Offensichtlich war der Himmel nicht, wie u.a. von Aristoteles behauptet, unveränderbar. Infolge eines Paradigmenwechsels ändern sich nach Kuhn sowohl die angewandten Theorien als auch die wissenschaftliche Praxis.

Anlehnend an Kuhn geht in Halls Sinne ein Leitbild weit über die Stufen der Problemwahrnehmung und Lösungsfindung hinaus, wie sie für das Phasenmodell der Politiksetzung diskutiert wurden. Diese Abläufe – vom Agenda Setting, über die Politikformulierung bis zur Evaluierung –

bezeichnet Hall als *normal policymaking*. Sie bilden gewissermaßen das Alltagsgeschäft politischer Tätigkeit. Ein Leitbild hingegen liegt der Art und Weise, die Welt zu betrachten, zu erklären und zu verstehen zugrunde. Dem Leitbild kommen somit Aufgaben der gesellschaftlichen Steuerung und Sinnvermittlung zu: "Policymakers customarily work within a framework of ideas and standards that specifies not only the goals of policy and the kind of instruments that can be used to attain them, but also the very nature of the problems they are meant to be addressing. [...] I am going to call this framework a policy paradigm" (Hall 1993: 279).

Zentral an dieser Vorstellung ist, dass ein Leitbild nicht nur zu erklären vermag, welche Ziele und Steuerungsinstrumente von politischen Entscheidungsträgern gewählt werden. Vielmehr entscheidet das Paradigma darüber, *welche* Probleme auf einem Politikfeld *wie* wahrgenommen werden. Im vorigen Kapitel sind wir bereits zu dem Schluss gekommen, dass die Phasen Problemwahrnehmung und Agenda Setting vielleicht am stärksten über den Verlauf des gesamten Politiksetzungsprozesses entscheiden. Hier ist in der Regel die Zahl der beteiligten Akteure am höchsten: Interessengruppen, Politiker und Policy-Unternehmer versuchen, Probleme auf der politischen Agenda zu verankern und oft gleichzeitig auch schon ihre Lösung für das Problem durchzusetzen. Wenn nun Hall darauf hinweist, dass der Umstand, welche Probleme zur Bearbeitung ausgewählt und welche Strategien zu ihrer Lösung gewählt werden, durch das zugrunde liegende Paradigma geleitet werden, so ist die wesentliche Erklärungskraft dieses lerntheoretischen Ansatzes ersichtlich.

Hall unterscheidet zwischen drei zentralen Variablen, anhand derer Veränderungen feststellbar und analysierbar sind: Die zugrunde liegenden *Leitbilder*, welche die Politik auf einem bestimmten Feld lenken; die Programme und *Instrumente*, die zur Zielerreichung eingesetzt werden; sowie die spezifische *Ausgestaltung*, also die Nuancierung dieser Instrumente (Hall 1993: 278). Anhand dieser Variablen differenziert Hall zwischen Veränderungen erster, zweiter und dritter Ordnung. Veränderungen erster Ordnung bestehen darin, dass politische Steuerungsinstrumente aufgrund neuer Bedingungen oder Erkenntnisse angepasst werden. Veränderungen zweiter Ordnung hingegen bezeichnen eine Modifikation der Instrumente selbst, indem z.B. Steuerungsinstrumente der Regulierung gegen solche der Überzeugung ausgetauscht werden. Das übergeordnete Paradigma wird bei Veränderungen erster und zweiter Ordnung nicht in Frage gestellt, es bleibt bestehen. Veränderungen dritter Ordnung jedoch konstituieren einen politischen Paradigmenwandel: Die zugrunde liegenden Überzeugungen, Deutungen und Ziele verändern sich grundlegend. In der Folge schließen Veränderungen dritter Ordnung dann stets Veränderungen erster und zweiter Ordnung ein: Wenn sich die politischen Zielvorstellungen und Überzeugungen ändern, so bedarf es auch neuer Steuerungsinstrumente zu deren Umsetzung.

> **Infokasten 6-5: Paradigmenwechsel der britischen Wirtschaftspolitik**
>
> In seiner Analyse der britischen Wirtschaftspolitik zwischen 1970 und 1989 stieß Hall (1993: 281-284) vor allem auf Veränderungen erster Ordnung: In jedem Jahr wurden die Verschuldungsrate oder der nationale Haushaltsplan angepasst – häufig sogar mehrmals. Diese Änderungen erfolgten zumeist aus rein inner-administrativen Evaluationen und Rechnungsplänen heraus. Veränderungen zweiter Ordnung hingegen nahm die Regierung seltener, aber doch in einigen Fällen vor. So teste sie etwa zwischen 1974 und 1976 ein neues System der öffentlichen Ausgabenkontrolle, das auch als *cash-limits*-System bekannt wurde. Nach erfolgreichem Test wurde dieses System im Haushaltsjahr 1976/77 auf breiter Basis eingeführt. Dieses und andere neue Instrumente wurden weniger in Reaktion auf neue wirtschaftliche Herausforderungen, als aufgrund von Unzufriedenheit mit bestehenden Programmen implementiert. Seit 1976 und insbesondere mit Antritt der Thatcher-Regierung 1979 erfolgten dann dramatischere Änderungen der britischen Wirtschaftspolitik. Statt Bekämpfung der Arbeitslosigkeit stand nun Inflationskontrolle an erster Stelle. Viele regulative Instrumente wie die staatliche Einkommenspolitik wurden abgeschafft. Insgesamt zeigten sich deutliche Verschiebungen in den Zielhierarchien und mit der Abkehr vom Keynesianismus hin zum Monetarismus eine Veränderung dritter Ordnung, ein Paradigmenwechsel.

Bis hierhin liefert Halls Ansatz des *Social Learning* ein geeignetes Instrument, um das Ausmaß politischer Veränderungen zu bestimmen.

Wie im vorigen Abschnitt diskutiert wurde, suchen auch Howlett/Ramesh anhand ihrer für die verschiedenen Politiksetzungssequenzen ausgemachten Policy-Stile stets über die Frage politischer Veränderungen Auskunft zu geben. So stellen sie für die Evaluierungsphase (vgl. Schaubild 6-3) die These auf, dass die Art der Akteure im Subsystem sowie die Verwaltungskapazitäten des Staates zu unterschiedlichen Stilen führen. Sind staatliche Akteure dominant und liegen die Kapazitäten hoch, so erachten sie instrumentelles Lernen im Sinne von Roses *Lesson-Drawing* als wahrscheinlich. Liegen die Verwaltungskapazitäten ebenfalls hoch und sind hingegen gesellschaftliche Akteure im Subsystem dominant, so wird es eher zu *Social Learning* im Sinne Halls kommen. Es wurde bereits darauf hingewiesen, dass es falsch wäre, die Lernkapazitäten auf die Phase der Evaluierung zu beschränken. Insgesamt aber gelangt Hall auf die Frage hin, wann und wie es zu Veränderungen dritter Ordnung kommt, zu recht ähnlichen Schlüssen wie Howlett/Ramesh.

Ein Paradigmenwandel vollzieht sich nach Halls Ansatz in verschiedenen Stufen, die im Folgenden einzeln durchgegangen werden. Zu Beginn verliert das bisher gültige Paradigma an Legitimation. Externe Ereignisse, z.B. schwere politische, gesellschaftliche oder – wie in Halls Untersuchungsfall – wirtschaftliche Krisen, führen dazu, dass das bestehende Leitbild die reale Welt immer weniger zu erklären vermag. Vereinfacht ausgedrückt sähe diese nachlassende Erklärungskraft in Halls Fall folgendermaßen aus: Wie kann es sein, dass trotz der staatlichen Nachfrageförderung so hohe Arbeitslosenquoten zu verzeichnen sind? Nun wird natürlich nicht infolge einiger Unzufriedenheiten und Erklärungsnöte unmittelbar auf ein anderes Leitbild gewechselt. Vielmehr wird in einer Phase des politischen Experimentierens nach besseren Erklärungen gesucht. Wenn sich die nach Kuhn benannten „Anomalien" im bestehenden Leitbild häufen, geschieht Folgendes: „Ad hoc attempts are generally made to stretch the terms of the paradigm to cover them, but this gradually undermines the intellectual coherence and precision of the original paradigm" (Hall 1993: 180).

Die Grenzen des Leitbilds werden ausgedehnt, so Hall. In seinem Untersuchungsfall bedeutete das etwa, dass die Regierung verstärkt Wettbewerbselemente innerhalb des Bankwesens einführte. Diese Versuche zur Ausdehnung des alten, keynesianistischen Paradigmas scheiterten jedoch und trugen somit noch weiter zu seiner Diskreditierung bei. In dieser Phase treten die Debatten zumeist über die Regierungsebene hinaus und in breitere politische und gesellschaftliche Arenen ein. Hier finden sich Parallelen zur Phase der Problemwahrnehmung und des Agenda Setting: Je nach Politikfeld werden verschiedene Akteure bestrebt sein, ihre Interessen, Ideen und Leitbildvorstellungen durchzusetzen. Nach dieser Phase politischer, wissenschaftlicher und öffentlicher Auseinandersetzung setzt sich dann schließlich ein neues Leitbild durch und wird in einem letzten Schritt institutionalisiert.

Ein weiterer äußerst einflussreicher lerntheoretischer Ansatz, der in seinen zentralen Annahmen mit Peter Halls *Social Learning* übereinstimmt (vgl. Bandelow 2003a), stammt von Paul Sabatier. Sein Ende der 1980er Jahre in einer ersten Version entwickelter Advocacy-Koalitionsansatz (vgl. Sabatier/Weible 2007) wird aufgrund seiner Komplexität hier nicht im Detail diskutiert. Es soll allerdings festgehalten werden, dass in diesem Ansatz von einem sog. „Belief-System" ausgegangen wird, welches das Verhalten der politischen Akteure im Subsystem strukturiert: In den meisten Fällen bezieht sich politisches Lernen nur auf die (1) sekundären Überzeugungen, welche sich auf die konkreten Eigenschaften eines Politikfeldes betreffen. Infolgedessen kann z.B. ein neues Steuerungsinstrument gewählt werden. Hiervon bleiben jedoch die (2) Policy-Kernüberzeugungen unberührt, also die grundlegenden Überzeugungen und Ziele in Bezug auf ein Politikfeld. Sie stellen die relevantesten Überzeugungen dar; nicht etwa die noch darunter liegenden (3) Tiefenkernüberzeugungen (*deep-core beliefs*), z.B. eine eher konservative oder sozialdemokratische Werthaltung. Sie gelten zwar für alle Politikfelder, sind jedoch für die konkreten Überzeugungen auf einem Policy-Feld weniger entscheidend. Entsprechend ihrer Policy-Kernüberzeugungen, so die Annahme, finden sich die Akteure des Subsystems in verschiedenen Koalitionen zusammen, sie bündeln ihre Ressourcen. Es handelt sich hier ebenfalls nicht um einen rein lerntheoretischen Ansatz, da grundlegende Veränderungen vor allem auf externe Ereignisse zurückgeführt werden (z.B. Regierungswechsel, Wandel der öffentlichen Meinung). Ursprünglich wurde der analytische Rahmen für die Anwendung auf stark technisch geprägten Politikfeldern entwickelt, wie es z.B. durch Bandelow für das Feld der Gentechnologiepolitik erfolgte (Bandelow 1999). Mittlerweile ist der Ansatz jedoch auch auf sozial-, kultur-, oder bildungspolitischen Feldern, also sehr breit eingesetzt worden.

6.2.3 Policy-Transfers

Der Policy-Transferansatz hat sich seit den frühen 1990er Jahren rasant entwickelt. Er geht in wesentlichen Teilen auf die Arbeiten von Richard Rose (1993) zum *Lesson-Drawing* zurück. Dolowitz und Marsh (2000) übten an Roses Ansatz dahingehend Kritik, dass bei ihm die Übernahme von Politiken allein durch freiwillige Lernprozesse erfolgt. Die beiden englischen Wissenschaftler wiesen demgegenüber darauf hin, dass Staaten auch aufgrund von Zwang bestimmte Politiken einführen können bzw. müssen. Dolowitz und Marsh definieren Policy-Transfers folgendermaßen: "A process in which knowledge about policies, administrative arrangements, institutions etc. in one time and/or place is used in the development of policies, administrative arrangements and institutions in another time and/or place" (Dolowitz/Marsh 1996: 344).

Für diese Prozesse braucht es vereinfacht ausgedrückt „Sender" und „Empfänger": Von einer politischen Einheit bzw. einem Zeitpunkt geht das angewendete Wissen aus, von einem anderen wird es aufgenommen. Hierbei bleiben Nationalstaaten die bevorzugte Analyseebene. Zwar vollziehen sich auch auf kommunaler oder Länderebene Lern- und Austauschprozesse. Ein Großteil der entsprechenden Literatur konzentriert sich jedoch darauf, wie Nationalstaaten Politiken von anderen Ländern oder von internationalen und supranationalen Organisationen übernehmen. Im Kontext der Europäisierung und des steigenden Austausches zwischen europäischen Staaten wird der Policy-Transferansatz zunehmend angewendet. Zusammenfassend handelt es sich also bei Policy-Transfers in einem weiten Sinne um einen Prozess, durch den Wissen über Politiken, Institutionen oder Ideen bei der Entwicklung von Politiken, Institutionen oder Ideen andernorts nutzbar gemacht wird. Die Parallelen zu Rose sind in dieser Definition offensichtlich.

Dennoch grenzen sich Dolowitz und Marsh auch von Rose ab, indem sie ganz verschiedene Ursachen für Policy-Transfers identifizieren. Diese möglichen Ursachen lokalisieren die beiden Wissenschaftler auf einem Kontinuum, das von Freiwilligkeit bis Zwang reicht: Politiktransfers können rein freiwillig erfolgen, aber auch auf unmittelbarem Zwang beruhen.

Schaubild 6-5: Kontinuum von Freiwilligkeit bis Zwang

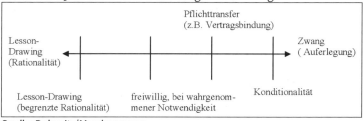

Quelle: Dolowitz/Marsh 2000: 13

Dolowitz und Marsh bezeichnen nur die rein freiwillige Übernahme von Politiken als *Lesson-Drawing*: Wie in Kapitel 6.2.1 beschrieben, zeigen sich politische Akteure hierbei unzufrieden mit bestehenden Politiken und machen sich auf die aktive Suche nach Problemlösungsalternativen. Auf der gegenüberliegenden Seite des Kontinuums liegt der Zwang. Als Beispiel nennen Dolowitz und Marsh eine Besatzungsmacht, die im besetzen Land bestimmte Institutionen oder Steuerungsinstrumente einführt. Dieses Beispiel leuchtet ebenso ein wie die Tatsache, dass es sich in diesem Fall kaum um eine aktive, auf Unzufriedenheit beruhende Lösungssuche handelt, wie sie Richard Rose in seinem Ansatz beschreibt. Es macht weiterhin deutlich, dass es sich auch bei Policy-Transfers nicht um einen reinen Lernansatz handelt bzw. „Lernen" in aller Regel nicht freiwillig und ohne konkreten Anlass erfolgt, sondern aus einer (wahrgenommenen oder realen) Notwendigkeit heraus. Wenn allerdings ein Instrument oder eine Institution aufgrund von Zwang übernommen wird, haben sich höchstwahrscheinlich gar keine Lernprozesse vollzogen; zumindest sind sie nicht die Ursache für den Transfer. Zwischen den beiden Extrempolen – die so in der Realität äußerst selten aufzufinden sind – liegen auf dem Kontinuum eine Reihe weiterer möglicher Ursachen für Politiktransfers. Pflichttransfers können sich aus internationalen Vereinbarungen ergeben, indem bspw. Deutschland eine europäische Richtlinie über den erlaubten Krümmungsgrad von Bananen implementieren muss. Von sich aus wäre Deutschland unter Umständen nicht auf diesem Feld tätig geworden. In diesem Fall sind die Mitgliedsstaaten verpflichtet, die Richtlinie umzusetzen. Von einem Zwang im engeren Sinne kann dennoch nicht gesprochen werden, da die Sanktionsmöglichkeiten ignoriert werden könnten bzw. jedes Land theoretisch die Möglichkeit besitzt, aus der Europäischen Union auszutreten. Dieser seitens der

Transferforschung wiederholt angeführte Hinweis verbleibt zwar in Teilen rein hypothetisch, verweist aber auf das allgemeine Problem einer Abgrenzung von „freiwilligen", „als notwendig wahrgenommenen" oder „Pflicht-Transfers". Der folgende Infokasten gibt noch ein weiteres Beispiel für eine mögliche Ursache von Policy-Transfers.

> **Infokasten 6-6: Die PISA-Studie und Politiktransfers**
>
> Seit dem Jahr 2000 führt die Organisation für wirtschaftliche Zusammenarbeit und Entwicklung (OECD) in den meisten ihrer Mitgliedsstaaten eine vergleichende Schulleistungsuntersuchung durch. Das schlechte Abschneiden deutscher Schüler – auch als PISA-Schock bezeichnet – führte zu einem breiten politischen und medialen Echo. „PISA" wurde zum Inbegriff für sämtliche Probleme des deutschen Bildungswesens, sei es die unzureichende Schülerqualifikation in den Naturwissenschaften oder die soziale Undurchlässigkeit des dreigliedrigen Schulsystems. Im Sinne des Politiktransferansatzes kommunizierte die OECD hier Wissen über Politiken und Institutionen zwischen ihren Mitgliedsstaaten. Gleichzeitig konnte die internationale Organisation in ihrer Studie *best-practice*-Beispiele wie insbesondere Finnland identifizieren, wo die Schüler weit überdurchschnittlich abschneiden. In politischen Reformen wirkt sich die PISA-Studie direkt aus. So plädierte etwa die OECD von Beginn an für eine frühkindliche Bildung in Betreuungseinrichtungen, was wie in Finnland die soziale Durchlässigkeit des Bildungswesens enorm erhöhen würde. Beim Ausbau der Kinderbetreuung in Deutschland wird sich mittlerweile diesen Schlussfolgerungen angeschlossen. Auf dem obigen Kontinuum (Schaubild 6-5) könnte dieser Transfer als freiwillig, aber als notwendig wahrgenommen lokalisiert werden.

An den beiden zuletzt genannten Beispielen wurde deutlich, dass sehr verschiedene Akteure an Politiktransfers beteiligt sein können. Im ersten Fall waren es die Europäische Union und nationale Regierungen, im zweiten Fall wurden die OECD, nationale Politiker und Medienvertreter genannt. Es ist denkbar, dass noch andere Akteure an den Transfers beteiligt waren, die von uns gar nicht angesprochen wurden – im ersten Beispiel etwa Bananenproduzenten oder andere Interessenvertreter. Dolowitz/Marsh gehen in der Tat von einer solchen Akteursvielfalt aus (1996: 345): Ein Policy-Transfer kann von gewählten Politikern, politischen Parteien, Beamten, Interessenverbänden, politischen Experten und supranationalen Organisationen vorangetrieben werden. Diese breite Akteurswahl ist sicher richtig, allerdings auch wenig trennscharf. Insbesondere der Einbezug sowohl individueller als auch komplexer Akteure stellt wie oben beschrieben für die Analyse eine Herausforderung dar (vgl. Bandelow 2003a).

Ähnliches gilt auch für die Gegenstände des Transfers. Denn in entsprechenden Untersuchungen sollte nicht nur geklärt werden, *wer* einen Politiktransfer vorantreibt, sondern auch, *was* eigentlich transferiert wird. Dolowitz und Marsh (1996: 350) identifizieren hierbei sieben Objekte: (1) Politische Ziele, (2) Inhalte und Instrumente, (3) Programme, (4) Institutionen, (5) Ideologien, (6) Ideen und Einstellungen, sowie auch (7) negative Erfahrungen. Zwei Punkte sind an dieser Aufzählung besonders hervorzuheben. Zum einen fällt auf, dass die Transfergegenstände sehr konkrete Form annehmen, oder auch völlig abstrakt bleiben können. Und zum zweiten heben Dolowitz und Marsh hervor, dass auch „negative Erfahrungen" (*negative lessons*) transferiert werden können. Das Ergebnis dieses Vorgangs ist es dann, dass eine bestimmte Idee, ein Instrument oder eine Institution eben *nicht* übertragen bzw. gewählt wird. Bei der Entwicklung des amerikanischen Datenschutzrechts etwa wurde auch das hessische Datenschutzrecht bezüglich einer möglichen Übernahme geprüft. Mit dem Hinweis, dass die hessischen Regelungen die Interessen des Staates über diejenigen seiner Bürger stellten, lehnten die amerikanischen Prüfer jedoch dann einen Transfer ausdrücklich ab (Dolowitz/Marsh 1996: 351).

Die Transferforschung hat sich auch mit der Frage beschäftigt, welche Bedingungen eine (erfolgreiche) Übertragung von Politiken fördern bzw. erschweren. Schmid (2003) weist darauf hin, dass eine hohe Ähnlichkeit zwischen zwei Ländern Politiktransfers zwischen ihnen erleichtert. Denn unterschiedliche politische und institutionelle Rahmenbedingungen verringern in aller Regel die Übertragbarkeit eines Programms. Als weiteren Faktor unterscheidet Schmid zwischen globalen Lösungsstrategien und konkreten Instrumenten. Es sei sehr viel leichter, eine eher allgemein formulierte Problemdefinition zu übertragen als ein spezifisches Programm. Ein Beispiel hierfür bildet die Arbeitsmarktpolitik. Innerhalb der Europäischen Union hat sich die

Sichtweise, dass aktive gegenüber rein passiver Arbeitsmarktpolitik zu bevorzugen sei, weitgehend durchgesetzt. Diese Sichtweise kann als globale Strategie bezeichnet werden, die auch seitens der Europäischen Union selbst an ihre Mitgliedsstaaten kommuniziert wird. *Wie* jedoch die einzelnen Nationalstaaten diese Strategie in konkrete Politik umsetzen, bleibt ihnen selbst überlassen. Folgt man den Annahmen der folgenden Tabelle, so ist dies auch besser für den erfolgreichen Transfer der „aktiven Arbeitsmarktpolitik": Denn wenn statt dieser globalen Idee versucht würde, ein konkretes Instrument der aktiven Arbeitsmarktpolitik zu transferieren, so könnte es selbst bei ähnlichen Ländern zu technischen Kompatibilitätsproblemen kommen. Sind die Bedingungen zwischen den Ländern aber sogar verschieden, so ist die Wahrscheinlichkeit einer Übertragung sehr niedrig.

Schaubild 6-6: Bedingungen für erfolgreiche Policy-Transfers

Inhalte der Politik	Bedingungen ähnlich	Bedingungen verschieden
Globale Problemdefinitionen und Lösungsstrategien	(1) Weitgehende Analogie; Möglichkeiten einer Übertragung hoch	(2) Konsensdefizite; Möglichkeiten einer Übertragung niedrig
Spezifische Programme und konkrete Instrumente	(4) Effizienzdefizite; technische Kompatibilitätsprobleme	(3) Konsensdefizite und Strukturdifferenzen; Wahrscheinlichkeiten einer Übertragung sehr niedrig

Quelle: Schmid 2003: 207

Der Vollständigkeit halber ist es jedoch wichtig zu ergänzen, dass teils auch genau umgekehrte Annahmen formuliert und an Praxisbeispielen nachgewiesen worden sind. So gehen einige Transferforscher davon aus, dass ein Politiktransfer umso wahrscheinlicher ist, desto konkreter und spezifischer die Ziele und Charakteristika der Politikempfehlungen oder des Programms formuliert sind (z.B. Zohlnhöfer/Ostheim 2007).

Ähnlich wie auch Rose verweisen Dolowitz und Marsh abschließend auf die unterschiedlichen Transfer*grade*: Äußerst selten kommt es zu passgenauen Kopien, häufiger hingegen zu leichten und meist sogar zu weitreichenden Anpassungen. Im Unterschied zu Rose machen die beiden Transferforscher nur vier verschiedene Maße aus, zu denen Policies transferiert werden können: Kopie, Emulation (d.h. die

Übernahme von Zielvorstellungen oder Leitideen einer Policy), Kombination und Inspiration (Dolowitz/Marsh 1996: 351). Sie fassen „Hybridbildung" und „Synthese" in einer einzigen Form, „Kombination", zusammen. Viel wichtiger als die Frage, ob nun letztlich zwischen vier oder fünf Transfergraden differenziert wird, ist die folgende Feststellung: Transfers, z.B. zwischen zwei Ländern, müssen offensichtlich *nicht* dazu führen, dass sich die Politiken dieser beiden Länder einander annähern. In der Forschung ist jedoch sehr wohl häufig eine Gleichsetzung von „Policy-Transfers" und „Policy-Konvergenz" festzustellen. Die theoretischen Ansätze, sowohl von Rose als auch von Dolowitz und Marsh, machen deutlich, dass diese Gleichsetzung in einzelnen Fällen richtig sein kann, so allgemein jedoch falsch ist.

Dieser Überblick hat vor Augen geführt, dass sich die lerntheoretischen Ansätze untereinander stark unterscheiden. Sie gehen je von verschiedenen Lernbegriffen, Annahmen und Zielsetzungen aus. Bei Rose verläuft politisches Lernen ähnlich einer rationalen Lösungssuche. Bei Hall ist Lernen weniger das Aufspüren von Alternativen, als die Veränderung von Zielhierarchien. Und bei Dolowitz/Marsh ist Lernen nur *ein* möglicher Mechanismus unter vielen. All dies prägt sowohl die Fragestellungen, die methodische und theoretische Vorgehensweise wie auch letztlich die Schlussfolgerungen, ob politische Akteure nun eigentlich gelernt haben oder nicht. Insgesamt aber, so folgert auch Bandelow (2003a: 117), „wird in den meisten Ansätzen von einer geringen Wahrscheinlichkeit wesentlicher politischer Veränderungen allein durch neue Ideen, Informationen oder Argumente ausgegangen". Hinzu kommen immer auch veränderte Problemlagen oder sozioökonomische Bedingungen in der „realen Welt". Bei Rose kann dies etwa die Unzufriedenheit mit früheren Politiken sein; bei Peter Hall auftauchende „Anomalien" und Legitimationsverluste bestehender Paradigmen; bei Dolowitz/Marsh ausgeübter Druck oder internationale Verpflichtungen. Dies entspricht wohl auch der Multikausalität aller realen Phänomene und lässt darauf schließen, dass die Erklärungskraft rein lerntheoretischer Ansätze begrenzt wäre. Dass aber die Bedeutung und der Stellenwert von Lernansätzen innerhalb der Policy-Forschung während der letzten Jahre enorm gestiegen sind, gilt als unbestritten. Im kommenden Kapitel werden wir uns im Rahmen eines Ausblicks auf die Zukunft der Policy-Forschung auch mit der Frage beschäftigen, warum das so ist.

7 Ausblick

Zu Beginn dieses Buches wurde der verspätete Erfolg der Policy-Forschung in Deutschland angesprochen. Hierfür werden unterschiedliche Ursachen genannt: Sei es die Ablehnung eines explizit praxis- und beratungsorientierten Ansatzes oder schlichtweg die gewöhnliche zeitliche Verzögerung, wie sie sich beim geografischen Transfer wissenschaftlicher Konzepte und Ansätze ergibt. Welcher dieser Gründe auch tatsächlich maßgeblich gewesen sein mag: Insgesamt zeigt sich seit einigen Jahren der Eintritt in eine vierte Phase, nämlich der Policy-Forschung als Normaldisziplin. In der politikwissenschaftlichen Lehr- und Forschungslandschaft ist die Politikfeldanalyse mittlerweile fest verankert. Doch obgleich die deutsche Policy-Forschung demnach den Stand einer regulären Disziplin erreicht hat, bestehen weiterhin *Unterschiede* gegenüber einer „voll ausgereiften" bzw. lang tradierten Disziplin. Für diese Unterschiede verwenden wir ganz bewusst nicht den Begriff „Defizite", da sich aus dieser Situation sowohl Nachteile als auch Vorteile ergeben.

Eine wichtige Differenz liegt darin, dass – wie in Kapitel 3 besprochen wurde – sich weder ein einheitliches Theorie- noch Methodengebäude etablieren konnte. Dies kann durchaus positiv ausgelegt werden: Dem Policy-Forscher stehen vielfältige theoretische Ansätze und methodische Vorgehensweisen zur Verfügung, von denen entsprechend der Fragestellung und dem Erkenntnisinteresse die Geeigneten auszuwählen sind. Andere Policy-Forscher und Kollegen werden diese Auswahl, sofern sie geeignet ist, in aller Regel nicht kritisieren: Der Theorien- und Methoden-Pluralismus ist in der Politikfeldanalyse weithin bekannt, wenn auch nicht durchweg anerkannt und gelegentlich noch kritisiert. Denn die bestehende Vielfalt kann auch umgekehrt als Beliebigkeit betrachtet werden, zumal sie die Vergleichbarkeit von Studien zu mindern oder sogar eine theoretische Weiterentwicklung des Fachs zu hemmen vermag.

Bezüglich der Forschungsrichtung wird häufig der Unterschied identifiziert, dass die Politikfeldanalyse sich vorwiegend als *deskriptiv* präsentiert (Schneider/Janning 2006: 217). Es wäre jedoch falsch, ihre Forschungsansätze auf eine reine Beschreibung von Vorgängen und

Zusammenhängen zu reduzieren. Vielmehr ist mit dem „deskriptiven Charakter" der Policy-Forschung in der Regel gemeint, dass sie sich vorwiegend auf Einzelfallstudien oder den Vergleich weniger Fälle konzentriert; dass sie (mittlerweile sogar verstärkt) die Meso- und Mikro-Ebenen für die Analyse der Makro-Ebene vorzieht; und dass qualitative gegenüber quantitativen Studien in der Überzahl sind. All dies wurde im Kapitel zu „Theorien und Methoden" der Politikfeldanalyse besprochen. Ein Nachteil dieses Bias ist sicherlich, dass Kausalbeziehungen und Zusammenhänge zwischen Makrovariablen schlechter aufgezeigt werden können. Der Vorteil besteht im besseren und tiefer gehenden *Verstehen* der zugrundeliegenden Mechanismen und Zusammenhänge.

Die Policy-Forschung entwickelt sich jedoch beständig weiter und ist einigen dieser Kritikpunkte begegnet. Das bis heute populärste, wenngleich nicht unbedingt wichtigste Modell der Politikfeldanalyse, nämlich der Policy-Cycle, ist in der Tat rein deskriptiv ausgerichtet. Dass er die komplexen Politiksetzungsprozesse strukturiert, vereinfacht, aber keine Kausalaussagen über all diese Vorgänge erlaubt (vgl. Kap. 5) ist bspw. nicht disziplinextern, sondern in erster Linie von Policy-Forschern selbst kritisiert worden. Paul Sabatier hat mit seinem Advocacy-Koalitionsansatz, der ob seiner Komplexität hier nur angerissen und stattdessen auf weiterführende Literatur verwiesen wurde, einen äußerst ambitionierten Gegenentwurf zum Phasenmodell vorgelegt. Auch wenn sein theoretischer Rahmen sicher keine Ablösung, sondern eher eine sinnvolle Ergänzung des Policy-Cycle darstellt und sich überdies (entgegen seinem Wunsch) nicht einheitlich durchzusetzen vermochte: Er zeigt stellvertretend, dass in der Policy-Forschung auf Erklärung zielende Kausalmodelle existieren, die eine Reihe von Faktoren mit einbeziehen und weit über eine Deskription hinausgehen.

Nicht zuletzt stellt die zunehmende Internationalisierung und Globalisierung für die Policy-Forschung eine Herausforderung dar (Schneider/Janning 2006: 219). Die Politikfeldanalyse fokussiert konkrete, materielle Policies wie auch einzelne Politikfelder – diese sind aber in steigendem Maße nicht mehr in rein nationalstaatlichen Grenzen zu verfolgen und zu erklären, wie wir im Verlauf dieses Bandes an zahlreichen Beispielen gesehen haben: So hat etwa das Fallbeispiel zur Umweltpolitik die steigende Bedeutung von europäischen Richtlinien verdeutlicht; auch das Fallbeispiel des Rauchverbots in Gaststätten verwies auf den starken europäischen Einfluss und die Vorbildfunktion von Rauchverbot-Pionieren wie Irland oder Italien. Solche und andere Beispiele lassen sich für sämtliche Politikfelder auffinden – seien sie nun stark europäisiert wie die Umweltpolitik, stark in nationalstaatlicher Kompetenz wie die Sozialpolitik oder stark durch andere internationale Regime geprägt wie die Handelspolitik. Der Vorwurf, dass manche Policy-Analysen mit ihrem konventionellen Fokus auf nationalstaatliche Aktivitäten dieser Europäisierung und Internationalisierung nicht gerecht werden, mag im Einzelfall zutreffen. Aber: „Für die Analyse von Internationalisierungsprozessen in Politikfeldern haben sich bislang zwei Forschungsstränge ausgebildet" (Schneider/Janning 2006: 220), die beide zunehmende theoretische Ausdifferenzierung und Anwendung erfahren.

Mit dem ersten dieser beiden Ansätze haben wir uns in Kapitel 6.2 ausführlich beschäftigt: Mit Anwendung von theoretischen Ansätzen wie *Lesson-Drawing*, Policy-Lernen und Policy-Transfers fragen Policy-Forscher verstärkt danach, welchen Anteil diese über nationalstaatliche Politik hinausgehenden Mechanismen bei der Einführung von neuen Programmen haben, in welchem Maße der Nationalstaat zur Übernahme von Policies „gezwungen" ist oder – in der beratungsorientierten Tradition – welche Faktoren ein erfolgreiches Lernen von anderen Staaten begünstigen können. Die theoretischen Vertreter dieses Forschungsstranges stellen ganz klar das Handeln von Akteuren und die *Outputs* von Politikprozessen in den Mittelpunkt. Um auf die grundlegende Frage der Policy-Forschung rückzuverweisen geht es ihnen um eine Antwort auf die Frage, warum politische Entscheidungsträger zu welchen Ergebnissen kommen.

Der zweite europäisierungs- und internationalisierungsorientierte Forschungsstrang hingegen legt einen stärkeren Fokus auf die Auswirkungen, die *Outcomes* dieser Prozesse. Diese Ansätze sind demnach eher struktur- als akteursorientiert (Schneider/Janning 2006: 220). In entsprechenden Analysen können durchaus dieselben Vorgänge und Fälle untersucht werden wie im Fall des *Lesson-Drawing* oder Policy-Transfers – allerdings im Hinblick auf andere Fragestellungen. Während der erste Forschungsstrang wissen möchte, *warum* es zu diesem Transfer kommt und *welche Akteure* ihn ankurbeln, interessiert den zweiten Forschungsstrang in erster Linie, *mit welchem Ergebnis* diese Lern- oder Transferprozesse abschließen. Als wichtigste theoretische Ansätze innerhalb dieses Forschungsstranges sind Policy-Diffusion und Policy-Konvergenz zu nennen (vgl. Holzinger et al. 2007; Bennett 1991).

Untersucht wird also, inwieweit sich bestimmte Policies z.B. ausgehend von einem Pionierstaat ausbreiten und welche Muster dabei entstehen; inwieweit sich verschiedene Länder (z.B. die der Europäischen Union) in bestimmten Politikfeldern einander angleichen und welcher Art diese Angleichungsprozesse sind.

Insbesondere der erste Strang dieser Europäisierungs- und Internationalisierungsforschung ist darüber hinaus Ausdruck eines weiteren Trends in der Politikfeldanalyse, nämlich der zunehmenden Bedeutung von wissensbasierten und lerntheoretischen Ansätzen (vgl. Kap. 6.2). Zwar sind, wie festgestellt wurde, weder *Lesson-Drawing*, *Social Learning* noch Policy-Transfers (und erst Recht nicht der Advocacy-Koalitionsansatz) als rein lerntheoretische Ansätze zu begreifen. Dennoch haben diese theoretischen Ansätze, oft geleitet durch ihren Erklärungsanspruch, lerntheoretische Kategorien einbezogen und weiterentwickelt. Anknüpfend an die oben angesprochene Kritik einer fehlenden Integration dieser verschiedenen Ansätze zu einem einheitlichen Gebäude kann mit Rückblick auf Kapitel 6 sicherlich konstatiert werden: Ob der unterschiedlichen Lernbegriffe, Lernobjekt- und Akteursverständnisse ist in diesem Bereich der Bedarf einer, wenn auch vielleicht nicht Vereinheitlichung, so doch sicherlich Systematisierung und Angleichung besonders hoch.

Mit den Internationalisierungsansätzen und den lerntheoretischen Ansätzen wurden nichtsdestotrotz zwei Forschungsstränge der Politikfeldanalyse genannt, die insgesamt erfolgreich auf aktuelle Entwicklungen und Herausforderungen reagiert haben. Daneben existieren jedoch weitere Problematiken und Aufgaben, denen sich die Policy-Forschung in Zukunft wird stellen müssen, um nicht durch neuere Entwicklungen und Veränderungen ins Hintertreffen zu geraten. Dazu gehört methodisch sicherlich die stärkere Verknüpfung quantitativer und qualitativer Ansätze (Janning/Toens 2008: 12): Anstelle einer diametralen Gegenüberstellung beider Vorgehensweise sollte vermehrt ein Methoden-Mix praktiziert werden. Wie sich im Verlauf dieser Einführung gezeigt hat, konnte die Policy-Forschung ihre Stärken immer dann voll zur Geltung bringen, wenn Synergieeffekte zweier vormals konträrer Standpunkte genutzt wurden (z.B. in der *Top-down*- vs. *Bottom-up*-Debatte der Implementierungsforschung).

Treten wir nach diesem Ausblick auf die Zukunft der Policy-Forschung noch einmal einen Schritt zurück. Durch entsprechende Lehr- und Standardwerke wird dem etablierten Stand der Policy-

Forschung inzwischen Rechnung getragen. Während sich Studierende und Lehrende noch vor einigen Jahren im deutschsprachigen Raum mit einer eher schmalen Literaturlage abfinden mussten, sind gerade in jüngerer Zeit verstärkt deutschsprachige Werke auf den Markt gekommen (z.B. Schneider/Janning 2006; Janning/Toens 2008; Schubert/Bandelow 2009) – die bislang bestehende Lücke einer Einführung, die einen ersten Einstieg in die theoretischen Ansätze und Forschungsbereiche der Politikfeldanalyse bietet, wollen wir mit diesem Band schließen. So hoffen wir, dass der Leser/die Leserin nun diesen ersten Überblick über das Feld der Policy-Forschung in seiner großen Breite gewonnen hat, die theoretischen Ansätze einzuordnen und mit den grundlegenden Begriffen zu jonglieren vermag. Um noch ein letztes Mal die grundlegende Fragestellung der Politikfeldanalyse zu bemühen: Studierende der Politikwissenschaft, junge Policy-Forscher und politisch Interessierte sind den Antworten auf ihre zahlreichen Fragen, warum politische Entscheidungsträger tun, was sie tun und was sie letztlich damit bewirken, hoffentlich einen Schritt näher gekommen.

Dennoch gilt es eines zu beachten, was auch Ziel dieses Einführungsbandes gewesen ist bzw. was Ziel gerade eines Einführungsbandes in die Policy-Forschung sein muss. Zwar liegt es uns fern, den bereits erwähnten Dualismus zwischen Theorie und Praxis fortzusetzen. Dennoch wird der Policy-Forscher in aller Regel von einer der Praxis distanzierten Warte aus arbeiten und analysieren, Wissen über politische Prozesse gewinnen, Zusammenhänge herstellen und vieles mehr. Oft stellt sich aber hier, wie bei Dustin Hoffmann heraus, dass zwischen Theorie und Praxis Unterschiede bestehen. In einem Spiegel-Interview entsann sich der Darsteller: „Auf der Schauspielschule lernen wir von Meistern wie Lee Strasberg unsere Kunst in allen Feinheiten. Dann treffen wir eines Tages auf die harte Wirklichkeit – und müssen alles wegwerfen, was wir gelernt haben. Da heißt es: Vergiss die Kunst, mach deinen Job. Da muss man spielen, was kommt, muss nicht gut, sondern schnell sein." (Spiegel Heft 27, 2008) Wir sind allerdings der festen Überzeugung, dass man seinen „Job" umso besser und routinierter machen kann, je stärker man vorher, wenn auch nur abstrakt, die „Feinheiten" – d.h. die richtigen Kategorien, Muster, Denk- und Handlungsweisen – erlernt hat. Diese stehen dann in der „harten Wirklichkeit" zur Verfügung und können genutzt werden. Und es stellt sich abschließend die Frage: Ob Dustin Hoffmann in der „harten Wirklichkeit" und der verlangten Schnelligkeit wirklich so glänzend und erfolgreich seinen „Job" hätte machen können, ohne vorherige Schule, ohne Reflexion „in allen Feinheiten"? Wir haben da unsere Zweifel: Theorien können niemals die Praxis ersetzen, sicher aber läuft die Praxis besser, wenn man die – richtigen – Theorien kennt und nutzt.

Literaturverzeichnis

* Dieses Symbol kennzeichnet Hinweise für die weitere Vertiefung einzelner Themenbereiche und theoretischer Ansätze der Politikfeldanalyse. Gekennzeichnet sind weiterführende Lehrbücher und Herausgeberwerke sowie Einzelpublikationen und Beiträge aus politikwissenschaftlichen Journalen, darunter auch „Klassiker" der Policy-Forschung. Auch hier ist unsere Auswahl keineswegs abschließend und soll vielmehr als erste Hilfe für die weitere politikfeldanalytische Beschäftigung dienen.

Alemann, Ulrich von/Kißler, Leo (1991): Vorwort. In: Schubert, Klaus: Politikfeldanalyse. Opladen.
Alemann, Ulrich von (2000): Vom Korporatismus zum Lobbyismus? Die Zukunft der Verbände zwischen Europäisierung, Globalisierung und Berlinisierung. In: Aus Politik und Zeitgeschichte, 26-27.
Allensbach, Institut für Demoskopie (2008): Rauchverbote und Raucher. Die Zahl der Raucher wird erheblich überschätzt. Allensbacher Berichte, Nr. 1, 2008. [URL: www.ifd-allensbach.de/pdf/prd _0801.pdf] (1.8.2008)
Anderson, James E. (1975): Public Policymaking. New York.
Argyris, Chris/Schön, Donald A. (1978): Organizational Learning. A Theory of Action Perspective. Reading.
Bachrach, Peter/Baratz, Morton S. (1977): Macht und Armut. Frankfurt/Main.
Bahle, Thomas (1998): Family Policy in Germany: Towards a Macrosociological Frame for Analysis. In: EURODATA Newsletter Nr. 7. Mannheim. [URL: http://www.mzes.uni-mannheim.de/eurodata/ newsletter/no7.pdf] (1.9.2008)
Bandelow, Nils C. (1999): Lernende Politik. Advocacy-Koalitionen und politischer Wandel am Beispiel der Gentechnologiepolitik. Berlin.
Bandelow, Nils C. (2003a): Lerntheoretische Ansätze in der Policy-Forschung. In: Maier, Matthias L./Nullmeier, Frank/Pritzlaff, Tanja (Hrsg.): Politik als Lernprozess? Opladen. 98-121.
* Einführender Überblick über die Entwicklung verschiedener Typen von lerntheoretischen Ansätzen in der Politikfeldanalyse, deren jeweiligen Vorläufer, Annahmen und Anwendungsbereiche.

Bandelow, Nils C. (2003b): Policy Lernen und politische Veränderungen. In: Schubert, Klaus/Bandelow, Nils C. (Hrsg.): Lehrbuch der Politikfeldanalyse. 289-331.

Bandelow, Nils C. (2004): Historische Entwicklung, aktueller Stand und Perspektiven der Politikfeldanalyse in Deutschland und den USA. Skript zur Vorlesung „Einführung in die Politikfeldanalyse" im Sommersemester 2004 an der Heinrich-Heine-Universität Düsseldorf. [URL: www.nilsbandelow.de/VPFA11f2.PDF] (26.8.2008)

Bandelow, Nils C. (2009): Politisches Lernen: Begriff und Ansätze. In: Schubert, Klaus/Bandelow, Nils C. (Hrsg.): Lehrbuch der Politikfeldanalyse. 317-352.

Baumgartner, Frank R./Jones, Bryan D. (1991): Agenda Dynamics and Policy Subsystems. In: Journal of Politics, 53 (4). 1044-1074.

Behrens, Maria (2003): Quantitative und qualitative Methoden in der Politikfeldanalyse. In: Schubert, Klaus/Bandelow, Nils C. (Hrsg.): Lehrbuch der Politikfeldanalyse. München. 203-236.

Bennett, Colin J. (1991): What Is Policy Convergence and What Causes It? In: British Journal of Political Science, 21. 215-233.

Benz, Arthur (Hrsg.) (2004): Governance. Regieren in komplexen Regelsystemen. Eine Einführung. Wiesbaden.

Benz, Arthur (2007): Nationalstaat. In: Benz, Arthur/Lütz, Susanne/Schimank, Uwe/Simonis, Georg (Hrsg.): Handbuch Governance. Theoretische Grundlagen und empirische Anwendungsfelder. Wiesbaden. 339-352.

Benz, Arthur (2007): Multilevel Governance. In: Benz, Arthur/Lütz, Susanne/Schimank, Uwe/Simonis, Georg (Hrsg.): Handbuch Governance. Theoretische Grundlagen und empirische Anwendungsfelder. Wiesbaden. 297-310.

Berliner Zeitung (2007): Brüssel droht mit einem gesetzlichen Rauchverbot. Artikel vom 30.1.2007. [URL: http://www.berlinonline.de/berliner-zeitung/spezial/dossiers/rauchverbot/71958/index.php] (5.8.2008)

Biegelbauer, Peter (2007): Ein neuer Blick auf politisches Handeln: Politik-Lernansätze im Vergleich. In: Österreichische Zeitschrift für Politikwissenschaft, 36 (3). 231-247.

Beyme, Klaus von (1986): Die politischen Theorien der Gegenwart. München.

Böhret, Carl (1970): Entscheidungshilfen für die Regierung. Opladen.

Braun, Dietmar/Giraud, Olivier (2009): Politikinstrumente im Kontext von Staat, Markt und Governance. In: Schubert, Klaus/Bandelow Nils C. (Hrsg.): Lehrbuch der Politikfeldanalyse. 161-188.

Brodocz, André/Vorländer, Hans (2006): Großbritannien: Verfassung. Bundeszentrale für politische Bildung. [URL: http://www.bpb.de/themen/ZVRTAS,0,0,Verfassung.html] (11.7.2008)

Bunge, Mario (1996): Finding Philosophy in Social Science. New Haven.

Cater, Douglass (1964): Power in Washington. A Critical Look at Today's Struggle to Govern in the Nation's Capital. New York.

Clasen, Jochen (2005): Reforming European Welfare States. Germany and the United Kingdom Compared. Oxford.

Cobb, Roger W./Elder, Charles D. (1972): Participation in American Politics: The Dynamics of Agenda-Building. Boston.

Cobb, Roger W./Ross, Jennie-Keith/Ross, Marc Howard (1976): Agenda-building as a Comparative Process. In: American Political Science Review, 70. 126-138.

Cohen, Michael D./March, James G./Olsen, Johan P. (1972): A Garbage Can Model of Organizational Choice. In: Administrative Science Quarterly, 17 (1). 1-25.

* *Dieser Beitrag aus dem amerikanischen Journal "Administrative Science Quarterly" erwies sich als äußerst einflussreich für das Verständnis politischer Entscheidungen und die weitere theoretische Entwicklung der Policy-Forschung.*

Cooper, Alice H./Kurzer, Paulette (2003): Rauch ohne Feuer. Why Germany Lags in Tobacco Control. In: German Politics and Society, 21 (3). 24-47.

Czada, Roland (1995): Institutionelle Theorien der Politik. In: Nohlen, Dieter/Schultze, Rainer-Olaf (Hrsg.): Lexikon der Politik. München. 205-213.

Czada, Roland (1997): Neuere Entwicklungen der Politikfeldanalyse. Vortrag auf dem Schweizerischen Politologentag in Balsthal am 14.11.1997. Hagen: Manuskript.

Der Spiegel (2008): Es fühlt sich an wie ein Traum. Heft 27/2008.

Deutsches Krebsforschungsinstitut (2006): Pressemitteilung Nr. 82: Zwei Drittel der deutschen Bevölkerung wünschen sich rauchfreie Gaststätten. [URL: http://www.dkfz.de/de/presse/pressemitteilungen/2006/dkfz_pm_06_82.php] (1.8.2008)

Dienel, Christiane (2002): Familienpolitik. Eine praxisorientierte Gesamtdarstellung der Grundlagen, Handlungsfelder und Probleme. München.

Dye, Thomas R. (1972): Understanding Public Policy. Englewood Cliffs.

Dolowitz, David/Marsh, David (1996): Who Learns What from Whom: a Review of the Policy Transfer Literature. In: Political Studies. 343-357.

Dolowitz, David/Marsh, David (2000): Learning from Abroad: The Role of Policy-Transfer in Contemporary Policy-Making. In: Governance, 13 (1). 5-24.

* *Dieser einflussreiche Beitrag, in dem Dolowitz/Marsh den Policy-Transfer-Ansatz entwickeln und konzeptionalisieren, bietet fortgeschrittenen Studierenden eine grundlegende Einführung.*

Downs, Anthony (1972): Up and down with Ecology – The ‚Issue Attention Cycle'. In: Public Interest, 28. 38-50.

Easton, David (1965): A Framework for Political Analysis. Englewood Cliffs.

Esping-Andersen (1990): The Three Worlds of Welfare Capitalism. Oxford.

Falkner, Gerda/Hartlapp, Miriam/Leiber, Simone/Treib, Oliver (2002): Transforming Social Policy in Europe? The EC's Parental Leave Directive and Misfit in the 15 Member States. MPIfG Working Paper 02/11.

Faust, Jörg/Lauth, Hans-Joachim (2006): Politikfeldanalyse. In: Mols, Manfred/Lauth, Hans-Joachim/Wagner, Christian (Hrsg.): Politikwissenschaft. Eine Einführung. Paderborn. 289-314.

Göhler, Gerhard (1988): Soziale Institutionen – politische Institutionen. Das Problem der Institutionentheorie in der neueren Politikwissenschaft. In: Luthardt, Wolfgang/Waschkuhn, Arno (Hrsg.): Politik und Repräsentation. Marburg. 12-28.

Gerlach, Irene (2000): Politikgestaltung durch das Bundesverfassungsgericht am Beispiel der Familienpolitik. In: Aus Politik und Zeitgeschichte, B 3-4.

Gerlach, Irene (2004): Familienpolitik. Wiesbaden.

Görlitz, Axel/Burth, Hans-Peter (1998): Politische Steuerung. Ein Studienbuch. Opladen.

Grüning, Thilo/Strünck, Christoph/Gilmore, Anna B. (2008): Puffing Away? Explaining the Politics of Tobacco control in Germany. In: German Politics, 17 (2). 140-164.

Hall, Peter A. (1993): Policy Paradigms, Social Learning, and the State. In: Comparative Politics, 25 (3). 275-296.
Heclo, Hugh (1974): Modern Social Politics in Britain and Sweden. From Relief to Income Maintenance. New Haven/London.
Heclo, Hugh (1978): Issue Networks and the Executive Establishment. In: King, Anthony (Hrsg.): The New American Political System. Washington. 87-124.
Hegelich, Simon (2006): Reformkorridore des deutschen Rentensystems. Wiesbaden.
Heinelt, Hubert (2009): Politikfelder: Machen Besonderheiten von Policies einen Unterschied? In: Schubert, Klaus/Bandelow, Nils C. (Hrsg.): Lehrbuch der Politikfeldanalyse. München. 116-132.
Heinze, Rolf G./Voelzkow, Helmut (2003): Interessengruppen. In: Andersen, Uwe/Woyke, Wichard (Hrsg.): Handwörterbuch des politischen Systems der Bundesrepublik Deutschland. Opladen.
Héritier, Adrienne (Hrsg.) (1993): Policy-Analyse. Kritik und Neuorientierung. PVS-Sonderheft, 24. Opladen.
Holzinger, Katharina/Jörgens, Helge/Knill, Christoph (Hrsg.) (2007): Transfer, Diffusion und Konvergenz von Politiken. PVS-Sonderheft. Wiesbaden.
Hood, Christopher (1986): The Tools of Government. Chatham.
Howlett, Michael/Ramesh, M. (2003): Studying Public Policy, Policy Cycles and Policy Subsystems. Toronto.
* *Howlett/Ramesh bieten mit diesem gut verständlichen Lehrbuch eine umfassende und kompetente Einführung insb. in die prozessorientierte Policy-Forschung. Entlang der Phasen des Policy-Cycle werden wichtige theoretische Ansätze und Fragen diskutiert.*
Huntington, Samuel P. (1952): The marasmus of the ICC: The Commissions, The Railroads and the Public Interest. In: Yale Law Review, 61 (4). 467-509.
Immergut, Ellen (1990): Institutions, Veto Points and Policy Results: A Comparative Analysis of Health Care. In: Journal of Public Policy, 10. 391-416.
Jachtenfuchs, Markus (1993): Ideen und Interessen: Weltbilder als Kategorien der politischen Analyse. Arbeitspapier AB III, Nr. 2 des Mannheimer Zentrums für europäische Sozialforschung.
Jänicke, Martin/Reiche, Danyel/Volkery, Axel (2002): Rückkehr zur Vorreiterrolle? – Umweltpolitik unter Rot-Grün. In: Vogänge, 1. 50-61.

Jänicke, Martin/Kunig, Philip/Stitzel, Michael (2003): Lern- und Arbeitsbuch Umweltpolitik. Politik, Recht und Management des Umweltschutzes in Staat und Unternehmen. Bonn. 50-61.

Jann, Werner (1981): Kategorien der Policy-Forschung. Speyer: Hochschule für Verwaltungswissenschaft Speyer. Speyerer Arbeitshefte 45.

Jann, Werner (1989): Staatslehre – Regierungslehre – Verwaltungslehre. In: von Bandemer, Stephan/Wewer, Göttrik (Hrsg.): Regierungssystem und Regierungslehre. Leverkusen. 33-56.

Jann, Werner/Wegrich, Kai (2009): Phasenmodelle und Politikprozesse: Der Policy Cycle. In: Schubert, Klaus/Bandelow, Nils C. (Hrsg.): Lehrbuch der Politikfeldanalyse. 74-113.

Janning, Frank/Toens, Katrin (2008): Einleitung. In: Dies. (Hrsg.): Die Zukunft der Policy-Forschung. Theorien, Methoden, Anwendungen. Wiesbaden.

* *Dieser Herausgeberband bietet einen umfassenden Überblick über die aktuellen Entwicklungen in der Policy-Forschung sowie ihre zukünftigen (theoretischen und methodischen) Herausforderungen.*

James, Oliver/Lodge, Martin (2003): The Limitations of ‚Policy Transfer' and ‚Lesson Drawing' for Public Policy Research. In: Political Studies Review, 1. 179-193.

James, William (1908; 2000): Pragmatismus – Ein neuer Name für alte Denkweisen. Darmstadt (neu übersetzt und wieder herausgegeben von K. Schubert und A. Spree).

Jansen, Dorothea/Schubert, Klaus (1995): Netzwerkanalyse, Netzwerkforschung und Politikproduktion: Ansätze zur ‚cross-fertilization'. In: Dies. (Hrsg.): Netzwerke und Politikproduktion. Konzepte, Methoden, Perspektiven. Marburg. 9-23.

Jaschke, Hans-Gerd (2006): Politischer Extremismus. Wiesbaden.

Jenkins-Smith, Hank C./Sabatier, Paul A. (1993): The Study of Public Policy Processes. In: Sabatier, Paul A./Jenkins-Smith, Hank C. (Hrsg.): Policy Change and Learning: An Advocacy Coalition Approach. Boulder.

Jones, Charles O. (1970): An Introduction to the Study of Public Policy. Belmont.

Jones, Charles O. (1984): An Introduction to the Study of Public Policy. Monterey.

Joosten, Astrid (1990): Die Frau, das „segenspendende Herz der Familie". Familienpolitik als Frauenpolitik in der „Ära Adenauer". Pfaffenweiler.

Kenichi, Ohmae (1995): The End of the Nation State. The Rise of Regional Economics. London.

Kern, Christine/Koenen, Stephanie/Löffelsend, Tina (2003): Die Umweltpolitik der rot-grünen Koalition – Strategien zwischen nationaler Pfadabhängigkeit und globaler Politikkonvergenz. WZB-Discussion Paper FSIV03-103. Berlin.

Kevenhörster, Paul (2008): Politikwissenschaft. Band 1: Entscheidungen und Strukturen der Politik. Wiesbaden.

Kingdon, John (1984): Agendas, Alternatives and Public Policies. Boston.

Kingdon, John (1995): Agendas, Alternatives and Public Policies. New York.

Korte, Karl-Rudolf (2001): Die Entfaltung von Politikstilen nach Wahlen. In: Derlien, Hans-Ulrich/Murswieck, Axel (Hrsg.): Regieren nach Wahlen. Opladen. 113-131.

Kortmann, Matthias/Schubert, Klaus (2006): Theorien und Methoden im Forschungsprozess. In: Schmidt, Sven-Uwe/Schubert, Klaus (Hrsg.): Einführung in die politische Theorie und Methodenlehre. Opladen. 33-49.

Kritzinger, Sylvia/Michalowitz, Irina (2009): Methodenkonflikt oder Methodenpluralismus? Policy-Forschung auf dem Prüfstand. In: Schubert, Klaus/Bandelow, Nils C. (Hrsg.): Lehrbuch der Politikfeldanalyse. München.

Kuhn, Thomas Samuel (1970): The Structure of Scientific Revolutions. Chicago.

Lasswell, Harold D. (1956): The Decision Process: Seven Categories of Functional Analysis. College Park.

Lamping, Wolfram/Schridde, Henning (2004): Der aktivierende Staat – ordnungs- und steuerungstheoretische Aspekte. In: Lütz, Susanne/Czada, Roland (Hrsg.): Der Wohlfahrtsstaat – Transformation und Perspektiven. Opladen. 39-65.

Lang, Achim/Leifeld, Philip (2008): Die Netzwerkanalyse in der Policy-Forschung: Eine theoretische und methodische Bestandsaufnahme. In: Janning, Frank/Toens, Katrin (Hrsg.): Die Zukunft der Policy-Forschung. Theorien, Methoden, Anwendungen. Wiesbaden. 223-241.

Laski, Harold (1917): Studies in the Problem of Sovereignty. New Haven.

Lerner, Daniel/Lasswell, Harold D. (Hrsg.) (1951): The Policy Sciences: Recent Developments in Scope and Method. Palo Alto.

Linder, Stephen H./Peters, Guy B. (1989): Instruments of Government: Perceptions and Contexts. In: Journal of Public Policy, 9 (1). 35-38.

Lipsky, Michael (1980): Street-Level Bureaucracy. Dilemmas of the Individual in Public Services. New York.

Löbler, Frank (1990): Stand und Perspektive der Policy-Forschung in der deutschen Politikwissenschaft. Siegen.

Lowi, Theodore J. (1972): Four Systems of Policy, Politics, and Choice. In: Public Administration Review, 33. 298-310.

Lowi, Theodore J. (1985): The State in Politics: The Relation Between Policy and Administration. In: Noll, Roger G. (Hrsg.): Regulatory Policy and the Social Sciences. Berkeley. 67-105.

Maier, Matthias Leonard (2001): Sammelrezension: Ideen und Policies. In: Politische Vierteljahresschrift, 42 (3). 523-548.

Marsh, David/Rhodes, R.A.W. (1992): Policy Communities and Issue Networks: Beyond Typology. In: Dies. (Hrsg.): Policy Networks in British Government. Oxford. 248-268.

Marsh, David (1998): The Development of the Policy network approach. In: Ders. (Hrsg.): Comparing Policy Networks. Buckingham. 3-17.

Maus, Heinz/Fürstenberg, Friedrich (1969): Der Positivismusstreit in der deutschen Soziologie. Neuwied/Berlin.

May, Peter J. (1992): Policy Learning and Failure. In: International Public Policy, 12 (4). 331-354.

Mayntz, Renate (1982): Problemverarbeitung durch das politisch-administrative System: Zum Stand der Forschung. In: Hesse, Joachim Jens (Hrsg.): Politikwissenschaft und Verwaltungswissenschaft. Opladen. 74-89.

Mayntz, Renate/Scharpf, Fritz W. (1973): Kriterien, Voraussetzungen und Einschränkungen aktiver Politik. In: Dies. (Hrsg.): Planungsorganisation. Die Diskussion um die Reform von Verwaltung und Regierung des Bundes. München. 115-145.

Mayntz, Renate/Scharpf, Fritz W. (1995): Gesellschaftliche Selbstregelung und Politische Steuerung. Frankfurt/Main.

Mead, George H. (1983): Gesammelte Aufsätze. Frankfurt/Main.

Messner, Dirk (1998): Die Transformation von Staat und Politik im Globalisierungsprozess. In: Ders. (Hrsg.): Die Zukunft des Staates und der Politik. Bonn. 14-43.

Meyer, Hendrik (2006): Terror und Innere Sicherheit. Wandel und Kontinuität staatlicher Terrorismusbekämpfung. Münster.

Mill, Stuart (1885): Von den vier Methoden der experimentalen Forschung. In: Ders.: System der deductiven und inductiven Logik. Eine Darlegung der Grundsätze der Beweislehre und der Methoden wissenschaftlicher Forschung. Leipzig. 86-110.

Morrow, James D. (1994): Game Theory for Political Scientists. Princeton.

Nullmeier, Frank/Rüb, Friedbert (1993): Die Transformation der Sozialpolitik. Vom Sozialstaat zum Sicherungsstaat. Frankfurt/New York.

Nullmeier, Frank/Pritzlaff, Tanja/Wiesner, Achim (2003): Mikro-Policy-Analyse. Ethnographische Politikforschung am Beispiel Hochschulpolitik. Frankfurt/New York.

Nullmeier, Frank/Wiesner, Achim (2003): Policy-Forschung und Verwaltungswissenschaft. In: Münkler, Herfried (Hrsg.): Politikwissenschaft. Ein Grundkurs. Reinbek. 285-323.

Nye, Joseph S./Donahue, John D. (2000) (Hrsg.): Governance in a Globalizing World. Washington DC.

Olson, Mancur (1968): Die Logik des kollektiven Handelns. Tübigen.

Pappi, Franz Urban (1993): Policy-Netze. Erscheinungsform moderner Politiksteuerung oder methodischer Ansatz? In: Héritier, Adrienne (Hrsg.): Policy Analyse. Kritik und Neuorientierung. PVS Sonderheft 24. Opladen. 84-94.

Patzelt, Werner/Demuth, Christian/Sebaldt, Martin/Stüwe, Klaus (o.J.): Die Institutionen des Regierungssystems. [URL: http://www.politikon.org/lehrangebote/das-politische-system-der-bundesrepublik-deutschland/die-institutionen-des-regierungssystems.html] (23.9.2008)

Pehle, Heinrich (2006): Energie- und Umweltpolitik – Vorprogrammierte Konflikte? In: Sturm, Roland (Hrsg.): Wege aus der Krise? Opladen.

Peirce, Charles Sanders (1931): Collected Papers of Charles Sanders Peirce. Band 2: Elements of Logic. Hrsg. von Charles Hartshorne/Paul Weiss. Cambridge.

Pierson, Paul (2001): Coping with Permanent Austerity: Welfare State Restructuring in Affluent Democracies. In: Ders. (Hrsg.): New Politics of the Welfare State. Oxford. 410-456.
Pressman, Jeffrey L./Wildavky, Aaron B. (1973): Implementation: How Great Expectations in Washington are Dashed in Oakland. Berkeley.
Prittwitz, Volker von (1994): Politikanalyse. Opladen.
Richardson, Jeremy J./Gustafsson, Gunnel/Jordan, Grant (1982): The Concept of Policy Style. In: Richardson, Jeremy J. (Hrsg.): Policy Styles in Western Europe. London. 1-16.
Rose, Richard (1993): Lesson-Drawing in Public Policy. New Yersey.
Rüb, Friedbert W. (2009): Multiple-Streams-Ansatz: Grundlagen, Probleme und Kritik. In: Schubert, Klaus/Bandelow, Nils C. (Hrsg.): Lehrbuch der Politikfeldanalyse. München. 353-380.
Sabatier, Paul A. (1986): Top-Down and Bottom-Up Approaches to Implementation Research: A Critical Analysis and Suggested Synthesis. In: Journal of Public Policy, 6. 21-48.
Sabatier, Paul A. (2007): The Need for Better Theories. In: Ders. (Hrsg.): Theories of the Policy Process. Boulder. 3-17.
* *Sabatier diskutiert in diesem Beitrag den aktuellen Stand und die theoretischen Herausforderungen der Policy-Forschung. In seinem dazugehörigen Herausgeberband behandeln namhafte Experten theoretisch und methodisch ihre jeweiligen Forschungsgebiete (z.B. Multiple Streams, Adovcacy-Koalitionsansatz).*
Sabatier, Paul A./Weible, Christopher M. (2007): The Advocacy Coalition Framework : Innovations and Clarifications. In: Sabatier, Paul. A. (Hrsg.): Theories of the Policy Process. Boulder. 189-220.
Saretzki, Thomas (2009): Aufklärung, Beteiligung und Kritik: Die „argumentative Wende" in der Policy-Analyse. In: Schubert, Klaus/Bandelow, Nils C. (Hrsg.): Lehrbuch der Politikfeldanalyse. München. 435-459.
Scharpf, Fritz W. (1973): Verwaltungswissenschaft als Teil der Politikwissenschaft. In: Ders.: Planung als politischer Prozeß: Aufsätze zur Theorie der planenden Demokratie. Frankfurt/Main. 9-32.
Scharpf, Fritz W./Reissert, Bernd/Schnabel, Fritz (1976): Politikverflechtung. Theorie und Empirie des kooperativen Föderalismus in der Bundesrepublik. Kronberg/Ts.
Scharpf, Fritz W. (1987): Sozialdemokratische Krisenpolitik in Europa. Frankfurt/New York.

Scharpf, Fritz W. (2000): Interaktionsformen. Akteurszentrierter Institutionalismus in der Politikforschung. Opladen.
Schneider, Volker (2003): Akteurkonstellationen und Netzwerke in der Politikentwicklung. In: Schubert, Klaus/Bandelow, Nils C. (Hrsg.): Lehrbuch der Politikfeldanalyse. München. 107-146
Schneider, Volker (2009): Akteurkonstellationen und Netzwerke in der Politikentwicklung. In: Schubert, Klaus/Bandelow, Nils C. (Hrsg.): Lehrbuch der Politikfeldanalyse. München. 191-219.
Schneider, Volker/Janning, Frank (2006): Politikfeldanalyse. Akteure, Diskurse und Netzwerke in der öffentlichen Politik. Wiesbaden.
* *Dieses aktuelle Lehrbuch bietet einen grundlegenden Überblick insbesondere über akteur- und strukturzentrierte Ansätze in der Policy-Forschung (z.B. Spieltheorie, Netzwerkanalyse), deren verschiedene Anwendungsmöglichkeiten sowie zukünftige Herausforderungen.*
Schmid, Josef (2003): Referenzstaaten, Politikdiffusion und das Auflösen von Reformblockaden. In: Der Bürger im Staat, 53 (4). 203-208.
Schmidt, Manfred G. (1982): Wohlfahrtsstaatliche Politik unter bürgerlichen und sozialdemokratischen Regierungen. Ein internationaler Vergleich. Frankfurt/New York.
Schmidt, Manfred G. (1987): Vergleichende Policy-Forschung. In: Berg-Schlosser, Dirk/Müller-Rommel, Ferdinand (Hrsg.): Vergleichende Politikwissenschaft. Opladen. 185-200.
Schmidt, Manfred G. (1997): Policy-Analyse. In: Mohr, Arno (Hrsg.): Grundzüge der Politikwissenschaft. München. 567-604.
Schmidt, Manfred G. (2003): Kontinuität und Wandel in der Sozialpolitik. Vetospielertheorem und Politik des mittleren Weges. In: Der Sozialstaat in der Diskussion, 4.
Schmidt, Manfred G./Ostheim, Tobias/Siegel, Nico A./Zohlnhöfer, Reimut (Hrsg.) (2007): Wohlfahrtsstaatliche Politik im Vergleich. Eine Einführung. Wiesbaden.
Schmidt, Susanne K. (1998): Liberalisierung in Europa. Die Rolle der Europäischen Kommission. Frankfurt/Main.
Schubert, Klaus (1989): Interessenvermittlung und staatliche Regulation. Opladen.
Schubert, Klaus (1991): Politikfeldanalyse. Eine Einführung. Opladen.
Schubert, Klaus (2003): Innovation und Ordnung. Grundlagen einer pragmatistischen Theorie der Politik. Münster/Hamburg/London.

Schubert, Klaus (2009): Pragmatismus, Pluralismus und Politikfeldanalyse: Ursprünge und theoretische Verankerung. In: Schubert, Klaus/Bandelow, Nils C. (Hrsg.): Lehrbuch der Politikfeldanalyse. München. 39-70.

Schubert, Klaus/Bandelow, Nils C. (2009): Politikfeldanalyse: Dimensionen und Fragestellungen. In: Dies. (Hrsg.): Lehrbuch der Politikfeldanalyse. München. 1-22.

Schubert, Klaus/Bandelow, Nils C. (2009): Lehrbuch der Politikfeldanalyse. München.

* *Dieses umfassende Lehrbuch dient fortgeschrittenen Studierenden zur vertieften Erarbeitung einzelner Bereiche und Themenkomplexe, die von jeweiligen Experten dargestellt und diskutiert werden.*

Schubert, Klaus/Klein, Martina (2006): Das Politiklexikon. Bonn.

Schubert, Klaus/Hegelich, Simon/Bazant, Ursula (Hrsg.) (2008): Europäische Wohlfahrtssysteme. Wiesbaden.

Schubert, Klaus/Hegelich, Simon/Bazant, Ursula (Hrsg.) (2009): European Welfare Systems – A Handbook. London.

Schwäbische Zeitung Online (2008): Zahlen und Fakten rund ums Rauchen. [URL: http://www.szon.de/news/politik/aktuell/2008073 00673.html?SZONSID=fa05c77c07e01fa32fbcb2336681d16f] (1.8.2008)

Simon, Herbert (1957): A Behavioral Model of Rational Choice. In: Ders.: Models of Man, Social and Rational: Mathematical Essays on Rational Human Behavior in a Social Setting. New York.

Simonis, Udo (2001): Umweltpolitik. In: Nohlen, Dieter (Hrsg.): Kleines Lexikon der Politik. München.

Skocpol, Theda (1979): States and Social Revolutions: A Comparative Analysis of France, Russia and China. Cambridge.

Spiegel Online (2004): Rauchverbot in Irland. Der Beginn einer neuen Ära. Artikel vom 29.3.2004. [URL: http://www.spiegel.de/reise/ aktuell/0,1518,293013,00.html] (1.8.2008)

Taylor-Gooby, Peter (2002): The Silver Age of the Welfare State: Perspectives on Resilience. In: Journal of Social Policy, 31 (4). 597-621.

Truman, David (1951): The Governmental Process. New York.

Tsebelis, George (1995): Decision Making in Political Systems: Veto Players in Presidentialism, Parliamentarism, Multicameralism and Multipartyism. In: British Journal of Policial Science, 25 (2). 289-325.

* Tsebelis grundlegender und einflussreicher Beitrag über die Problematik von institutionellen Vetospielern ist mittlerweile ein Klassiker der Policy-Forschung, der auch Studierenden mit geringen Vorkenntnissen in diesem Bereich eine gute Einführung bietet.

Waarden, Frans van (2009): Institutionen zur Zentralisierung und Kontrolle politischer Macht. In: Schubert, Klaus/Bandelow, Nils C. (Hrsg.): Lehrbuch der Politikfeldanalyse. München. 277-315.

Wiedemann, Claudia/Münch, Ursula (2003): Grundlagen der Politikfeldanalyse. PolitikOn. [URL: http://www.politikon.org] (23.9.2008)

Windhoff-Héritier, Adrienne (1987): Policy-Analyse. Eine Einführung. Frankfurt/Main.

Wilensky, Harold L. (1975): The Welfare State and Equality. Structural and Ideological Roots of Public Expenditures. Berkeley/Los Angeles.

Wingen, Max (2003): Familien und Familienpolitik zwischen Kontinuität und Wandel – 50 Jahre Bundesfamilienministerium. Sankt Augustin.

Wollmann, Helmuth (2009): Kontrolle in Politik und Verwaltung: Evaluation, Controlling und Wissensnutzung. In: Schubert, Klaus/Bandelow, Nils C. (Hrsg.): Lehrbuch der Politikfeldanalyse. München. 383-404.

Zahariadis, Nikolaos (2007): The Multiple Streams Framework: Structure, Limitations, Prospects. In: Sabatier, Paul A (Hrsg.): Theories of the Policy Process. Boulder. 62-92.

Zohlnhöfer, Reimut/Ostheim, Tobias (2007): Policy-Transfer durch die Europäische Beschäftigungspolitik? Methodische Überlegungen und empirische Analyse des Falls Deutschland. In: Holzinger, Katharina/Jörgens, Helge/Knill, Christoph (Hrsg.): Transfer, Diffusion und Konvergenz von Politiken. PVS-Sonderheft. Wiesbaden.

Zohlnhöfer, Reimut (2008): Stand und Perspektiven der vergleichenden Staatstätigkeitsforschung. In: Janning, Frank/Toens, Katrin (Hrsg.): Die Zukunft der Policy-Forschung. Theorien, Methoden, Anwendungen. Wiesbaden. 157-174.

Zöllner, Detlev (1963): Öffentliche Sozialleistungen und wirtschaftliche Entwicklung. Ein zeitlicher und internationaler Vergleich. Berlin.

Zürn, Michael (1998): Regieren jenseits des Nationalstaates. Globalisierung und Denationalisierung als Chance. Frankfurt/Main.

Verzeichnis der Infokästen

Infokasten 2-1:	Pragmatismus	18
Infokasten 2-2:	Bottom-up- und Top-down-Perspektive	19
Infokasten 2-3:	Stufen instrumentellen Handelns nach Mead (1983: 14ff)	20
Infokasten 3-1:	Abhängige und unabhängige Variable	32
Infokasten 3-2:	Die deutsche Wirtschaftspolitik im Modell	36
Infokasten 3-3:	Makro-, Meso- und Mikro-Ebene	38
Infokasten 3-4:	Spieltheorie	43
Infokasten 3-5:	Anwendung des Akteurzentrierten Institutionalismus	44
Infokasten 3-6:	Quantitative und qualitative Methoden	47
Infokasten 4-1:	Allgemeine und spezielle Interessen	55
Infokasten 4-2:	Neo-Korporatismus	57
Infokasten 4-3:	Pluralismus	57
Infokasten 4-4:	Konzertierte Aktion	58
Infokasten 4-5:	Das QWERTY-Phänomen	71
Infokasten 4-6:	Literaturtipps zur Governance-Debatte	90
Infokasten 4-7:	Live-Earth-Konzerte	100
Infokasten 5-1:	Phasenmodell nach Lasswell	103
Infokasten 5-2:	Charakteristika der Politikformulierung nach Jones	116
Infokasten 5-3:	Negative Entscheidungen in der Praxis	119
Infokasten 5-4:	Street Level Bureaucracy	124
Infokasten 5-5:	Output und Outcome	127
Infokasten 5-6:	Filmtipps zum Politikmachen	129
Infokasten 6-1:	Faktoren der Instrumentenwahl nach Linder/Peters	146
Infokasten 6-2:	Politikstile der deutschen Bundeskanzler	150
Infokasten 6-3:	Lesson-Drawing beim Elterngeld	157
Infokasten 6-4:	Wissenschaftliche Paradigmenwechsel nach Kuhn	160
Infokasten 6-5:	Paradigmenwechsel der britischen Wirtschaftspolitik	162
Infokasten 6-6:	Die PISA-Studie und Politiktransfers	167

Verzeichnis der Schaubilder

Schaubild 2-1:	Systemmodell nach Easton	23
Schaubild 3-1:	Klassische, politische und politikfeldanalytische Fragen	33
Schaubild 3-2:	Aufgaben der Policy-Forschung	49
Schaubild 4-1:	Grafische Darstellung eines Netzwerks	66
Schaubild 4-2:	Mehrebenensystem	74
Schaubild 4-3:	Steuerungsinstrumente	83
Schaubild 4-4:	Überzeugung von Werbung bis Zwang	87
Schaubild 4-5:	Wirkungsweise von Steuerungsinstrumenten	88
Schaubild 5-1:	Der Policy-Cycle	102
Schaubild 5-2:	Typen des Agenda Setting	109
Schaubild 5-3:	Stile der Politikformulierung	117
Schaubild 5-4:	Entscheidungstypen	118
Schaubild 5-5:	Der offene Policy-Cycle	134
Schaubild 6-1:	Entscheidungsfindungsstile	144
Schaubild 6-2:	Implementierungsstile	147
Schaubild 6-3:	Evaluierungsstile	148
Schaubild 6-4:	Nationale Policy-Stile	149
Schaubild 6-5:	Kontinuum von Freiwilligkeit bis Zwang	166
Schaubild 6-6:	Bedingungen für erfolgreiche Policy-Transfers	169